京畿地区明清运河城市

张 曼 著

中国建材工业出版社

图书在版编目（CIP）数据

京畿地区明清运河城市 / 张曼著 .—北京：中国建材工业出版社，2022.4
　ISBN 978-7-5160-3380-7

　Ⅰ.①京…　Ⅱ.①张…　Ⅲ.①大运河－流域－城市－研究－京畿－明清时代　Ⅳ.① K928.42

中国版本图书馆 CIP 数据核字（2021）第 251782 号

京畿地区明清运河城市
Jingji Diqu Mingqing Yunhe Chengshi
张　曼　著

出版发行：中国建材工业出版社
地　　址：北京市海淀区三里河路 1 号
邮政编码：100044
经　　销：全国各地新华书店
印　　刷：北京印刷集团有限责任公司
开　　本：787mm×1092mm　1/16
印　　张：16.25
字　　数：270 千字
版　　次：2022 年 4 月第 1 版
印　　次：2022 年 4 月第 1 次
定　　价：82.00 元

本社网址：www.jccbs.com，微信公众号：zgjcgycbs
请选用正版图书，采购、销售盗版图书属违法行为
版权专有，盗版必究。本社法律顾问：北京天驰君泰律师事务所，张杰律师
举报信箱：zhangjie@tiantailaw.com　　举报电话：（010）68343948
本书如有印装质量问题，由我社市场营销部负责调换，联系电话：（010）88386906

前言
PREFACE

与运河的缘分始于 2018 年参与了北京地区大运河沿运聚落的课题。实践中一直在思考如何将片段式、零散的运河遗产点与北京城市建设及城市历史建立关系，如何更好地展现其突出的普遍价值。

近几年，本人陆续参与了京津冀地区、江苏、山东等运河遗产保护相关项目。一方面，深切感受到大运河运输功能的衰落对沿线城市的重大影响；另一方面，通过对比，进一步发现了京津冀地区运河沿线城市的特点（表1）。20 世纪 90 年代以来，我国进入到快速现代化、城市化及全球化进程与社会经济转轨过程浓缩重叠在一起的特殊时期。随着内部结构急速变化与外部轮廓快速扩展，大运河与沿运聚落及其生存环境衰退情况严重，并在山东济宁以北的大运河基本断航后，失去了与大运河以及聚落之间的关系，导致市、镇特色进一步缺失。申遗成功后，大运河实现由运输河向文化河的转变，面对巨大转型压力，沿运聚落亟需开展一种系统化的整体保护理论与方法论支撑。实现京津冀地区传统市、镇空间的整体性持续改善，需要将京津冀地区大运河沿运聚落作为一个系统的整体，以城市设计学视角，基于历史与价值研究，分析沿运聚落空间形态类型特征及其演变规律，探讨演变动因与问题，从而实现构建多层次的空间形态整体保护体系，提出保护建议并加以实证检验，于是本书作为前期理论研究成果应运而生。

表1　大运河起止点区域内沿运聚落空间特征比较

	构成要素	淮安府以南大运河沿运聚落	京津冀地区大运河沿运聚落
区域空间布局	大运河与沿运聚落空间关系	运河呈自然线性，大运河与沿运聚落空间关系自由，呈自发性	部分河道呈连续弯状（三弯抵一闸），需统筹规划大运河与沿运聚落空间关系
		承运区：治所聚落紧邻大运河建设	接运区：治所聚落与大运河留存一定距离建设
	沿运聚落间的空间分布关系	重漕运管理，治所聚落空间分布均匀	重河道管理，治所聚落空间分布均匀
		重运输，沿运聚落级别相似	重管理，沿运聚落级别层次清晰

续表

	构成要素	淮安府以南大运河沿运聚落	京津冀地区大运河沿运聚落
聚落空间格局	形态轮廓	自由或半自由式	规整几何式或组合式
	支撑骨架	河市；无明显或特定轴线	街市；十字轴线
	功能分区	会馆、厂、坊分散分布	行政、仓储、居住、市集中分布
	演变规律	注重边缘区（毗邻运河）建设发展	中心城区独立建设发展
特色空间节点	"市"	河市，沿河道出现"市"	有水街，但"市"多在城市骨干道两侧
	"湖"	自然湖泊	人工湖泊，且多设置在城内四角
	"庙"	佛教等	多教合一（清真寺分布广泛）
	民居	水乡民居，地域性显著	合院民居，文化交融性强
	沿河建筑	厂、坊、桥、会馆、码头等	仓、厂、场、桥、会馆、码头等

研究京畿地区运河城市有助于挖掘京津冀文化资源整合优势，实现京畿优秀文化特色发展。2019年，中共中央办公厅、国务院办公厅印发了《大运河文化保护传承利用规划纲要》，要求深入贯彻落实习近平总书记重要指示批示精神，充分挖掘大运河丰富的历史文化资源，保护好、传承好、利用好大运河这一祖先留给我们的宝贵遗产，打造大运河文化带。通过挖掘形态背后蕴含的文化内涵和精神价值，有利于营建富于京畿特色、多元活力的文化体系，对推进京津冀大运河文化带建设，形成文化认同感和超地域的文化群体归属感，实现区域优秀文化特色发展发挥重要作用。

研究京畿地区运河城市有助于建设特色鲜明、宜居宜业的新型城镇，促进历史城镇可持续发展。通过研究京津冀地区大运河沿运聚落的历史成因、变迁与价值，分析空间形态形成与演变机制，为"重塑系统性的区域空间布局、再现古今同辉的人文城市；修复完整性的聚落空间格局、营造水城共融的生态城市；建设多样性的沿河空间节点、创新宜居宜业的人居环境"提供依据与实施途径，在保护中实现历史城镇的可持续发展。

张 曼

2022年1月

目录
CONTENTS

绪　论 ... 1
　　一、沿运河城市建置与分布情况 ... 6
　　二、城池形状与规模：体现中国古代传统营城思想 ... 7
　　三、城市格局：体现大运河沿运的京畿地区城市特色 ... 8
　　四、功能布局：对礼制思想的延续及因运河而兴的营建 ... 9

第一章　畿辅首地，漕运兴城——通州 ... 15
　　一、通仓的产生与发展 ... 17
　　二、通仓与京仓的对比 ... 20
　　三、漕运仓储影响下的通州地区专用仓厂 ... 27
　　四、漕运仓储影响下通州城市特征再解析 ... 30

第二章　盐运与漕运繁荣之地——沧州 ... 35
　　一、沧州在运河管理体系中的地位 ... 37
　　二、沧州在盐运管理体系中的地位 ... 40
　　三、运河影响下的沧州建置变迁 ... 43
　　四、运河影响下的沧州城空间形态 ... 45

第三章　京津走廊——武清县 ... 52
　　一、武清县境内运河水系变迁与治所迁移 ... 54
　　二、漕运影响下武清县境内沿运城市体系的考察 ... 58
　　三、因避水患而生的城关镇 ... 61

第四章　京东码头与漕运枢纽——张家湾　　　65

一、张家湾地区的水系变迁与漕运发展　　　67

二、漕运影响下的张家湾城市发展　　　73

三、因漕运发展的张家湾市集与张家湾城　　　76

第五章　与延芳淀周边水系共兴衰——漷县　　　81

一、延芳淀周边水系与运河影响下的漷县起源与发展　　　83

二、因水兴运、因运兴城的漷县　　　89

三、县城建设依照古制　　　93

第六章　四水灌都济漕运——香河县　　　96

一、香河县名字由来与建置变迁　　　98

二、航运历史悠久，河工建设完善　　　99

三、礼制思想影响下的香河城市特征　　　103

第七章　因盐而生，因运而兴——宝坻县　　　107

一、"榷盐院"促使"撤镇置县"　　　109

二、优越条件促进辽代漕运　　　111

三、古城体现"九桥十八庙"特色格局　　　113

四、"宝坻八景"中的建筑遗产　　　115

第八章　京畿辅地——固安县　　　119

一、从边陲县城到与京城一衣带水　　　121

二、明清时期的城市发展与民俗生活　　　126

三、固安县城市建设　　　131

第九章　宋辽边境要地——永清县　　135

　　一、隋唐大运河催生永清县　　137
　　二、因水而兴的城镇：永定河上从狼城寨到里澜城　　140
　　三、永清古城：兼具沿运和防御的双重特性　　142
　　四、扼守边境：宋辽时期永清境内的军事防卫措施　　144

第十章　畿辅屯田城市——静海县　　149

　　一、天津设卫前的转运城市——静海　　151
　　二、天津设卫后的屯田城市——静海　　154
　　三、静海作为屯田城市的典型特征　　159

第十一章　从运河通衢到铁路兴城——青县　　164

　　一、运河通衢，水运兴城　　166
　　二、运河惠及，铁路兴城　　170

第十二章　源于春秋的古县——南皮县　　176

　　一、南皮县历史变迁　　178
　　二、城市空间形态　　181
　　三、运河河畔的城镇　　184

第十三章　水系发达的军事要冲——交河县　　187

　　一、历史沿革　　189
　　二、地理形胜：河流交汇，水系发达　　193
　　三、军事要地：战争不断，军屯集中　　196
　　四、城市的格局与形态　　199
　　五、与运河相关的城市遗址遗存　　201

第十四章　运河激活的古老城市——东光县　　204
　　一、东光的地理优势与历史变迁　　206
　　二、沿运河发展的城市格局　　208
　　三、运河影响下的乡土风貌　　211

第十五章　航向四方的杂技之乡——吴桥县　　217
　　一、运河旁的杂技之乡　　219
　　二、流动的技艺　　222
　　三、吴桥城市建设特征　　223

第十六章　防患固城——景县　　227
　　一、南运河段"多弯少闸"的应对策略　　229
　　二、大运河沿岸预防水患的城市建设特点　　232
　　三、城市建设保障城市发展　　234

后　记　　237

图片目录　　239

附录　京畿地区运河相关资料　　247

绪 论

大运河沿运城市，是指在明清漕运鼎盛时期因运河而兴的城市。[1] 中国运河历史悠久，但在大运河沿线形成一批系统化、规模化、功能化的城市，却只有明清时期，主要原因是当时商品经济进一步发展导致人口骤增与资本主义萌芽，京杭大运河成为联系全国经济的交通大动脉，大运河沿岸成为当时全国三大经济区之一，沿线城市大量涌现并得到迅速发展。[2]

京杭大运河京畿地区的主河道涉及通惠河、北运河及河北省境内的南运河，全长约933.3公里。其修筑始于公元7世纪初隋唐运河北段永济渠的开凿。公元12世纪中叶，因开凿以北京为漕运中心的人工运河，金廷大力发展漕运。公元13世纪末，随着会通河与通惠河水源工程的连接，京畿地区的水利工程技术达到历史最高点。[3-4] 这一过程中，据《嘉靖河间府志》记载，辅以《四省运河水利泉源河道全图》《京杭大运河地图1702年》《1884年全漕运道图》《清代京杭运河全图》《清康熙运河图》等史图统计，除省、府（州）外[5]，明清时期京杭大运河沿运的京畿地区（州）县级城市共16处（图0-1～图0-8）。这些城市虽形成年代不一，但因当时漕运管理需求或自身区位优势，均在明朝发展成（州）县级别的城市，并同期重新修筑，故在城池形状、规模、格局、功能布局等方面呈现规律性，也体现出作为大运河北端连接京师的漕运城市的特殊性。

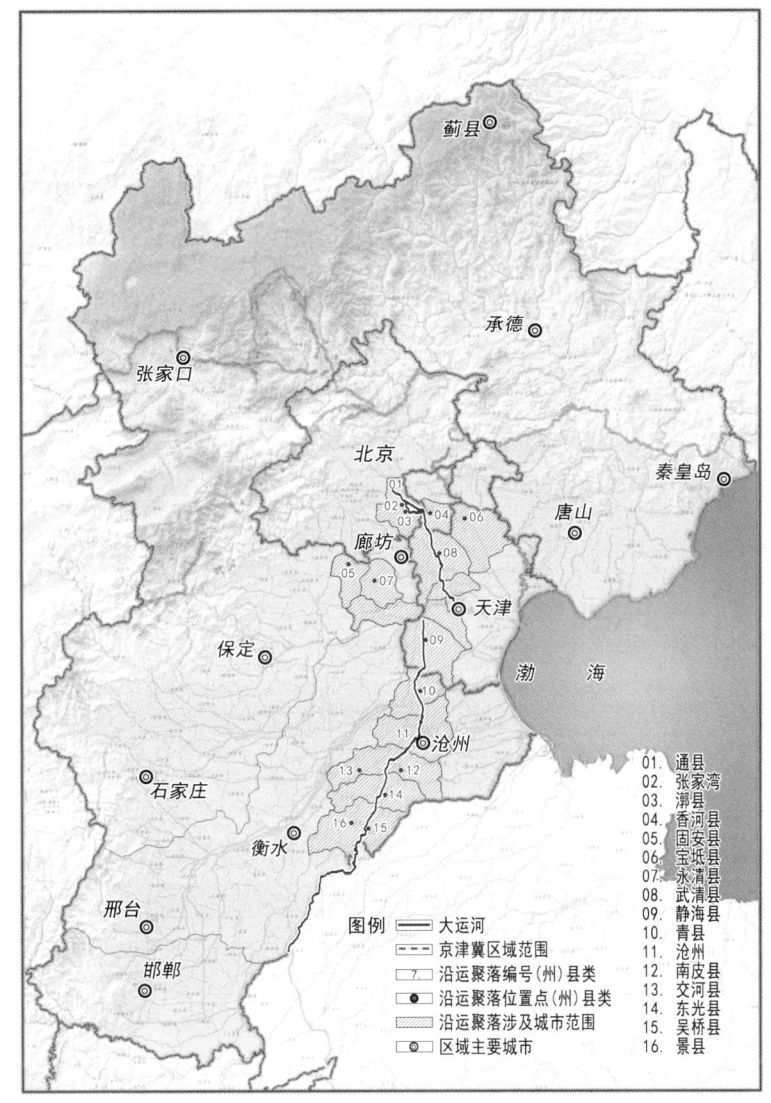

图 0-1 京畿地区沿运（州）县级城市分布示意
注：作者根据京津冀都市圈区域图［审图号：GS（2016）1610］改绘。

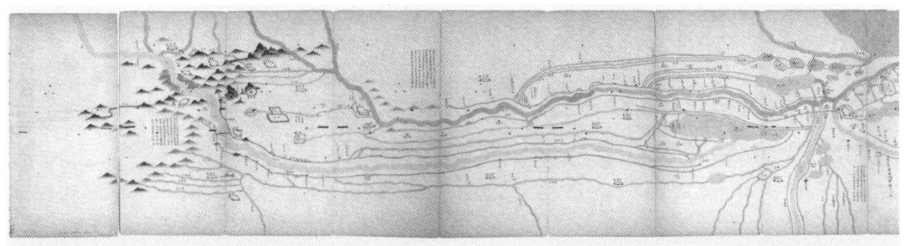

图 0-2 四省运河水利泉源河道全图（局部：直隶省）[①]

[①] 《四省运河水利泉源河道全图》（浙江、江苏、山东、直隶），佚名，咸丰五年（1855年）以前，长卷 27cm×845cm，呈送折 27cm×13cm，纸本彩绘，美国国会图书馆藏。

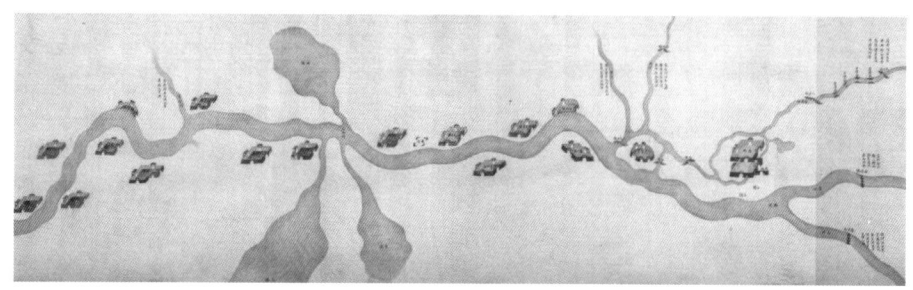

图 0-3 《京杭大运河地图 1702 年》（局部：通县—景县）①

图 0-4 《1884 年全漕运道图》（局部：京师—德州）②

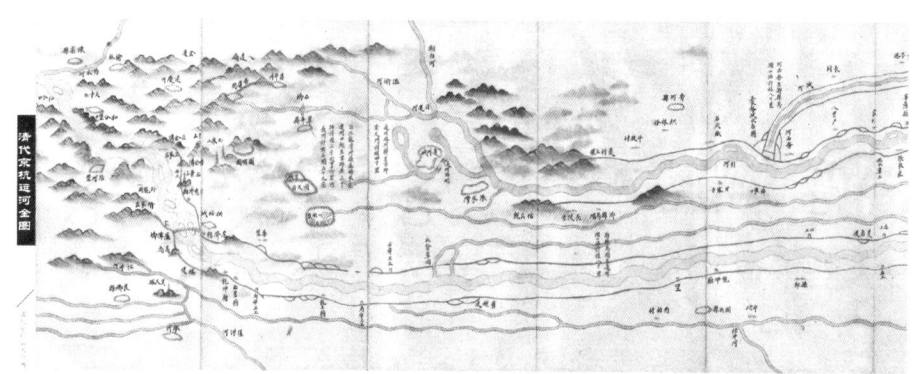

图 0-5 清代京杭运河全图（局部：京师—河西务）[6]

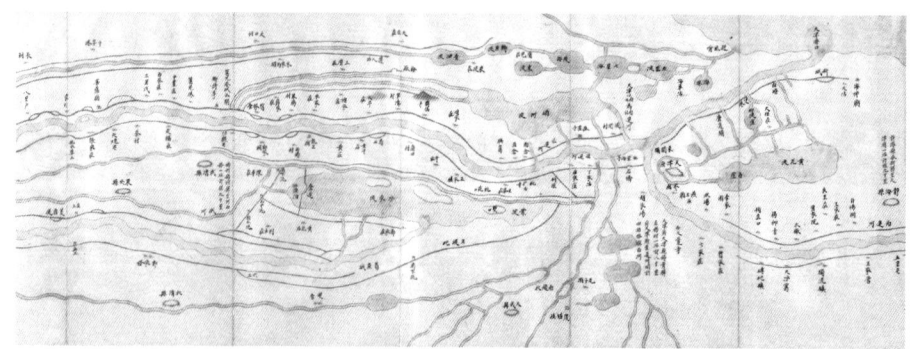

图 0-6 清代京杭运河全图（局部：河西务—静海县）
注：作者根据京津冀都市圈区域图［审图号：GS（2016）1610］改绘。

---

① 《京杭大运河地图 1702 年》，佚名，清康熙四十一年（1702 年）前后，长卷 51cm×944cm，纸本彩绘，英国大英图书馆藏。
② 《1884 年全漕运道图》，段必魁，光绪十年（1884 年），长卷 20cm×660cm，呈送折 20cm×12cm，纸本彩绘，美国国会图书馆藏。

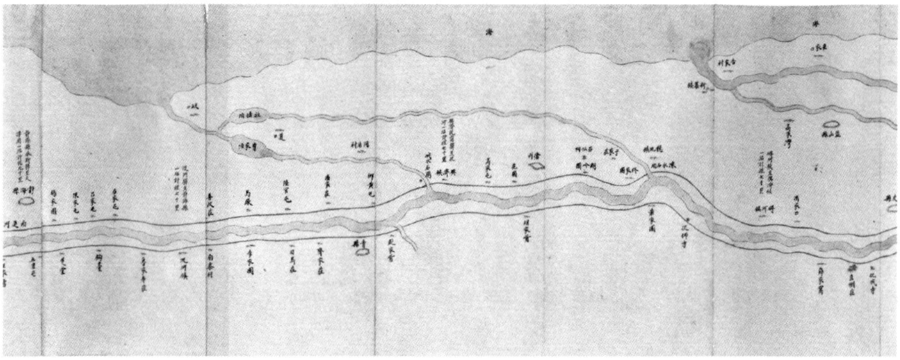

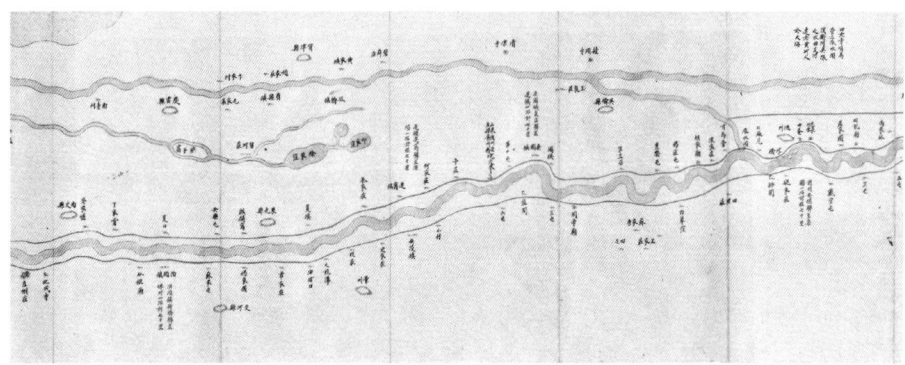

图 0-7　清代京杭运河全图（局部：静海县—南皮县）
注：作者根据京津冀都市圈区域图［审图号：GS（2016）1610］改绘。

图 0-8　清代京杭运河全图（局部：南皮县—德州）
注：作者根据京津冀都市圈区域图［审图号：GS（2016）1610］改绘。

一、沿运河城市建置与分布情况

据这 16 处城市的县志记载，这些城市在明朝之前或无城，或不可查，却均有明朝重修、增茸的记录。它们或在原基址上修筑，或择周边附近重新修建，其修筑内容多为土城墙包筑成砖墙，增高城墙，加建女墙、护城河，增设城门楼。一方面因砖墙抗压、防水及吸水能力均较好，能有效抵御水灾；另一方面则因明中后期匪患猖獗，加固砖墙可增强城池防御性。

从空间分布上看，北京地区（州）县级城市间距设置较近，均在 11～26km，说明为满足京师各项物资运输及其管理需求，而设置了承担多种职能的城市。河北地区大运河沿线城市间距设置更平均，多在 33km 左右，从侧面证明了（州）县级城市的设置是系统规划的结果（图 0-9）。

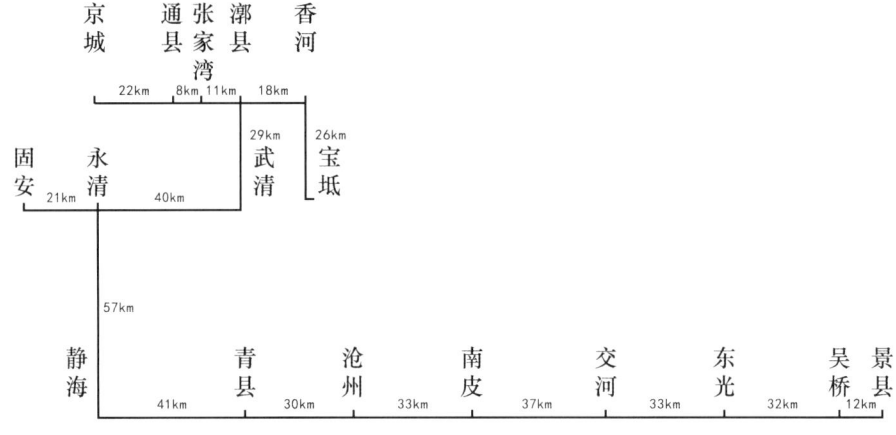

图 0-9　京畿地区沿运（州）县级城市间距示意

二、城池形状与规模：体现中国古代传统营城思想

在《考工记》的影响下，我国古代城市城池方正，并强调因地制宜，在规则中进行变换。如图 0-4 所示，沿运京畿地区（州）县级城市有 14 座城池形状呈方形或是略长的方形。其中有 10 座城池形状规整，其余 4 座城池，如通县因修建新城，故在城池部分城角改为圆角的基础上，整体呈方形折角形态；固安县、沧州、东光县主要是受周边地形影响，城池一侧局部做圆角或方形折角的处理。而张家湾、永清县、南皮县 3 座受地形影响较大的城市，因地制宜，城池形状呈现极不规则的圆形、曲折形或卵形。

中国古代城市规模通常与其行政级别有关，同级别城市大小，又受社会、经济的影响，展现了中国古代传统营城思想中的礼制与规制。16 处（州）县级城市中通县城池规模最大，城墙高度最高，体现其作为大运河北端漕运枢纽、京城物资转运中心的重要战略地位。武清县、沧州城池规模次之，体现出作为大运河沿线集散中心、漕运枢纽的重要性。其他城市规模多在 3～6 里（周长），规模稍大的城市一般是商贸重地或兼具仓储、分水或汇水枢纽、码头等多重功能；规模稍小的城市则功能单一，多为屯兵、防御、码头等。

三、城市格局：体现大运河沿运的京畿地区城市特色

择高地而近水是中国古代建城选址的首要原则。运河城市亦如此，一方面，与省、府（州）类城市相比，除通县、沧州、武清县外，其余（州）县级城市都属小城。按照古制，小城各面城墙都开一个门，呈十字形大街，个别将县治所等重要建筑置临北城墙，设三门，呈丁字形大街[5]，城外多有护城河，或借助水利工程将大运河水资源引入城内，城门外通常设桥梁。另一方面，不比南方自然水系发达，北方运河多依靠人工挖凿而成，"三弯抵一闸"的河道设计，闸坝、险工等水利工事设计，均体现出南北方大运河系统的差异性。反映到城市建设上，便是在城内角设置各种功能性水池，并有机地将其纳入水系规划中。

城内角设水池一是因为运河沿线多为平原地区，在城内角取土，掘土垫基修筑城墙。二是受自然条件限制，北方运河更需加强水源调配能力，故将城内取土掘坑改为蓄水池，实则一举两得。此外，蓄水池还兼具理水游憩、防护、交通、降温、卫生等功能。如通县西海子即为建燃灯塔掘土垫基所挖，后在承担蓄水功能的基础上，还与燃灯塔共呈盛景，东光县马厂湾，交河县砚池、武水等也多为此功能。水运至仓墙外的通县中仓，城内蓄水池则兼具交通作用。另据记载，固安县、永清县、青县、南皮县等军事屯兵为主的城市，其城内水池面积硕大，具有防护御敌的作用。

四、功能布局：对礼制思想的延续及因运河而兴的营建

受礼制思想影响，中国古代城市通常在功能布局上具有规律性。京杭大运河沿运城市在功能布局上大多继承了传统礼制思想中功能分区明确、轴线布局的手法，同时因其临近运河的特殊性，在公署、仓、驿站等功能性建筑以及礼制建筑的分布上也呈现出运河特色。

1. 公署、仓、驿站等功能性建筑多集中分布

州县治所在的城市承担着管理、城防、教育与文官系统选拔、官方祭祀等主要功能。[7]据统计，在京畿地区大运河沿运16个城市中，50%的公署建筑分布于城内西北，仓、驿站等类型建筑也多临近公署分布，展现出功能集中的空间分布规律（图0-10）。

自古以来，统治阶级重视粮食储备。漕运是京杭大运河的核心功能之一，故沿运城市广泛分布着各类漕仓。通常漕仓被分为三类：中央仓储、地方仓储、藩王的王府仓储。中央仓储包括京仓（南京仓、京通仓）和水次仓，地方仓储包括官办的常平仓（预备仓）、民办的社仓（义仓）、王府仓。[8]据统计，在16个京畿沿运城市中，除通县的西仓、南仓、中仓属于京通仓外，其余均为地方仓储，且常平仓数量最多，这与明朝提倡建设预备仓密不可分。[9]

其他与军事防御有关的建筑，多临近城门设置，且主要靠近南门分布，如固安县防守尉公署在南街西向。相较于其他城市，通县城内设置与运河相关的管理机构更多，且大多分布在新城，旧城的管理机构主要是对城市的管理，具有功能分区明确的城市格局（表0-1）。

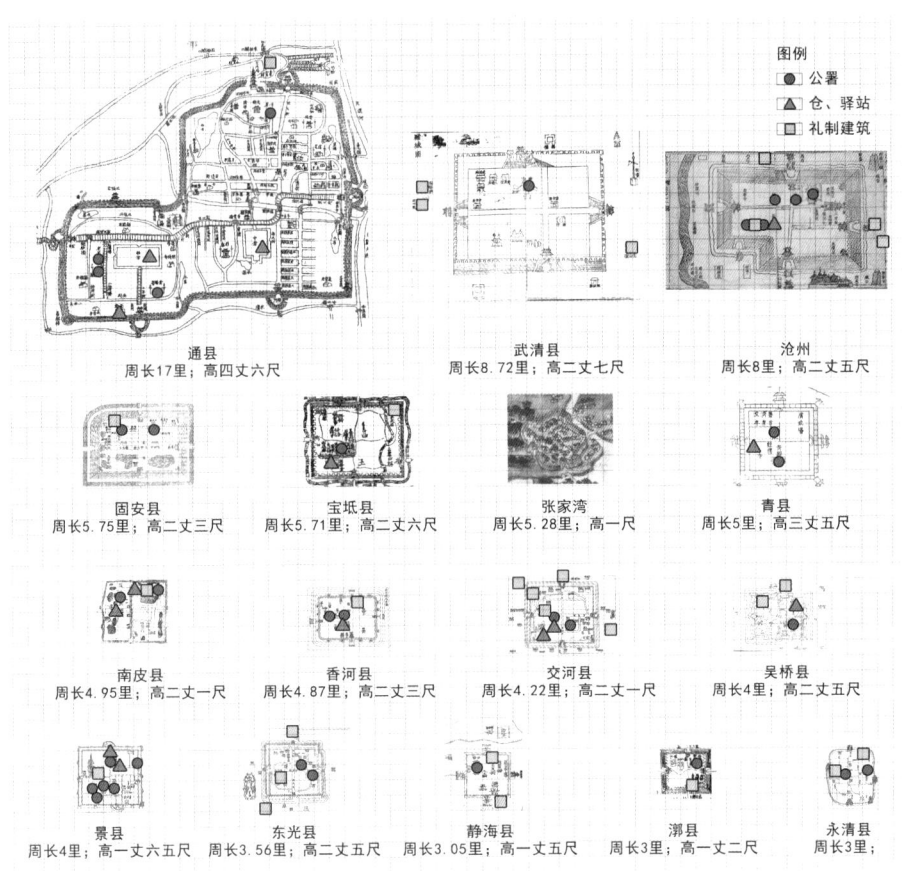

图 0-10 公署、仓、驿站等功能性建筑及礼制建筑分布情况 [9-22]

表 0-1 公署、仓、驿站等功能性建筑分布统计表 [10-23]

州县名称	行政类	防御类	漕运类	驿传类	仓储类
通县	州署（旧城西北）	通州卫	仓场总督衙门；户部坐粮厅署；大运西仓监督署；土坝挈斛厅；石坝挈斛厅；漕运厅署；运中仓监督署；驿丞兼巡检署；左营都司署；右营都司署	潞河驿；和合驿	常平仓；义仓
张家湾	—	张家湾防守营	巡检司；宣课司；大通关；盐仓批验所；漕运通判衙署	和合驿	通济仓
漷县	县治（城内东北）	—	—	—	—
香河县	县政府（城内西北）	—	—	—	—

续表

州县名称	行政类	防御类	漕运类	驿传类	仓储类
固安县	县治（城内西北）	防守尉公署	河员公署	—	常平仓；义仓
宝坻县	县治（城内西南）	—	—	—	常平仓
永清县	县署（城内西北）	—	—	—	仓厫
武清县	县治（城内西北）	—	—	河西驿；杨村驿	预备仓
静海县	县署（城内西北）	—	—	奉新驿；静海驿	—
青县	县治（城北）	—	—	流河驿；乾宁驿	仓
沧州	州治（城内东北）	城守尉署；城守御	沧州分司署	砖河驿；沧州驿	新仓厫
南皮县	县治（城内西北）	—	—	—	预备仓
交河县	县署（城内东南）	—	—	新桥驿；富庄驿	新义仓常平仓
东光县	县署（城内东北）	—	—	连窝驿	—
吴桥县	县署（城内东南）	—	—	—	常平仓、总仓
景县	州治（西南）	营城署守	管河公署；盐运司	东关驿	广积仓、预备仓、富民仓

2. 体现运河城市礼制文化的建筑类型

礼制建筑是以天地、鬼神为崇拜核心而设立的祭祀性建筑。对于礼制建筑在城市中的布局，早在《考工记》中就有"左祖右社"的布局原则，并且《明史》中也对坛庙建筑的布局做出规定："府州县社稷，洪武元年颁坛制于天下郡邑，俱设于本城西北……王国府州县亦祀风云雷雨师，仍筑坛城西南。"据统计，这几座沿运城市中，典型的礼制建筑包括主要分布于城内的城隍庙、关帝庙、药王庙等，以及分布在城郊的社稷坛、风云雷雨山川坛、先农坛等，其分布大多继承"左祖右社"的传统布局，但也存在如东光县"社稷坛在城西门外迤北，先农坛在城南门外迤西"等特殊情况（表 0-2）。

表 0-2　典型性礼制建筑位置关系表 [9-22]

州县名称	社稷坛	山川坛	先农坛	城隍庙
通县	北门外圣人庙迤北	州南门外	八蜡庙西南	州旧城西南
张家湾	—	—	—	—
漷县	—	—	—	县治南
香河县	县西门外	县南门外	—	县治东
固安县	城西北	县南郭外	—	县治西北
宝坻县	县西门外	县南门外	县东门外	邑中殿
永清县	县西门外	县南门外	县东门外	县署西北
武清县	县西门外	—	县东门外	县治西北
静海县	县城北车店屯西	县城南	县城东	西门外
青县	—	—	—	城西门外
沧州	北关外西北	南关外	东关外	州治西南
南皮县	城外西北	城外东南	城南关外	城内北街
交河县	城外西北	城外东南	城外东南	县治西北
东光县	城西门外迤北	城南门外	**城南门外迤西**	县治西南
吴桥县	城西郭门外西北	南郭外东南	东郭外东北玉皇阁后	县治西北
景县	**城北里**	城东南里	**城南三里**	州治北

注：黑体字表示与"左祖右社"礼制不符。

由于治理运河和漕运的现实需求，以及祈求风调雨顺的精神需要，与水神信仰有关的祭祀建筑在各州县兴盛起来（表 0-3）。其中数量最多的是龙王庙，古代劳动人民对其寄予了行云布雨、保障漕运、镇伏水患的质朴愿望；其次是供奉北方主宰之神与水神的真武庙；还有为永定河之神修建的惠济庙。另因静海县临近天津，受海运文化的影响，通县作为重要的漕运枢纽，受南北文化传播影响，因此这两座城市内建有供奉妈祖的天妃宫、天后宫。[24]

表 0-3 与水神信仰有关的礼制建筑统计 [9-22]

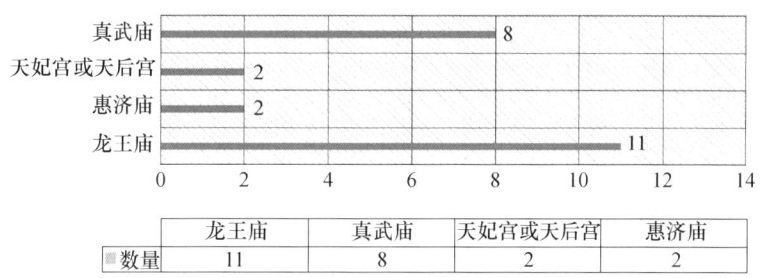

从宏观到微观,从城市建置与分布情况、城池形状与规模到城市格局与功能布局,本书试图通过考据官修典籍、文集史书、舆地图集与地方志书,阐析京杭大运河沿运的 16 个京畿地区(州)县级城市的营城思想,把握运河城市从一般到特殊的城市建设及发展规律,在运河与城市的互动关系中,丰富大运河"系列遗产"价值,以京畿沿运聚落为文化节点,推动京津冀协同发展;丰富沿运聚落价值内涵,实现历史城镇的可持续发展。

参考文献

[1] 牛会聪. 多元文化生态廊道影响下京杭大运河天津段聚落形态研究 [D]. 天津:天津大学,2012.
[2] 傅崇兰. 中国运河城市发展史 [M]. 成都:四川人民出版社,1985.
[3] 王树才,肖明学. 河北省航运史 [M]. 北京:人民交通出版社,1988.
[4] 天津市地方志编修委员会办公室. 天津津辰史迹 [M]. 天津:天津古籍出版社,2007.
[5] 柏桦. 明代州县区划及其沿革 [J]. 史学月刊,2003(1):32-40.
[6] 李培. 清代京杭运河全图 [M]. 北京:中国地图出版社,2004.
[7] 徐俊辉. 明清时期汉水中游治所城市的空间形态研究 [D]. 武汉:华中科技大学,2013.
[8] 唐文基. 明代粮食仓储制度 [J]. 明史研究论丛,2004(00):331-351.
[9] 杨士奇. 明宣宗实录 [M]. "中央研究院"历史语言所,校印. 台北:"中央研究院"历史语言所,1962.
[10] 高建勋,王维珍,陈镜清. 通州志 [M]. 刻本.
[11] 北京市通州区文化委员会,北京市通州区文学艺术界联合会. 通州文物志 [M]. 北京:文化艺术出版社,2006.
[12] 北京市通州区地方志办公室. 通州志略 [M]. 北京:北京出版社,2019.
[13] 上海书店出版社. 中国地方志集成 河北府县志辑 27 民国香河县志 乾隆永清县志 光绪续永清县志 [M]. 上海:上海书店出版社,2006.
[14] 陈福嘉. 固安县志 [M]. 陈崇砥,修. 成文出版社影印本. 台北:成文出版社,1969.
[15] 蔡寅斗. 宝坻县志 [M]. 洪肇楙,修. 成文出版社影印本. 台北:成文出版社,1969.
[16] 吴翀,曹涵,赵晃. 武清县志 [M]. 刻本.1742(清乾隆七年).
[17] 上海书店出版社. 中国地方志集成 天津府县志辑 5 康熙静海县志 民国静海县志 [M]. 上海:上海书店出版社,2004.

[18] 上海书店出版社. 中国地方志集成 河北府县志辑 46 康熙青县志 民国青县志 雍正阜城县志 [M]. 上海：上海书店出版社，2006.

[19] 庄日荣，等. 沧州志 [M]. 胡淦总，修. 成文出版社影印本. 台北：成文出版社，1976.

[20] 马士琼，吴维哲，刘址. 南皮县志 [M]. 刻本.

[21] 上海书店出版社. 中国地方志集成 河北府县志辑 45 光绪东光县志 民国交河县志 [M]. 上海：上海书店出版社，2006.

[22] 上海书店出版社. 中国地方志集成 河北府县志辑 44 康熙吴桥县志 光绪吴桥县志 乾隆衡水县志 [M]. 上海：上海书店出版社，2006.

[23] 屈成霖. 景州志 [M]. 刻本.

[24] 胡梦飞. 明清时期济宁地区水神信仰史考 [J]. 浙江水利水电学院学报，2017，29（1）：11-17.

第一章
畿辅首地，漕运兴城——通州

作为京杭大运河北端的"畿辅首地"[1]"咽喉之地"[2]，通州在运河漕运史以及北京都城建设史上都有着特殊地位，这与通仓的作用关系密切。"京仓为天子之内仓，通仓为天子之外仓，徐淮临德置外，所以备凶荒，以防不虞也"[3]，作为漕粮物资进入京城前的最后一站，通仓发挥着接收、存储、转运京杭大运河沿线上五个水次仓①漕粮的重要作用（图1-1），并随京畿地区运河漕运发展，仓廒数量不断增加，仓储规模逐渐扩大，直接影响了通州古城的形态与格局。

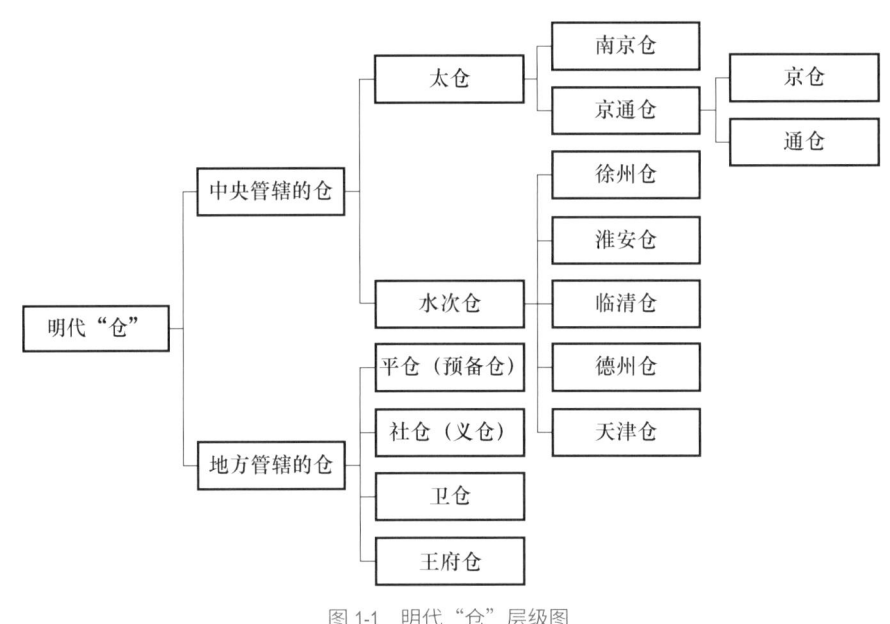

图1-1 明代"仓"层级图

---

① 五个水次仓分别是：徐州仓、淮安仓、临清仓、德州仓、天津仓。

一、通仓的产生与发展

1. 产生背景

通州在金代便是大运河的仓储重地。在取得北部中国的政权后，金朝就利用潞水（今北运河）东南的海口和通向潞县（今通州）的运河，将漕粮运到金中都（今北京）（图 1-2）。"至金天德三年，始升为通州，取漕运通济之意，领潞、三河二县，属中天府。"[4] 元世祖忽必烈在位时，郭守敬主持开通了通惠河，漕粮由地方船运到通州，再由陆路从通州转运到大都。

明洪武元年（1368年），朱元璋在应天（今南京）称帝，建立明朝，命其为京师。因京师迁移，且应天府地处江南，粮草充足，对大运河粮草漕运的需求不是很高，通仓的仓储地位有所削弱。靖难之役后的永乐元年（1403年），礼部尚书李至刚等奏称，燕京北平是皇帝"龙兴之地"，应当效仿明太祖对凤阳（今蚌埠）的做法，立为陪都。明成祖故大力擢升燕京北平府的地位，以北平为北京，改北平府为顺天府，称为"行在"。通仓的仓储地位也随着明成祖迁都北京而骤然提升。诚如明代御史阮鹗曾说，"通州一城，实漕运襟喉之地，南控江淮，西望关塞，东临海寇，北迩边夷，遂于其地多建仓庾以丰储积，而复屯重兵二万五千以守之者，盖上以拱护京师，下以与东西北诸边声援相接，缓急之际可犄角以为赖耳……且新旧二城周围不下十数里，中设大运仓厫不下七百余座，内储军粮不下数百万石，集官民船艘不下数百只"[5]，通州因区位优势，终明一代漕运兴盛，仓储功能突出，在巩固封建帝王专权政治和维护国家政权稳定方面起到显著作用。

2. 通仓兴起

元末明初，通州粮仓毁于战乱。虽在明洪武元年（1368年）"因旧址修筑"通州城，但南京城是当时明朝京师应天府府治所在地，故当时尚未启动对通州粮仓的修筑。直到永乐年间，随着筹划京师迁都的开展，通州的漕运地位得到提升，并于永乐五年（1407年），因"上以淮安、河南漕运皆至通州，特命增设左卫，建仓庾以贮所漕运之粟"[6]，并在随后的十年内，修建大运西仓、大运中仓和大运东仓（表1-1）。迁都北京后，不但扩建大运西仓、大运中仓和大运东仓，还增设大运南仓，并在张家湾等地修建仓廒，通州地区仓储职能进一步凸显，并奠定了四仓并置的通州古城格局。

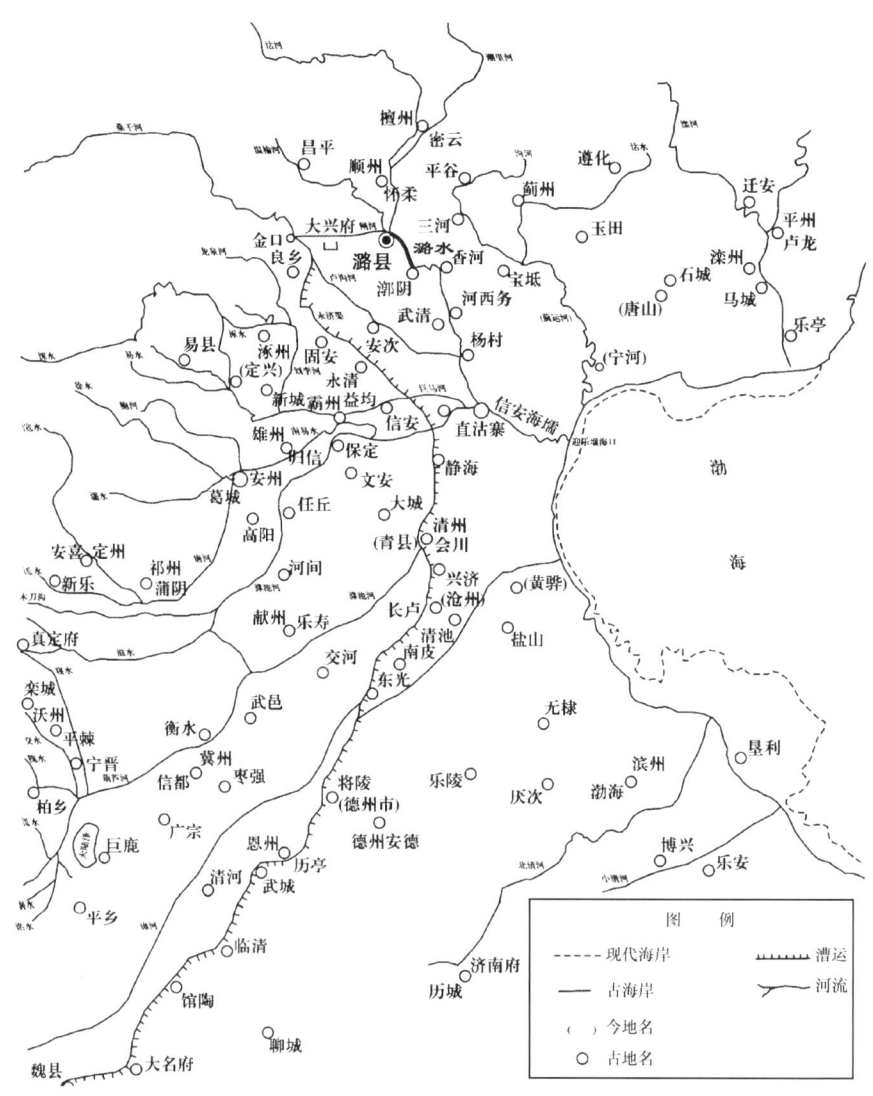

图1-2　金代漕运及潞县、潞水示意[7]

表 1-1　明迁都北京前后通仓设置一览表

	时间	通仓建设情况
迁都北京前	永乐七年（1409 年）	通州西门外建西仓
	永乐九年（1411 年）	明王朝疏浚会通河，将运河山东段水源缺乏的问题彻底解决。以后，明王朝开始更加重视漕运。永乐中期，又在南门内增建中仓和东仓
	永乐十六年（1418 年）	张家湾增设"通州卫通济仓"
迁都北京后	宣德七年（1432 年）	"增置通州卫通济仓，通州卫、定边卫、神武中卫、通州左卫、通州右卫仓各一员"[6]
	正统元年（1436 年）	定仓名，"在城中者为大运中仓，城内东者为大运东仓，城外西者为大运西仓"[6]
	正统元年（1436 年）	增建三百万石仓于西仓之侧。"复增造三百万石仓于大运西仓之侧，是时国家承仁宣之积，重以兑运方盛，岁额日益广，仓在赢溢"[8]
	景泰二年（1451 年）	"移直隶武清卫仓于通州大运西仓废廒旧基，以户部左侍郎张睿言旧仓设在旷野，收粮不便也"[6]
	景泰四年（1453 年）	增造通州大运中仓
	天顺三年（1459 年）	令增至通州大运仓，又令增至通仓廒三百间
	天顺四年（1460 年）	通州西仓南草场又置大运南仓
	天顺五年（1461 年）	"复增通州大运仓百间，而南仓设北东二门，余仓皆三门"[9]
	成化十五年（1479 年）	"修通州大运西仓一百四十间"[6]
	弘治八年（1495 年）	户部奏请在通州旧城西侧增置仓廒一百六十八间

3. 通仓衰落

　　明朝末期，漕运发展严重下滑。通仓的漕运规模和漕粮储藏数量也在逐步缩小。对比明朝天顺与万历两个时期，仓的数量减少一处，仓廒的数量虽然增加 8 个①，但实际情况是万历时期的仓廒内存在着大量的空仓。从政治方面讲，漕粮数目的变化与社会稳定程度及统治者的开明或迂腐有着莫大的关系。从军事上讲，漕粮数目的变化与地区是否和平及战乱的多寡有着一定程度的关联。从经济上讲，漕粮数目与当时农业的发展也有一定的联系。到明代崇祯时期，因为战乱的频发，通仓彻底走向了衰败。[10]

---

① 据记载，天顺时期至万历时期，仓廒由 614 个增加到 622 个。

二、通仓与京仓的对比

1. 通仓与京仓在运河漕运中的作用

于通仓而言,储存漕粮是其主要职能。北京虽是漕粮的最终接收地,但作为国家政治中心,城内无法放置大量漕粮,必然考虑城外就近设仓便于运输、储存、管理与维护。通州介于两大冲积扇之间,地势平坦,又靠近大运河,且与北京城陆路、水陆联系便捷,历史地理区位优势显著,故成为漕粮储存与管理首选要地(图1-3)。据记载,宣德九年(1434年),通仓漕粮占京通仓漕粮比重的三分之二,足见通仓储存漕粮的重要作用。此外,转运漕粮是通仓的另一职能。通仓位于大运河北端,通仓的漕粮由通惠河转至北京十分便利,因古时通惠河常有阻塞,故通州至北京采用陆路转运漕粮的方式也时有发生(图1-4)。与通仓相比,除储存漕粮之外,京仓还对地方各省上交中央的漕粮进行统一管理,并因漕粮直接关系

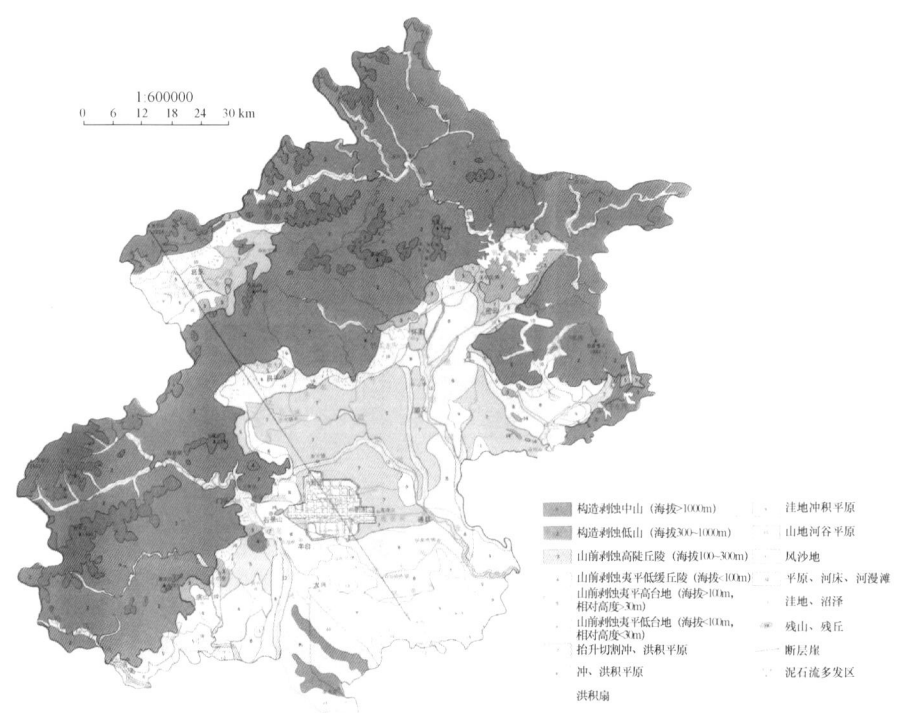

图1-3 地处两大冲积扇之间、靠近潮白河的通州历史地理区位示意[11]

到皇家日常生活、文武百官俸禄供给及军队饷粮，故作为中国之大政①，京仓对于巩固王朝统治与国家稳定具有重要作用。

图 1-4　通州城与北京城区位关系示意

2. 通仓与京仓的建置

通仓包括大运东仓、大运西仓、大运南仓及大运中仓四仓（图 1-5、图 1-6）。京仓包括皇城四门仓（长安门仓、东安门仓、西安门仓及北安门仓），以及旧太仓、新太仓、大军仓、西新太仓、海运仓、南新仓、北新仓、济阳仓、禄米仓、太平仓及大兴仓（图 1-7）。经查证，两者建设时间接近，仓厂规模相当，仓廒式样一致（图 1-8～图 1-10，表 1-2、表 1-3）。

图 1-5　通仓历史照片（一）②

---

① 康有为政论集："漕运之制，为中国之大政。"
② 此图片由通州区图书馆提供。

图 1-6 通仓历史照片（二）[①]

图 1-7 南新仓照片

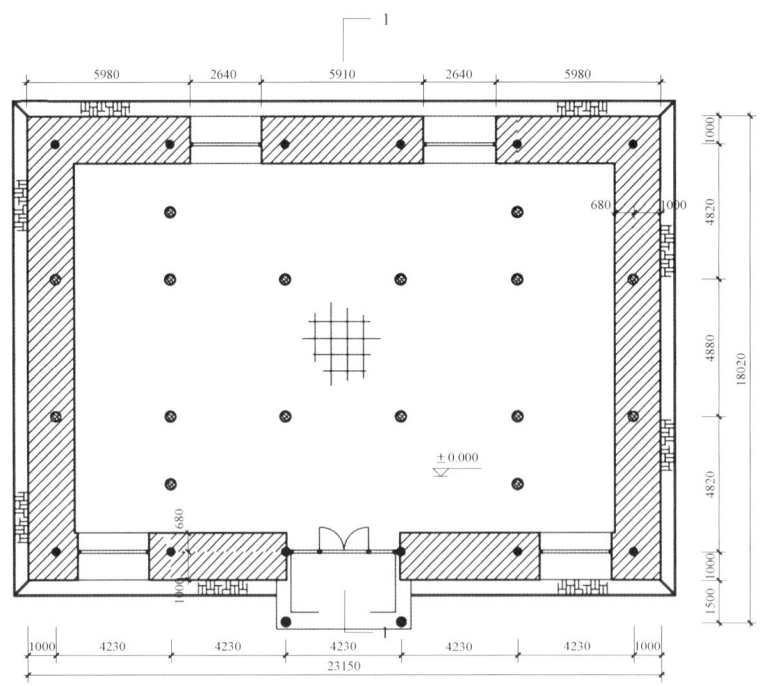

图 1-8 明仓廒平面图

---

① 此图片由通州区图书馆提供。

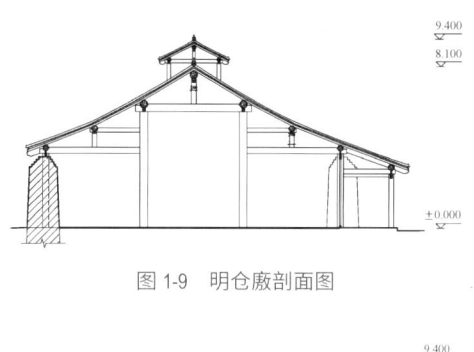

图 1-9 明仓廒剖面图

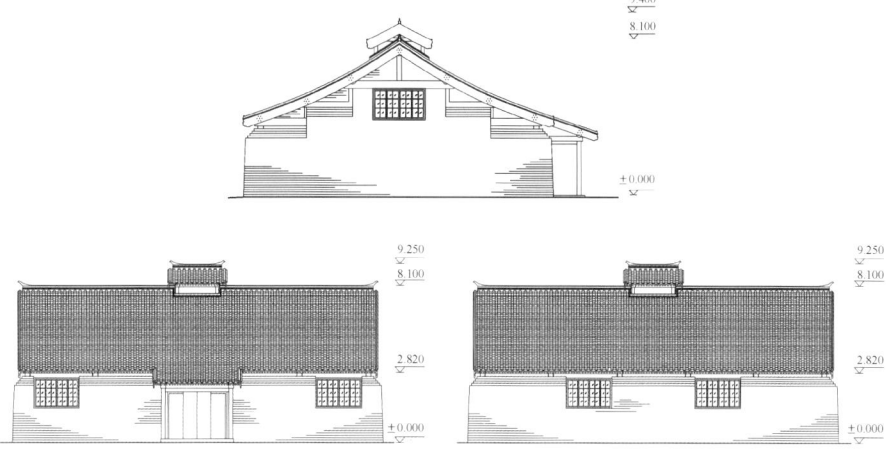

图 1-10 明仓廒立面图

表 1-2 通仓建置一览表

仓名	仓的位置	仓廒数目	建置	记载出处
大运东仓	旧城南门里以东	廒十五连四十一座，计二百零五间，囤积一百八十个	神武中卫仓小官厅一座，掣斛厅一座，神南北右三门各一间	《天下郡国利病书》
大运西仓	旧城西门外	廒九十七连三百九十三座，计二千一十八间。囤积八百四十四个	大督储官厅一座，监督厅一座，各卫仓小官厅六座，筹房各二间，井二口。各门掣斛厅各卫仓小官厅五座，各筹房二间，井一口。东南北三门各三间	《天下郡国利病书》
大运南仓	新城南门里以西（旧城外）	廒二十八连一百二十三座，计六百一十五间	内板木厂一处，门一间，官厅一间	《天下郡国利病书》
大运中仓	旧城南门以西	仓廒七百零三间		

表 1-3　京仓大仓建置一览表

仓名	仓的位置	建仓时间	仓廒数目
皇城四门仓	—	洪武二十八年（1395年）	不详
旧太仓	东城	永乐七年（1409年）	1215间
新太仓	海运仓西	宣德年间（1426—1435年）	745间
大军仓	东城	永乐年间（1403—1424年）	390间
西新太仓	西城	永乐年间（1403—1424年）	415间
海运仓	旧太仓北门相对	宣德年间（1426—1435年）	600间
南新仓	旧太仓北门相对	永乐七年（1409年）	898间
北新仓	东城	永乐年间（1403—1424年）	483间
济阳仓	—	永乐七年（1409年）	160间
禄米仓	东城	嘉靖四十一年（1562年）	245间
太平仓	中城	弘治十七年（1504年）	220间
大兴仓	北城	永乐七年（1409年）	133间

在建仓时间上，通仓基本是在明代前中期建设完成的，而京仓建设时间更长，且在中期建设的数量更多。在设仓数量上，通仓虽远不及京仓多，但在单仓的仓廒数目上与京仓规模相当，也从侧面反映出通仓的重要地位。另从城市角度分析，通仓中各仓的位置多与城门关系密切，且通仓在城市空间中的占地率（建设密度）远远高于京仓，体现出通州作为服务京师的仓储型城市特征（图1-11、图1-12）。

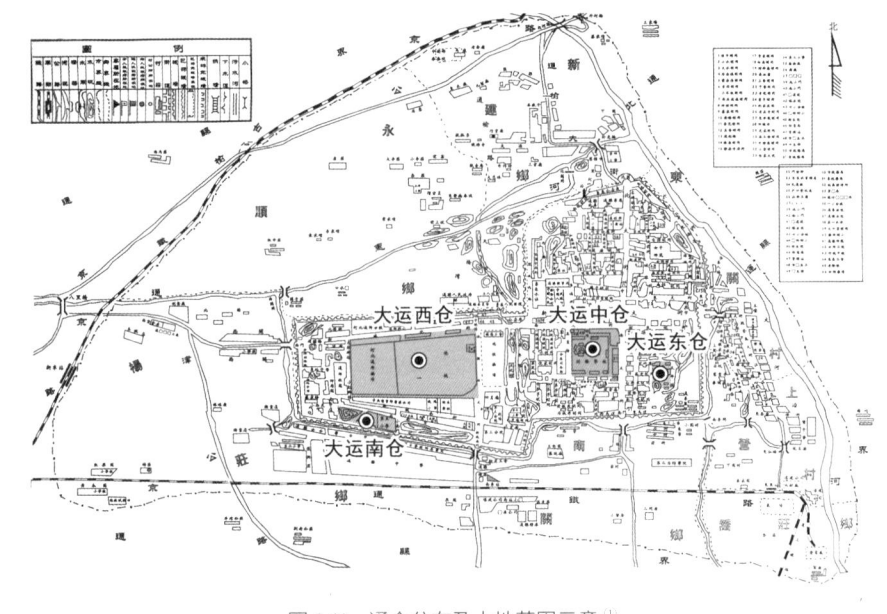

图 1-11　通仓分布及占地范围示意①

---

① 此图片为1954年通州城区图，由通州区图书馆提供，作者进行改绘。

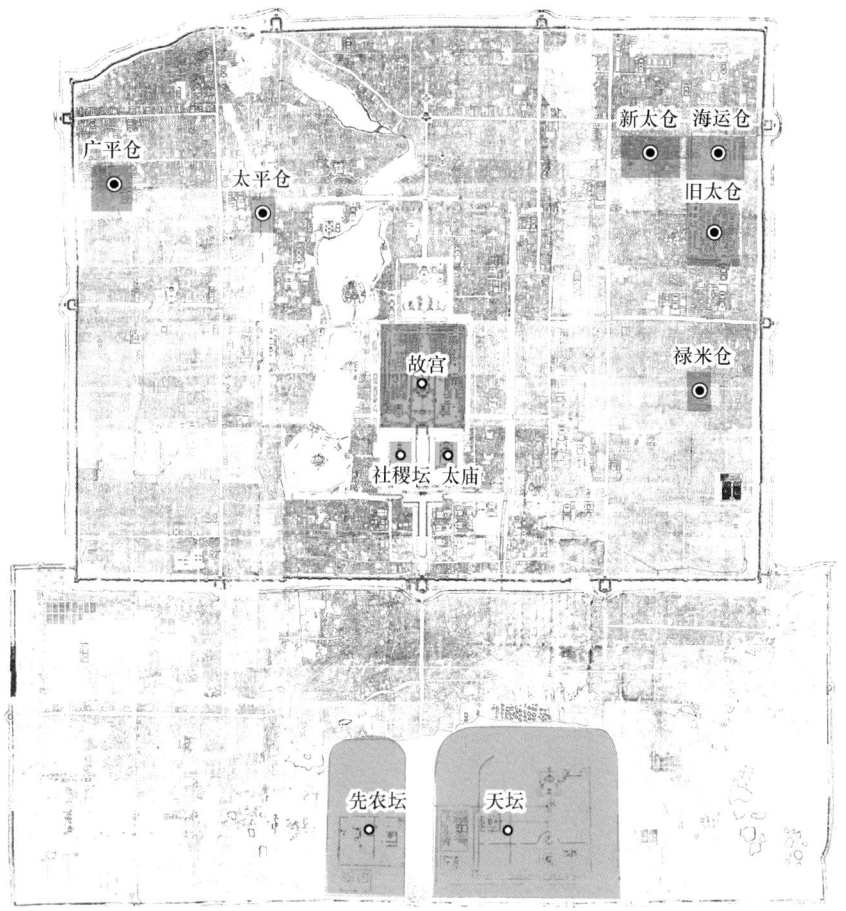

图 1-12 京仓分布及占地范围示意

3. 通仓与京仓的储粮比例

据统计,明永乐至隆庆年间,京、通二仓的储粮比例,前期起伏不定,中期呈现三七或四六纳粮比的关系,且通仓运贮比转运京仓的数量还要多,末期京仓与通仓的纳粮比不再拘泥于三七或四六比,而是根据当时的实际情况进行处理(表 1-4)。[12]

表 1-4 通仓与京仓的储粮对比一览表

年份	文献记载	京通仓粮储占比	参考文献
永乐二十一年（1423 年）	"两运赴京仓,一运贮通州仓"	京仓：2/3 通仓：1/3	《明太宗实录》
宣德八年（1433 年）	"通仓收二分,京仓收八分"	京仓：8/10 通仓：2/10	《通漕类编》

续表

年份	文献记载	京通仓粮储占比	参考文献
宣德九年（1434年）	"以三分为率，通州仓收二分，京仓收一分"	京仓：1/3 通仓：2/3	《大明会典》
正统元年（1436年）	"时岁运米五百万，京什之四，通什之六"	京仓：4/10 通仓：6/10	《天府广记》
正统二年（1437年）	京通仍四六之分	京仓：4/10 通仓：6/10	
正统四年（1439年）	"正统五年合运粮四百五十万石，内林南东店仓收二十万石，其余支运粮俱于通州仓收，兑运粮六分京仓收，四分通州收"	京仓：6/10 通仓：4/10	《明英宗实录》
成化八年（1472年）	"正兑三百三十万石，改兑七十万石，原额正兑七分、改兑四分皆上京仓，正兑三分、改兑六分皆上通仓"	京仓（正兑）：7/10 通仓（正兑）：3/10 京仓（改兑）：4/10 通仓（改兑）：6/10	《通粮厅志》
嘉靖四年（1525年）	"原拟京仓改兑四分，仍尽上通仓，其通仓原收兑运抵数仍赴京仓"	不详	《明世宗实录》
嘉靖十六年（1537年）	"兑运粮米，照旧分派京仓七分，通仓三分，改兑京仓四分，通仓六分"	京仓（正兑）：7/10 通仓（正兑）：3/10 京仓（改兑）：4/10 通仓（改兑）：6/10	《大明会典》
隆庆元年（1567年）	"无拘三七、四六之例，凡兑运者悉入京仓，改兑者入通仓"	无特定要求	《明穆宗实录》
隆庆三年（1569年）	"宜遵嘉靖八年以后事例，将改兑尽入通仓，以省脚价，仍将兑运粮内拨六十六万二千石以补通仓原额，其余粮米俱拨京仓，毋苟三七四六之例"	无特定要求	《明穆宗实录》

三、漕运仓储影响下的通州地区专用仓厂

1. 木厂

朱棣迁都北京后，都城及皇城营建需要大量木材，故在运河沿岸兴办皇木厂，用于储藏皇家所用木材，采办的皇木需经过陆路、水路两种交通方式转运至北京城。① 据记载，皇木厂多分布在京畿地区，且选址于水路交通便捷之处。在通州地区共设两处皇木厂，分别在张家湾镇及永顺镇（图 1-13、图 1-14）。位于张家湾镇皇木厂村西北部的皇木厂，建于永乐时期，因当时尚未疏浚通惠河，故至嘉靖七年（1528 年）②，北京地区所需木材等建材都要通过漕船经皇木厂中转抵达北京城，以维持北京城建设所需。后随着重修通惠河工程，遂将通惠河河口从张家湾移到通州城北，并在通州城北设立一座皇木厂，即永顺镇的皇木厂村。嘉庆十三年（1808 年），北运河改道，码头与厂库等被废弃，皇木厂的漕运也日渐衰微。

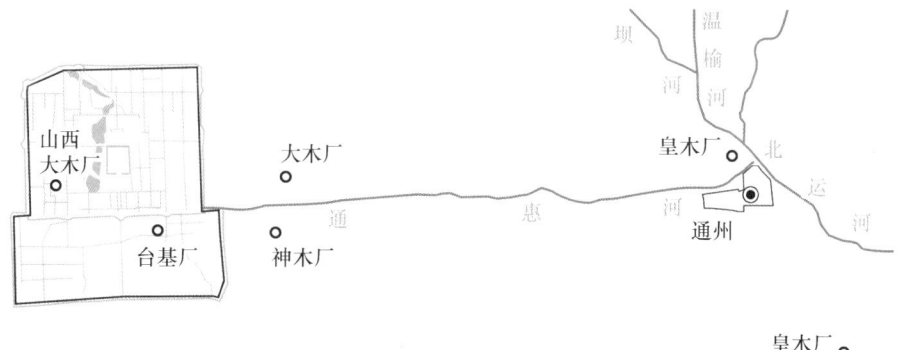

图 1-13　北京城内及通州地区皇木厂分布示意

---

① 根据史料记载和现存实物考证，明代宫殿建造的木材基本上纯用楠木，间或使用杉木，而松、柏、樟木等木材也作为建筑基础材料和辅助材料。
② 嘉靖七年（1528 年），御史吴仲主持重修通惠河工程，将通惠河河口从张家湾移到通州城北。

图 1-14 存于通州文庙的皇木

2. 砖厂

明清时期,朝廷在沿运河州县增设多个砖厂,用以供应北京都城建设。据记载,明初期,烧造城砖的州县主要集中设在运河沿线上的山东、河南、南直隶(今江苏、安徽一带);嘉靖年间,为修建北京外罗城以及宫殿、陵寝等工程,又在鲁豫和苏皖一带大规模烧造砖料。清代营建工程相对较少,但仍在山东临清和江苏苏州地区烧造砖料。如万历十三年(1585年),朝廷曾议砖、瓦诸事,便明确地提及了张家湾料砖厂、大通桥砖厂等几处砖厂(图 1-15、图 1-16)。

图 1-15 通州地区砖厂分布示意

图 1-16 临清贡砖[①]

---

① 临清贡砖,临清市博物馆藏,作者拍摄。

3. 石厂

明清时期，北京营城所需石料主要来自北京附近地区，部分石料来自山东、河南等地，因此在通州地区也设置了花斑石厂等石厂。[①] 据记载，明永乐四年（1406年），朝廷派遣大批官员前往云贵、巴蜀、湘赣等地采购石材，次年将所征建材沿运河置于通州，并在此设花斑石厂。1998年，通州张家湾镇皇木厂村村南施工建设时，发现40余块大小不等的方形石毛料遗存，个别毛料一侧还存有开采时留下的凿痕。至今，皇木厂村仍保存着巨大的花斑石遗存四十六块（图1-17）。

图1-17 张家湾皇木厂村出土的花斑石

---

① 据记载，汉白玉石产自房山大石窝，青砂石产自马鞍山、牛栏山、石景山，紫石产自马鞍山，豆渣石产自白虎涧。明十三陵建筑用石还从顺义牛栏山、怀柔石塘山等地开采。花斑石多来自今江苏徐州、河南浚县等地的山区，部分花斑石料还来自北京附近的三河、遵化、丰润一带。

四、漕运仓储影响下通州城市特征再解析

1. 城市形态与格局变迁

秦以前通州为古渔阳郡属地。西汉时在今通州老城东约8里设路县，东汉改路县为潞县。金海陵王开发治理潞水进行漕运，在潞县西设通州。金兴定二年（1218年），通州地位上升，辖潞县、三河县两县。元代通州城区域未变，城池略呈矩形，四周环以运河及河道水系。元末，通州旧城在战乱中破坏严重。明洪武元年（1368年），孙兴祖在通州旧城基础上进行修筑。建设完成的通州城周长九里十三步，高三丈五尺，开四门，东曰通运，西曰朝天，南曰迎熏，北曰凝翠。正统十四年（1449年），总督粮储太监李德及镇守指挥陈信认为大运西、南二仓在城西门外，主张建设新城来保护大运西仓和大运南仓。新城"甃以砖，周围七里有奇，东连旧城，西面为门二，一曰南门，一曰西门。各有楼，高止丈余，不及旧城之半"[4]，新城建成后，城内仓廒数量亦开始不断增多。

正德六年（1511年），因当时初修新城较为仓促，建造体制并不十分完善，导致砖墙剥落，贼人攀登城墙方便。于是"正德六年，巡抚李贡奏请增修新城，筑高五尺"，"新城旧基，增筑五尺，其外为砖，内实以土，上复为垛墙，六尺有咫，而长广皆如其数。又为敌台，其西南为瓮城，重门悬桥，皆旧所未有"[13]。至清代，为方便管理通行，新旧二城的城墙打通，城市轮廓呈现L形（图1-18）。

另通过分析通仓在城内分布情况可知，因通州城是在元旧城址上建设的，故最初便将河道、漕运、城市等管理署衙，以及各类文化建筑集中设置在通州旧城的北部区域，而稍后修建的仓厂，则集中设置在旧城南部西侧及新城中部，分区清晰。① 此外，作为规模较大的仓厂，中仓、西仓紧邻连接东门、新城西门的主要道路，且为便于运输管理，水运可直达中仓，这就进一步影响了城内交通与水系格局（图1-19）。

---

① 将中仓设置在旧城南部西侧的原因是，在旧城内东南隅，元代便形成十八个半截胡同，为平民居住集聚片区，因此只有西侧空间广阔，适合设置仓厂。

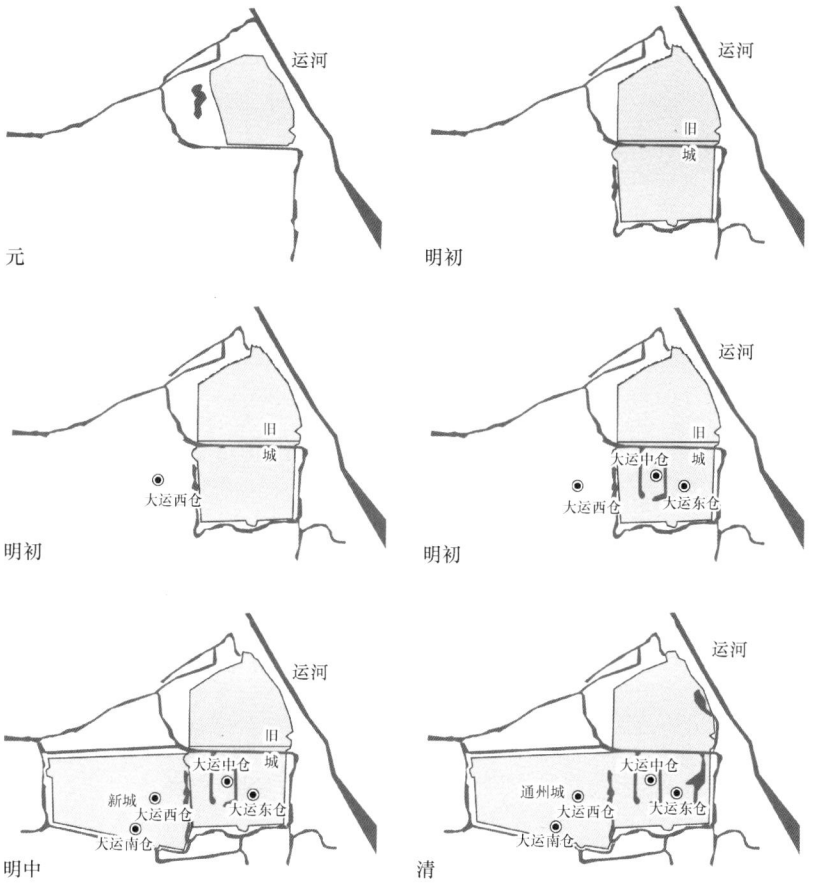

图 1-18 通州城形态演变与通仓位置示意

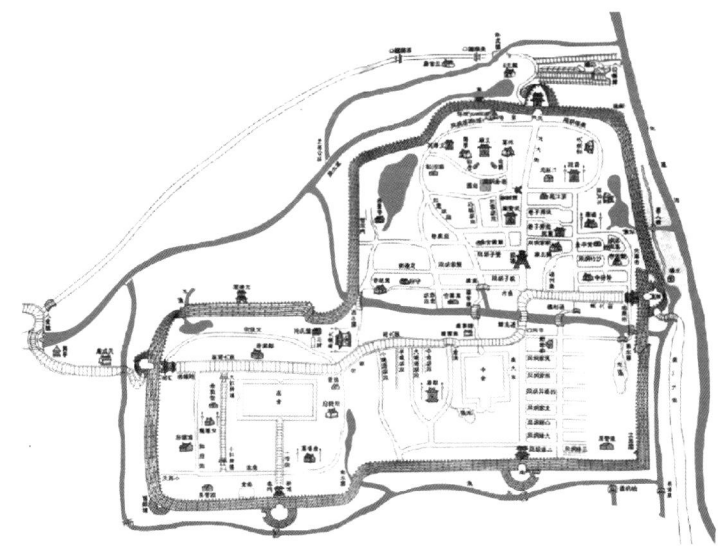

图 1-19 清光绪年间通州城池图[1]

---

① 此图片由通州区图书馆提供。

2. 通州码头、城内交通与仓厂

紧靠北门、东门，在运河西岸设石坝、土坝两处京粮转运码头。其中，土坝码头承担将漕粮运输到通仓的功能。[①] 据记载，"通州漕粮入廒，自土坝码头盘入各仓，或水运，或陆运"，土坝码头共分为两条路线输运京粮至通仓。一是通过陆路从旧城东门进入，一直到新城西门。在这条陆路漕粮运输过程中，途经大运东仓、大运中仓、大运西仓及大运南仓。这条主干道将四大仓串联起来，完成了漕粮的运输。而通州新旧二城其他支路则是由这条主路分支出去，辐射到整个通州新旧二城。另一条则是走城内水路，以旧城东门为起点，以旧城西门为终点。这条水路距大运东仓、大运中仓较近，对于漕粮的运输也较为便捷，且沿水路设桥保证城内交通通行（图1-20）。

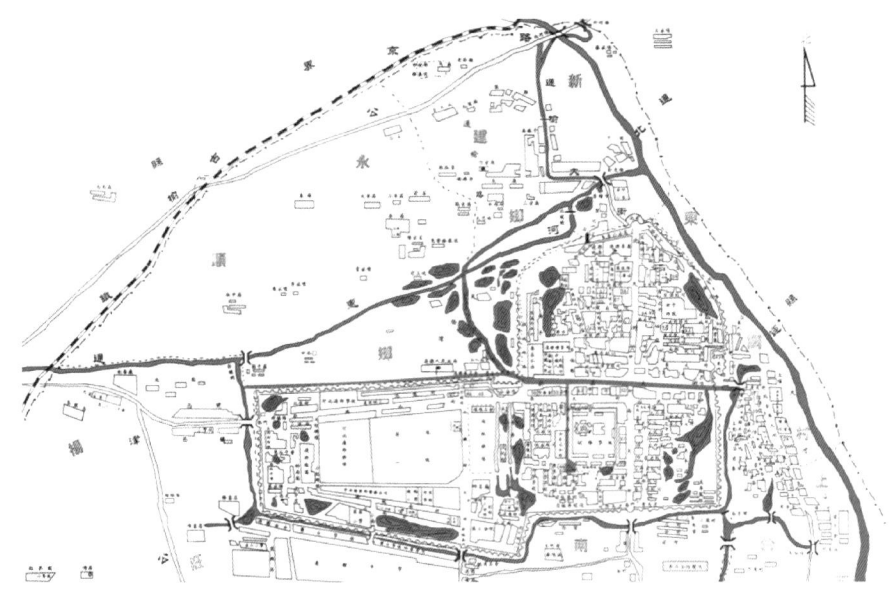

图1-20　通州码头及城内水系分布示意[②]

3. 通州商业与商市

"白河南望四十里间，舳舻云屯，填塞海口，樯竿之立，纷若葱田。西、南诸路贡赋、商贾之船莫不由此河以达京师，为上下公私之费。通州据下上，当要冲之地，故物货殷富，为北方之甲也"[14]，可见漕运繁荣促进通州商业的发展。除

---

① 与土坝码头不同，石坝码头主要将京粮直接借助通惠河转运到京城内。
② 此图片为1954年通州城区图，由通州区图书馆提供，作者进行改绘。

结合十八个半截胡同，在旧城南形成南大街商业街外①，因瓷器运输的关系，还在旧城北与东大街相连形成南北向的瓷器胡同售卖瓷器。此外，考虑到与俄国有售卖茶叶的往来需求，清朝特修建津通铁路，并在通州北关设置茶局。② 这些繁盛的工商业活动，在《潞河督运图》《英使谒见乾隆纪实》中均被鲜活生动地记录了下来（图1-21）。③

图1-21　潞河督运图（局部）[15]

结语

凭借区位优势和便利的水陆条件，通州自古便是交通物资转运的要地。作为明代京师漕粮最终接收地之一，位于京杭大运河北部终点的通州，因通仓的原因，在运河漕粮的转运、贮藏上起到了显著的作用，并影响着自身城市建设发展。总之，通州因运河而兴，因漕运而兴，因通仓而兴，确实表现出作为畿辅首地为首都服务的城市职能。

---

① 南大街及东侧十八个半截胡同区自元代始，明代形成现有格局。十八个半截胡同是元代起便在通州形成的回族聚集区。据记载，由于军事的需要，元代蒙古大军内部分回回的工匠、鞣制皮革，制作盔甲和兵器的人留在通州，并在北大街南的城外（今回民胡同）设牛市，从事牛羊交易、开小饭店、运输脚力行业，该地设牛市岗。元延祐年间，建牛市口清真寺（现通州清真寺），形成回回人社区。明代，通州建城，牛市扩入城内。随着通州漕运的兴盛，包括有山东等多地回民来到这里定居，逐步形成十八条半截胡同的格局。
② 筹建津通铁路之奏折：俄商贩茶回国，无不由津运通，每当夏秋漕忙之际，船不敷雇，常启争端。一有铁路，即可水陆并运，而我可收俄商之利，以为修路之费。——津沽铁路股商请许接造，津通铁路票，光绪十四年。
③ 在《英使谒见乾隆纪实》书中记载：（通州）工商业显得非常兴旺，确实表现出来是一个为首都服务的城市。货品中有的是来自南方各省的茶叶、丝织品和瓷器，有的是来自鞑靼区的皮货。我们非常有兴趣地看到货品中居然还有少量的英国布匹。

参考文献

[1] 北京市通州区地方志办公室.通州志略[M].北京：北京出版社，2019.
[2] 蒋一葵.长安客话[M].北京：北京出版社，2018.
[3] 孙承泽.天府广记[M].北京：北京古籍出版社，1984.
[4] 杨行中.北京旧志汇刊:(嘉靖)通州志略 第1册[M].刘宗永，校点.北京：中国书店，2007.
[5] 万表.皇明经济文录[M].刻本.
[6] 杨士奇.明太宗实录[M]."中央研究院"历史语言所，校印.台北："中央研究院"历史语言所，1962.
[7] 天津规划局和国土资源局.天津城市历史地图集[M].天津：天津古籍出版社，2004：27.
[8] 何乔远.名山藏[M].刻本.
[9] 张岱.石匮书[M].刻本.
[10] 任新平.民国时期粮食安全研究[M].北京：中国物资出版社，2011.
[11] 侯仁之.北京历史地图集[M].北京：北京出版社，1997.
[12] 李宝臣.北京城市发展史明代卷[M].北京：北京燕山出版社，2008.
[13] 高建勋.通州志[M].刻本.
[14] 林基中.燕行录全集3[M].首尔：东国大学校出版部，2001.
[15] 郭炜，张利，王琦，等.大运河与通州古城[M].北京：北京出版社，2018.

第二章
盐运与漕运繁荣之地——沧州

沧州境内京杭大运河，河道总长约 220 公里，是大运河流经地区里程最长的河段。同时，作为连接运河终点北京城的河段，沧州段在运河管理体系中占据重要地位，而明清沧州城更因运河而兴旺昌盛。

一、沧州在运河管理体系中的地位

1. 运河管理体系由三方主导演变为两方主导

元、明、清三朝均定都于北京，朝廷和京城人口以及北方边防驻军的用粮，需要通过运河漕运由盛产稻米的江浙地区来供应，"天下大命，实系于此"[1]。大运河管理体系主要形成于明成化年间，最初由漕运总兵官、漕运总督、河道总督三方主导，并下设若干管理机构及管理人员。[2] 其中，漕运总兵官相比之下没有实权且流动性较大，因此在运河管理体系中地位逐渐下降，至明天启元年（1621年）漕运总兵官被裁去，大运河的管理机构由此分为河道管理和漕运管理，分别隶属工部和户部，下辖河道总督府、漕运总督府等管理机构，有管理人员驻扎巡查（图2-1）。

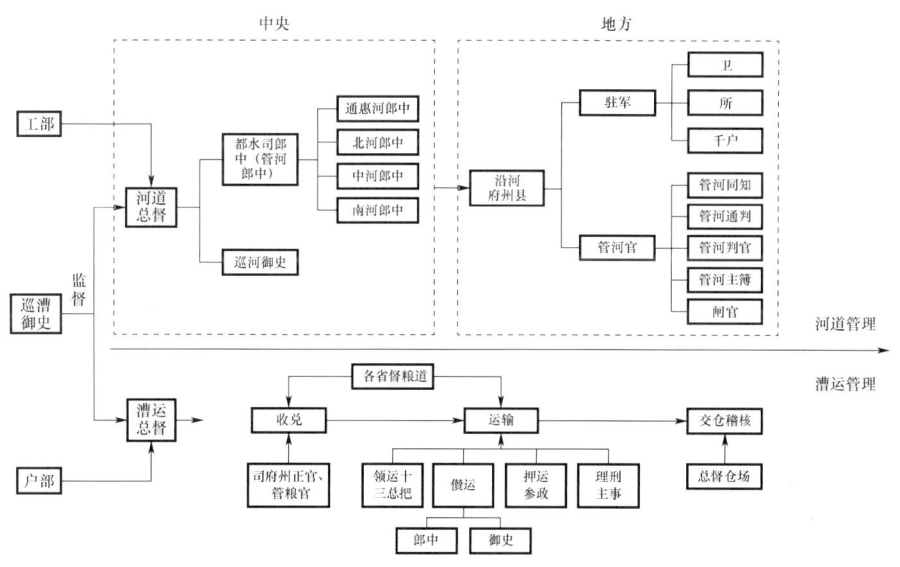

图 2-1 明清漕运管理体系结构图[3]

2. 河道管理中央和地方层面上的重要机构

河道管理在中央层面上设立河道总督，下辖管河郎中和巡河御史，负责河道管理与监督。管河郎中按运河位置，分为通惠河郎中、北河郎中、中河郎中和南河郎中分段管理运河，其中沧州运河由北河郎中负责。管理沧州的地方官员如沧州知州、沧州运判、河间府知府、天津卫守备都兼有协济管理沧州运河的职能，这些官员统一在北河郎中的调度下，共同筹划河道的整修与治理。

河道管理在地方层面上在沿河各州府县设立管河官，专职地方运河河道管理，包括管河同知、管河通判、管河判官、管河主簿和闸官等。明代沧州设管河通判一员，专理河道。[4] 主要负责物料的采购、河防的巡视、水利工程的维护等。清代在河道管理方面也有所调整，形成道—厅—汛三级管理。厅相当于明代府州管河同知、通判，而汛则是类似于明代的州县管河官，每级设有文武两套系统。沧州地区"文汛驻扎沧州，武汛驻扎捷地镇"[5]（图 2-2）。

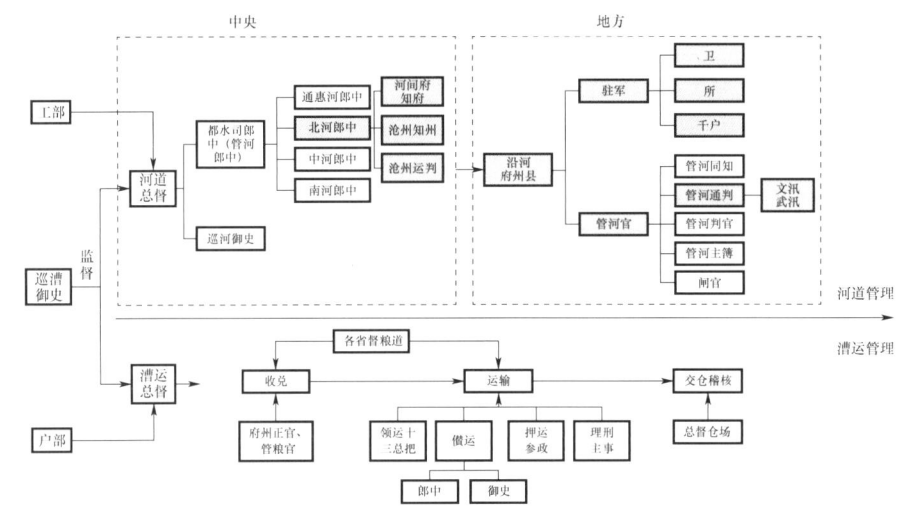

图 2-2　沧州河道管理机构图 [3]
注：图中标红为沧州运河管理体系。

3. 连接京通仓和临清仓两大漕运中心

大运河漕运管理主要分为收兑、运输和交仓稽核三个部分，由漕运总督总辖。在漕粮收兑环节，主要由府州正官、管粮官负责。在漕粮运输上，明代由领运十三总把负责，领运十三总把下各领若干卫所。在交仓稽核上，明、清两朝专设总督仓场，管理全国粮仓。[6] 明初，为供给京城及北方边防的用粮需要，中央政府就已在山东临清、安徽临濠设仓转运漕粮。明永乐年间开始实施支运法，即在天津、德州、临清、徐州、淮安等地设置水次仓，税粮从江南数省为主的有漕省份运往运河沿线水次仓，然后由各地卫所军丁从水次仓中支取漕粮，以接力的形式运往通州、北京二仓。[7]

位于沧州北方的通州仓是漕运的终点，总督仓场下设京粮厅、通粮厅皆驻于此，负责漕粮抵通后查验兑收、进贮仓场，这也是漕粮运输的最后环节。位于沧州南方的山东德州、临清是漕粮抵京前最后的置仓地。因此，沧州两端均为运河管理和仓储的重要节点（图 2-3）。在漕运体系中，沧州主要负责管理并保障两节点间的河道畅通，在漕粮管理方面作用不大。

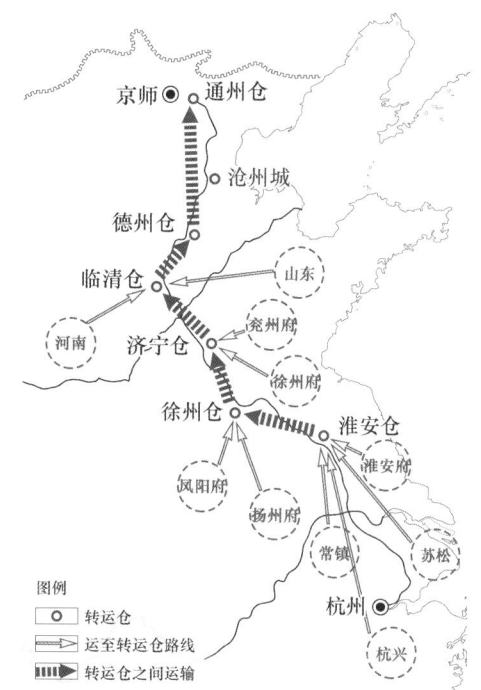

图 2-3 明代漕运支运法示意[8]

二、沧州在盐运管理体系中的地位

1. 离京城最近的重要盐场地

盐务自古以来就受到历朝历代统治者的重视，是国赋的重要来源之一。长芦盐区位于海河水系与运河相交汇的中心区域，盐业资源丰富，历史悠久，境内水道发达。运河促进了长芦盐业的发展，所谓"水利兴而后盐利可通，水利淤塞而盐利无从出之地"[8]。

沧州长芦盐业，古已有之。从早期"北海之众无得聚佣而煮盐"，到春秋战国时期"燕有鱼盐之饶"[9]，可见沧州丰富的盐业资源和其悠久的历史。长芦盐业在历朝历代都受到朝廷重视。西汉时期朝廷在主要产盐郡县设置盐官，全国共设37处，仅长芦盐区便有4处。① 东魏时期"自迁邺后，于沧、流、幽、青四州之境，傍海煮盐"[10]。唐朝时"河北道滨海各县，惟沧州所属清池、盐山两县，皆注有盐"[11]。"宋时河北所有场地惟沧州一区（场为管理盐业生产的单位）。"据《元史·百官志》记载，元代在长芦盐区设置的盐场有22处之多。

明清长芦盐场分布区域广泛，沿渤海湾西岸分布，北起山海关，南至今河北与山东交界处。明清时期，长芦盐的产量在全国仅次于两淮，是当时我国的第二大海盐产区。[12] 作为离京城最近的重要盐场地（图2-4），长芦盐直接维系了北方百姓的食盐消耗，其盐税是朝廷重要的财政收入之一，与明清时期国计民生息息相关。

2. 因运河而兴、因运河而衰的盐运中心

长芦盐业资源丰富，是国内重要的产盐区，因明初转运司驻于长芦，因此

---

① 汉代长芦盐区4处设立盐官郡县：渔阳郡泉州县（治所在今天津市武清县城上村）、渤海郡章武县（治所在今黄骅市故县村北）、辽西郡海阳县（治所在今滦县滦州镇南）、巨鹿郡堂阳县（治所在今新河县新河镇）。

"直隶之盐以长芦名"[13]（图2-5）。明清时期管理长芦盐区盐务的高级官吏为长芦巡盐御史和长芦都转运盐使司，分别行使监督及管理职责，都转运盐使司之下又设置分司（图2-6），分司之下即是各个盐场，每场设盐课司大使一人，作为对盐场进行直接管理的官员。此外，清朝还设立小直沽和长芦盐引两个批验所，各置大使一员，同驻沧州。[14]

图2-4　长芦盐区位置图[15]

图2-5　明代沧州地区盐业资源分布图[16]

长芦食盐转运主要依靠水路，明代运河的南北畅通，为盐运发展提供了便利的交通条件，促使位于运河河畔的沧州城发展成为盐运中心。清代沧州段运河河道阻塞，交通不便，盐业发展受阻。与此同时，河网遍布，水运发达的天津因其便利的水运条件，成为长芦盐区新的转运中心。[17] "盐运使至康熙十六年（1677年）始移署于天津（保留沧州分司），盐政为之一变；后（雍正三年）分司（沧州分司）亦移于津，仅存批验所、严镇场两大使，盐政又一变；迨两大使一并取消（道光年间，1832年），所有盐地概行停止煎晒，长芦官盐之名称虽存，而沧县全境从此无盐政可言矣。"[18]

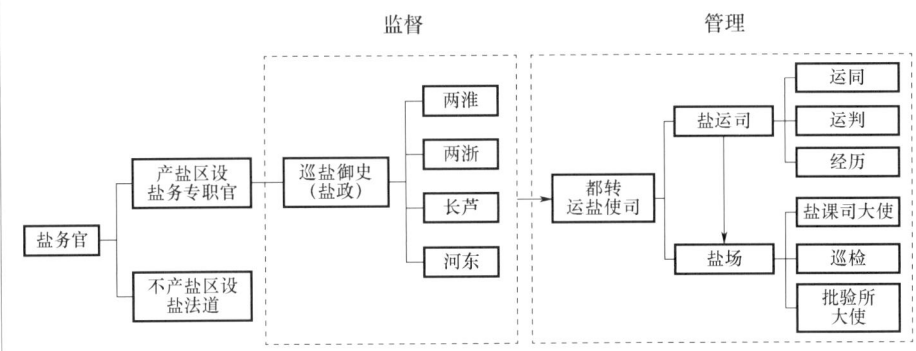

图2-6　盐运管理机构图

三、运河影响下的沧州建置变迁

1. 明以前临近盐场地的沧州治所

沧州历史悠久，从西汉至明清，其治所几经变迁。

秦郡县制推行之后，今沧州市东部地区属济北郡，西部地区属巨鹿郡，巨鹿郡治所位于今邢台平乡，临近大陆泽。据《读史方舆纪要》所载，"巨鹿县北五里有广阿泽，亦曰大陆泽，东西广二十里，南北三十里，虾、苇、鱼、盐之利，充韧其中，泽畔有盐泉，煮而成盐，百姓资之"是当时长芦盐区重要的盐场地之一。

清池（今沧县旧州镇）也是长芦盐区的重要盐场地，"惟沧州所属清池、盐山两县，皆注有盐"。唐高宗永徽初年，沧州刺史薛大鼎曾开浚无棣沟（流经今盐山、海兴两县），以通盐运。清池历史上曾多次成为沧州区域的治所，西汉、唐至元时期沧州境所属渤海郡的治所皆位于清池（西汉时名浮阳，唐朝改为清池）。一是清池县位于沧州境的中心地带，便于统辖沧州境；二是其丰富的盐业资源，并临近重要盐运通道无棣沟及盐山，便于管理盐运。

2. 明清时期因运河而定的沧州县城

明永乐二年（1404年）原位于清池的沧州城毁于靖难之役[19]，因此州治迁于长芦镇①（今沧州市区）。② 知州贾忠在濒临运河东岸一片空地建立州城，至此形成沧州古城的雏形。明朝时沧州县城迁于长芦主要受运河漕运和盐运的影响，可以说沧州是因运河而建立的城市。

明洪武时期出于北部边防的需要，南粮北运的规模逐年扩大，主要运往北京和辽东地区。明永乐时期由于定都北京，远离了经济富饶的江浙地区，大运河的

---

① 长芦：原本是古漳河一条支流的名称，因河两岸长满茂盛的芦苇而得名。
② "洪武二年五月徙于长芦"，另一考为明永乐二年（1404年），沧州城迁至长芦城，长芦也就此改名沧州，至今未变。

漕运从此成为维持朝廷统治的命脉。此前虽然元朝定都于大都,开始重视大运河的漕运作用,但因"水源不稳定,时患浅涩,不胜重负,故终元一代漕粮北运仍以海运为主,末年竟废弃不用"[20]。但明朝随着北方粮食需求的增加,加之沿海"倭寇"的侵扰,无法如元朝一样大规模海运,因此开始整治大运河航线,逐渐转为内河运输。

明清时期定都北京也使得我国物资与商品运输路线整体趋势从东西向改为南北向。同时原沧州主要盐运河道柳河、无棣沟、马颊河的淤塞断流,断绝了长芦盐运的水路(图 2-7)。因此,南北向的京杭运河转而成为长芦盐的盐运河道。[15]

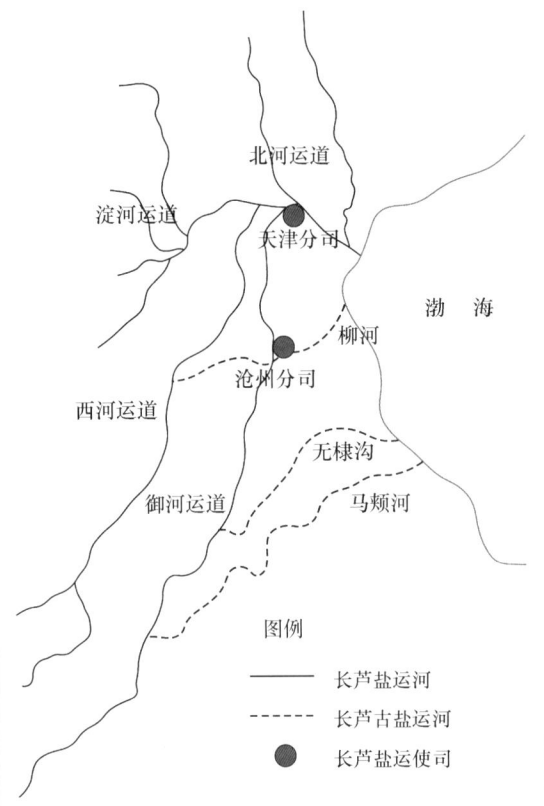

图 2-7 由东西向转为南北向的长芦盐道变迁图[13]

四、运河影响下的沧州城空间形态

1. 城市轮廓:西南缺角的"幞头城"

运河边的沧州城城墙"周八里,高二丈五尺,顶宽一丈五尺,底宽二丈五尺"。与之前的几处州城有所不同,明清沧州城池为不规则的形状,其南城墙东南部缺一角,形成 L 形的幞头弯(图 2-8)。《畿辅通志》记载"今州治又名幞头城,象其形"。又因其形似明朝的官帽,俗称"纱帽城"。

沧州城东、西、北三面城墙皆仅开一门,但南城墙除在中部开门外,在其西南角的幞头弯处又开小南门,由此形成沧州城五门五关。小南门的设计增加了沧州城通往运河的道路,有利于城内居民除西大门外,还可由小南门去运河汲水、行商等,加强城池与运河的联系。沧县志记载:"运河沿岸汲河面饮,其水甘软,全境井泉十九微咸,甘洌之井,恒不一见,地近海滨之故也。"此外,沧州城西南缺角的做法也是因地制宜的结果,避免西南角城墙与运河距离过近,不利于城墙坚固。[21]

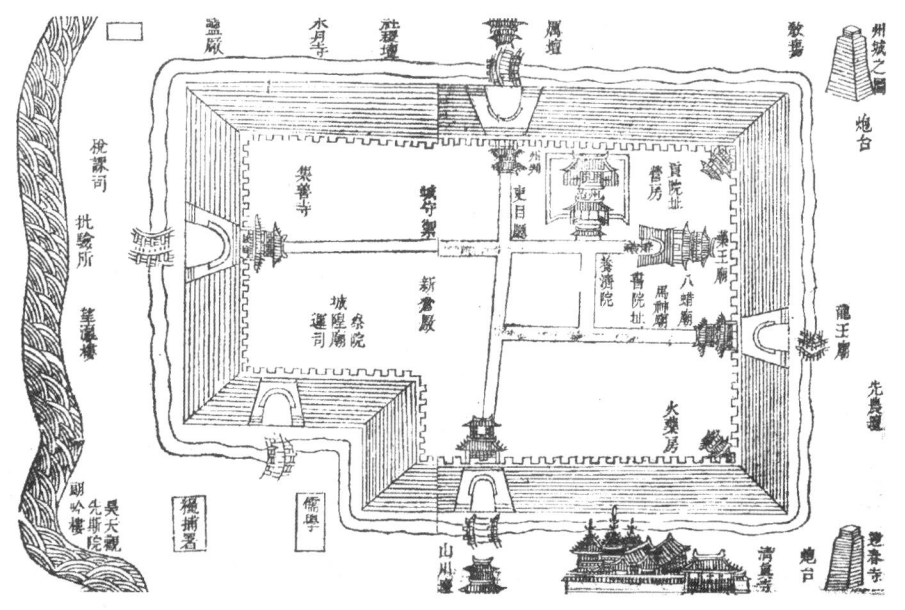

图 2-8 清乾隆沧州州城图 [21]

2. 城市骨架：水系与道路相织

历朝城池道路建筑主要从军事方位和交通使用等多方面考虑，由于古代城市普遍为方形或长方形，因此道路也以纵横交叉的方格形道路为主。受地形水池和军事防御思想的影响，沧州城的道路网主要为不直通的丁字形路网。丁字路口的设置使得进入城中的人流和车辆不能直通，便于截击敌军。沧州城的主干道共四条，其中东西两门的主干道不直通，形成若干丁字路口。

作为位于运河河畔的城市，沧州城在临近运河的西门、小南门及南门均布局有直达运河河畔的道路，并设置渡口。西门的主干道向西可通往运河河畔的白家口渡，南门的主干道连接通往菜市口渡的江岔子街，小南门外的鸡市街通往小口渡。城内主路经由三个城门皆与运河渡口相通，由此构成了水陆交通相连通的交通体系。在运河交通的影响下，沧州西门和南门外临近运河的城厢地带经济繁荣，路网与城内相比较为密集（图 2-9）。

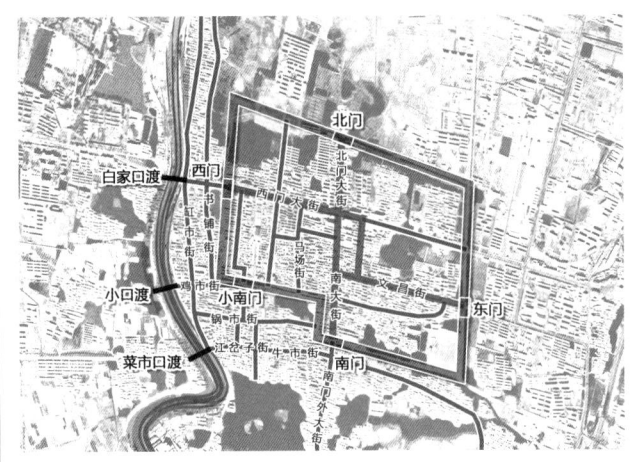

图 2-9 沧州城街巷格局图

3. 城市布局与建筑设置

行政建筑。沧州州治位于城内两条主路交汇处的东北方，交通便利。州治今已不存在，但从民国沧县志可见，州治共六进院落，其中轴线上建筑依次为大门、仪门、大堂、二堂、三堂、上房、后房。州治以东为贡院和鼓楼，以西为吏目署和判官衙（图 2-10、图 2-11）。运河漕运相关管理机构主要位于沧州城南的小南门附近，察院和运司位于小南门内，临近小口渡；粮捕署位于小南门外，临近菜市口渡。而运河盐运相关机构主要位于沧州城北，盐场位于城北的空旷地带，批验所位于西门外，临近白家口渡。由此可以推测沧州城的三个渡口分开承担漕运与盐运的不同职能（图 2-12）。

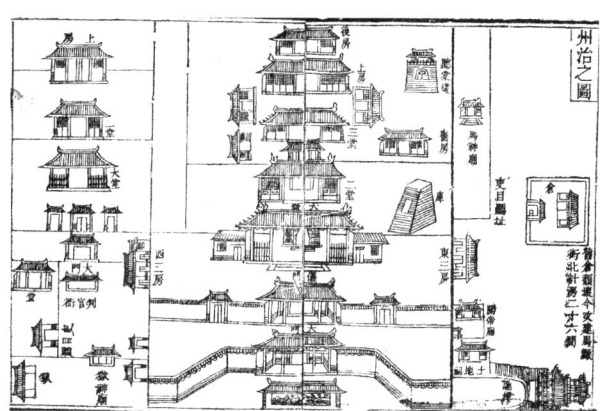

图 2-10　沧州衙署格局图[22]

图 2-11　明清沧州衙署遗址

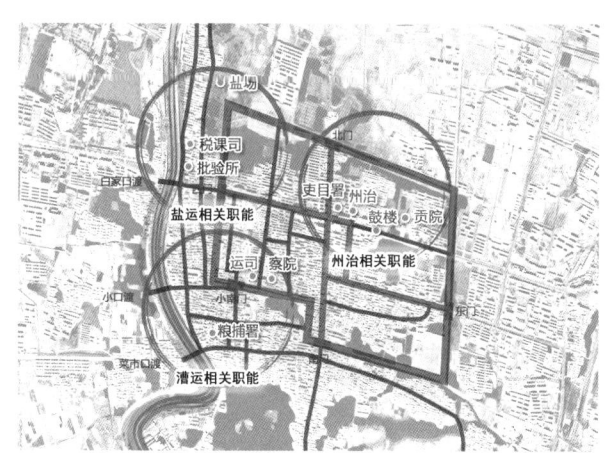

图 2-12　沧州行政建筑分布图

仓储建筑。据《沧州志·仓储表》记载，沧州仓储主要分为三类，分别为预备仓、常平仓和义仓，其中义仓数量最多。预备仓是明代备荒粮仓，为官府所设立，"备赈济之用。岁歉散发，秋收归还"[22]。沧州预备仓初建于州治西门街，后改建于州治东偏。常平仓与预备仓功能近似，主要用于调节粮价、储粮备荒。沧州常平仓有两处，分别位于马场街北和小南门内。马场街北的常平仓规模较大，仓容约一万二千石。[23] 义仓（又称社仓）为民办粮仓的一种。沧州城内的义仓位于文昌街路南，此外在李村、孟村、穆官屯等地也设置有义仓。因此，沧州城的仓储建筑主要分布于城内的州治及主干道附近，分布均匀，便于管理和运输（图 2-13）。

图 2-13 沧州仓储建筑分布图

商肆建筑。在运河经济的影响下，沧州城市空间范围扩展，远远超出城池的限制，特别是临近运河的西门和小南门外，逐渐发展成为一片繁华的商业区域，"城厢每日一集，市廛林立，百货充盈，凡人生日用之种种物品无一不备"[25]，成为沧州城厢经济带的重要组成部分。城厢道路的命名多与其商业有关，如钱铺街、鸡市街、书铺街、锅市街、缸市街等，皆因明朝时街上著名商肆建筑而得名。而城内关于商业的记载较少，因此商肆建筑主要分布于西门和小南门外的城厢地区。

寺庙建筑。沧州城内外寺庙众多，道教庙宇、佛教寺院、清真寺皆有（图 2-14）。其中道教庙宇分布最为广泛，包括信奉天地神的城隍庙、龙王庙，自然神的火神庙，动物神的马神庙、八蜡庙，人物神的文庙、药王庙、三皇庙等（图 2-15）。水月寺作为沧州佛教寺院的代表位于城北，据传因清同治年间运河决口，洪水越寺，故以谐音更名。清真寺位于城南，其所在的南门外地区也是沧州回族的聚居地（图 2-16），其形成和发展和大运河密切相关。作为善于经商的民族，回族多以商贾为第一要业。明代沧州大运河的畅通使得大运河旁的城厢地区成为商贸最为发达的地区，同时在移民政策促进下[24]，大量回民迁徙于以漕运职能为主的城南码头区域。

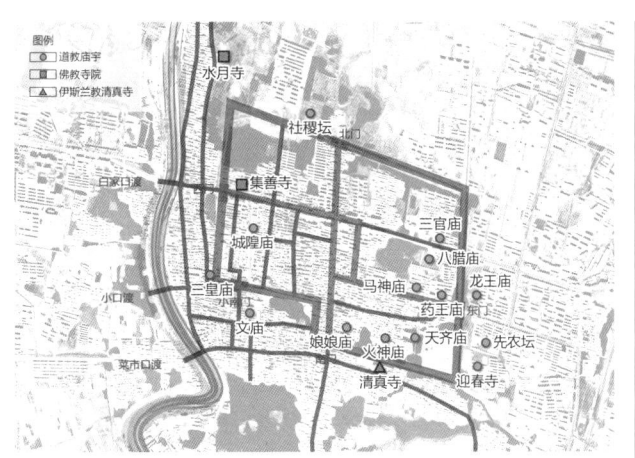

图2-14 沧州寺庙建筑分布图

图2-15 沧州文庙照片

图2-16 沧州清真寺照片

结语

明初运河管理体系由总兵、总漕、总河三方主导逐渐调整为总漕、总河两方主导。在河道管理方面，沧州在中央层面上归于北河郎中统筹河道的整修与治理，在地方层面上设置有专职地方运河河道管理的管河官，形成道—厅—汛三级管理机构。在漕运管理方面，由于沧州南方的临清仓及其北方的京通仓为漕运体系中重要的中转点及终点，因此位于两个节点中的沧州主要负责保障并维护河道畅通，在漕运管理方面作用较小。

此外，沧州还是重要的盐场地和盐运中心，在盐运管理体系中承担重要的职能。沧州所在的长芦盐区盐业资源丰富，产盐历史悠久，西汉开始作为全国主要产盐郡县设置盐官，是离京城最近的重要盐场地。明代因运河畅通，位于运河河畔的沧州城发展成为盐运中心，设置有长芦盐课察院及长芦都转运盐使司两个盐业最高管理机构分别负责监察和管理长芦盐业。清代因沧州运河阻塞，长芦盐业中心及管理机构移至天津。

因此，沧州是因大运河而兴的城市。明以前，在产盐区与水运交通的影响下，沧州建置频繁变迁。明初因大运河的畅通与繁荣，在运河管理、盐运管理、交通等多方面影响下沧州城终定于运河河畔，其城市空间形态受运河影响较大。城市轮廓上，沧州城临近大运河的西南缺角形成"幞头城"并开小南门；城市骨架上，沧州城主道路皆可通往运河渡口，水系与道路相交织；城市布局与建筑设置上，地方行政、运河漕运、运河盐运三个类型机构分区域均匀分布，仓储建筑主要分布于城内的州治及主干道附近，商肆建筑主要分布于西门和小南门外的城厢地区，寺庙建筑以道教庙宇为主并依据其信仰分别集中于城北、城中和城南。综上所述，沧州城从明初建立于运河河畔开始，建立了与运河的密切关联，不仅是大运河沧州段管理机构的驻地，也在大运河的影响下形成现今的空间形态。

参考文献

[1] 顾祖禹. 读史方舆纪要[M]. 刻本.
[2] 钟行明. 元明清大运河管理制度的演进[J]. 运河学研究，2018，(01)：109.
[3] 钟行明. 元明清大运河管理制度的演进[J]. 运河学研究，2018，(01)：112.
[4] 谢肇淛. 北河纪[M]. 刻本.
[5] 沈家本，荣铨，等. 重修天津府志[M]. 刻本.
[6] 陈薇. 走在运河线上：大运河沿线历史城市与建筑研究：上下卷[M]. 北京：中国建筑工业出版社，2013.
[7] 郑民德. 明清京杭运河沿线漕运仓储系统研究[D]. 天津：南开大学研究生院，2013.
[8] 朱廷立，史绅，等. 盐政志：卷7[M]. 北京：北京图书馆出版社，1999.
[9] 刘洪升. 古代长芦食盐产地初考[J]. 盐业史研究，1995，(04)：76.
[10] 芮和林. "芦盐"的由来及其演变[J]. 盐业史研究，1991，(01)：46.
[11] 赵逵，王特. 长芦盐运线路上的聚落与建筑研究[J]. 智能建筑与智慧城市，2019 (11)：3.
[12] 王特. 长芦盐运视野下的聚落与建筑研究[D]. 武汉：华中科技大学，2020：18.

[13] 黄掌纶, 等. 长芦盐法志 [M]. 刘洪升, 点校. 刻本.1911（清宣统三年）.
[14] 巩立彬. 清代长芦盐官制度 [J]. 唐山师范学院学报, 2009, 31（03）：68.
[15] 王特. 长芦盐运视野下的聚落与建筑研究 [D]. 武汉：华中科技大学, 2020.
[16] 郭沫若. 中国史稿地图集 [M]. 北京：中国地图出版社, 1996：73.
[17] 张毅. 明清天津盐业研究 [M]. 天津：天津古籍出版社, 2012.
[18] 张坪. 民国沧县志 [M]. 张凤瑞, 徐国桓, 修. 铅印本.
[19] 河北省黄骅市地名志编纂委员会. 黄骅市地名志 [Z].
[20] 李学通. 运河与城市 [M]. 石家庄：河北人民出版社, 2012.
[21] 庄日荣. 沧州志 [M]. 成文出版社影印本. 台北：成文出版社, 1975.
[22] 郭今吾. 经济大辞典：商业经济卷 [M]. 上海：上海辞书出版社, 1986：561.
[23] 上海书店出版社. 中国地方志集成 河北府县志辑 42 民国沧县志 [M]. 上海：上海书店出版社, 2006.
[24] 肖秀杰. 运河对回族在沧州聚居点形成与发展的影响 [J]. 才智, 2016,（7）：251.

第三章

京津走廊——武清县

京杭大运河全面贯通后,北运河自南向北贯穿武清县。[1]在漕运制度的影响下,武清县内市镇发展迅速,不但在县境北端、南端,沿大运河河道出现了码头城市河西务镇与杨村镇,而且作为县治所的城关镇规制初显,呈现古制营城、城水相依的特点,同时王庆坨镇等市集型城市的出现,共同构建了武清县内的城市体系。

一、武清县境内运河水系变迁与治所迁移

1. 水系变迁：武清县境内水系变迁全过程见证中国大运河发展史

武清县境内运河水系建设，最早可追溯到曹操开凿平虏渠、泉州渠。曹操打败袁绍后，为消除后患决定北征乌桓。为确保战争胜利，决定开凿两条河流用于战争运粮，故在汉建安十一年（206年）"凿渠，自呼沱入泒水，名平虏渠"[2]。但平虏渠的运输只可到滹沱河和潞河，潞河和泃河不相通，故随后开通泉州渠。泉州渠从当时泉州县境内的潞河通向泃河河口，因在泉州（今武清南）地界故叫作泉州渠。[3] 曹操开凿两条运粮河为之后各时期开凿运河奠定基础（图3-1）。

隋大业四年（608年），隋炀帝开凿大运河的永济渠，永济渠的中段基本沿用平虏渠故道，将武清县境内运河和永定河连接在一起。因兼有国内海河之利，武清县的漕运地位开始受到重视。[5] 宋辽时期，因地处辽南京道与北宋河北东路交界的险要位置，萧太后建有运粮河进入武清县经过北运河直接到达辽南京（现北京）。金朝时，因为胜芳附近的河道屡疏屡塞，大运河绕过冀中洼地，东走天津，并上溯修整后的潞河入京，历经多朝修筑，此时初步奠定了武清县境内的运河格局；元朝郭守敬修建通惠河直通元大都后海，京杭大运河全线贯通（图3-2）。经过元、明、清三代的变更，武清县终因（天津）地处"九河下梢"[①]的优越区位，在运河漕运方面承担着重要角色（图3-3）。

---

① 九河下梢是指九河同归于海。

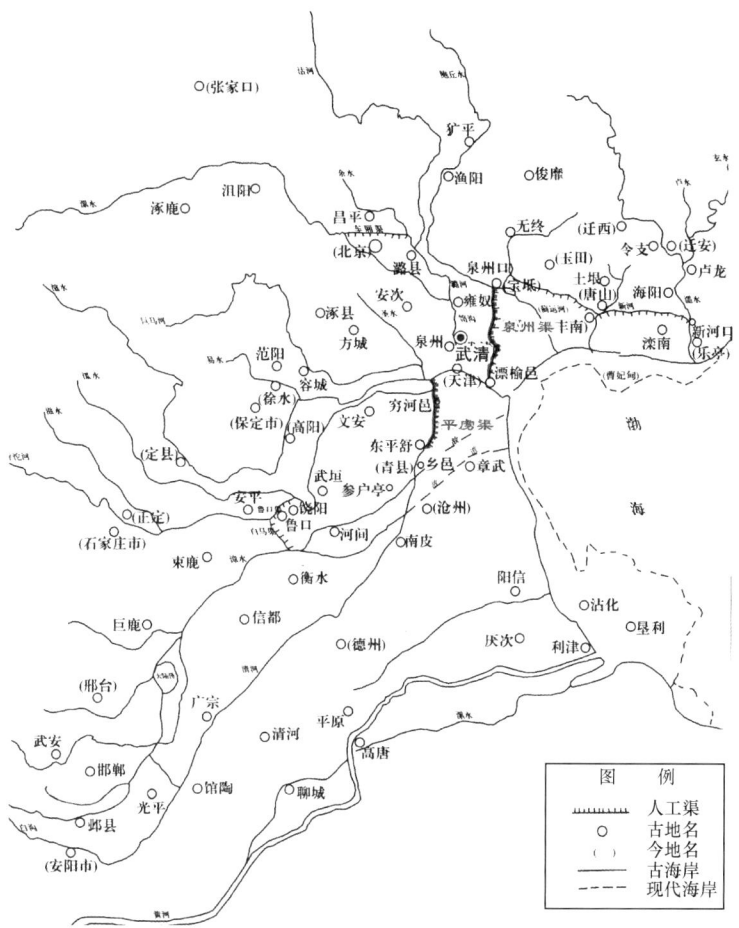

图 3-1 平虏渠、泉州渠在曹魏时期黄河北侧运河的位置示意[4]

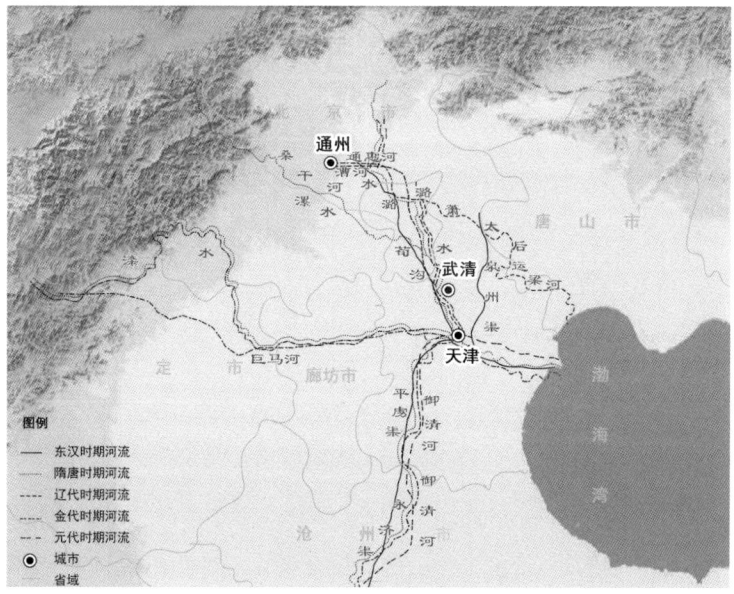

图 3-2 武清县河流变迁示意

图 3-3　九河下梢[6]

2. 治所迁移：呈现与武清县境内运河水系发展的时空耦合性

历代运河开凿和发掘，丰富了武清县境内的水系构成，同时也影响着城市治所的位置迁移。据记载，武清县得名于唐天宝元年（742年），取"武功廓清之义也"[7]。其北魏年间为雍奴县，是由秦汉时期泉州、雍奴两县发展而来。泉州县治所在今黄庄街城上村[8]，雍奴县县治位于今崔黄口镇大宫城村[9]，通过分析与河流的空间关系发现，为方便生活取水与运输，最早两座古县的治所所在地紧邻河流沿岸（图3-4）。北魏时期，撤泉州县，属地由雍奴县管理，县治迁移到邱古庄南五里的旧县村[10]，县治迁移一方面是由于建制变革，另一方面则与水系发展联系密切，迁移后县治紧邻笥沟。

运河开凿促进漕运发展、城市兴盛，但同时由于早期运河开凿巩固技术水平不高，导致在自然和人工双重因素影响下，沿运地带水患频繁。故随着治水、理水观念与技术的发展，以及城市人口的不断聚集，明朝武清县为躲避水患，便将县治所迁移到与运河留有一定距离的城关镇，保护城池（图3-5）。

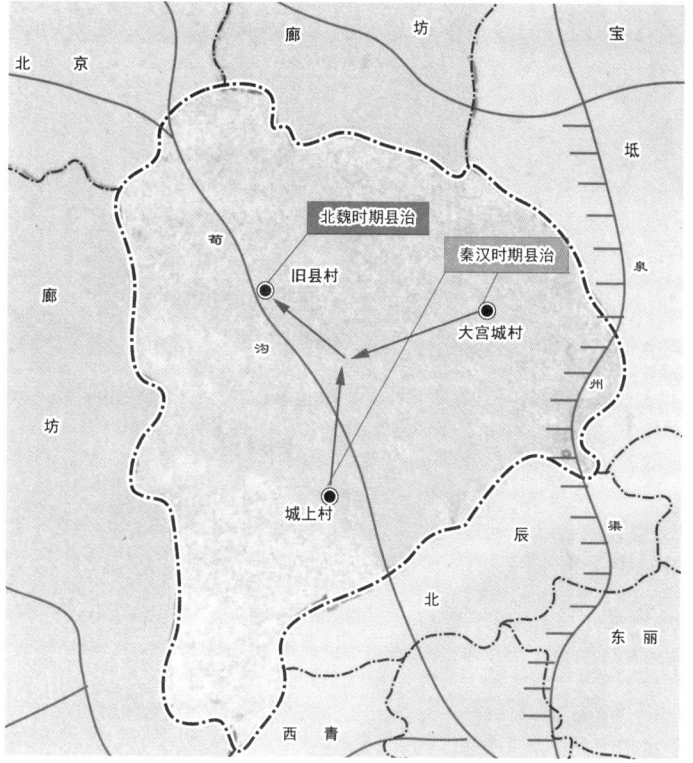

图 3-4 北魏县治迁移示意[11]

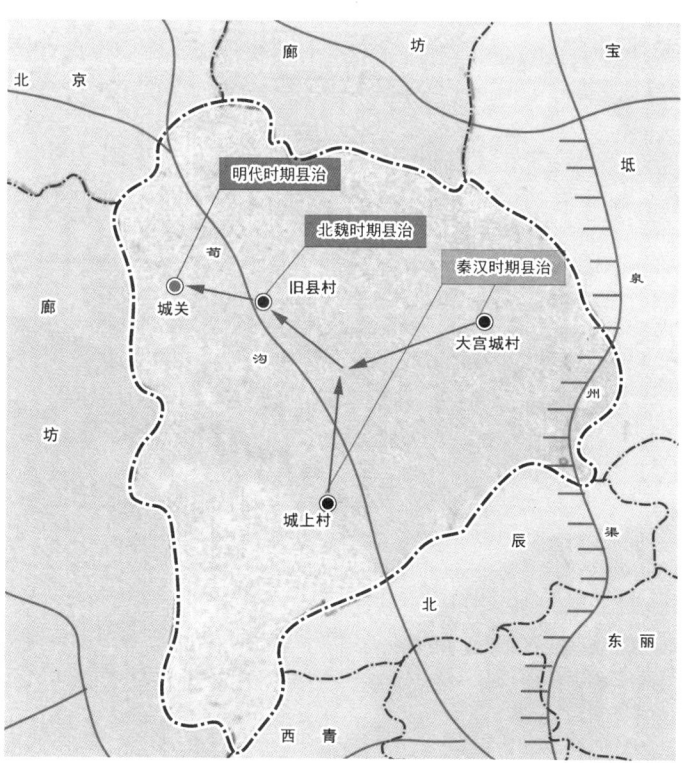

图 3-5 明代县治迁移示意[11]

二、漕运影响下武清县境内沿运城市体系的考察

受漕运影响,武清县成为明清时期京畿地区[①]发展较快的县级城市,其下辖多个城镇逐渐得以发展,共同构建境内沿运城市体系。首先,在明清漕运发展鼎盛时期,作为连接北京与天津的通衢城市[②],武清县拥有多个码头,起到漕运中转的作用。这些码头一方面促进漕运,便于货船的停靠、货物的运输;另一方面作为繁忙的公共场所吸引人流、聚集人群,久而久之形成聚落。如位于武清县境内运河北端河西务镇与运河南端的杨村镇,便因运河漕运兴起,靠码头发展,逐渐具备了城镇属性(图3-6)。其次,位于武清县西北部的城关镇,明廷曾在此设立治所,因行政

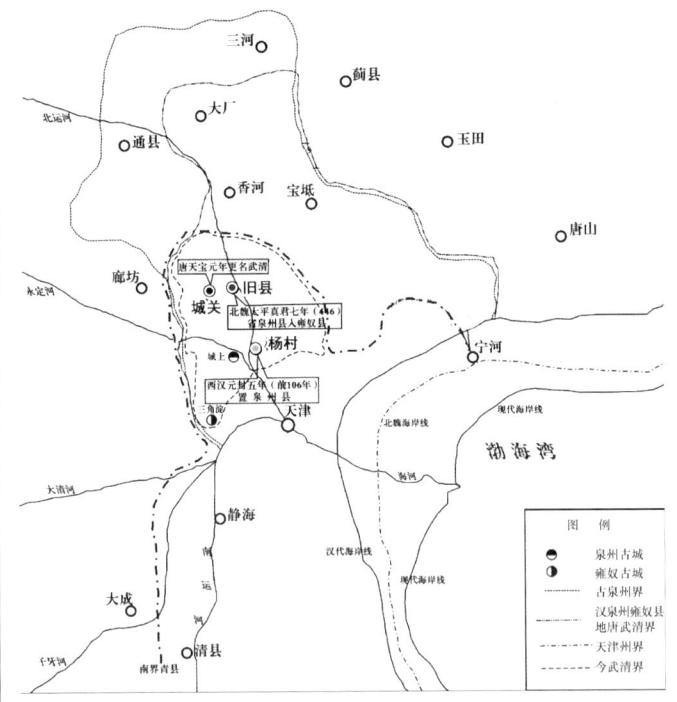

图 3-6 武清县境内城镇分布示意[4]

---

① 京畿是指国都及其附近的地区。京畿一词出现于中国唐朝前。汉潘勖《册魏公九锡文》有"遂建许都,造我京畿,设官兆祀,不失旧物",意即"位于国之中央的都城"。《北齐书·封述传》:"迁世宗大将军府从事中郎,监京畿事。"

② 通衢,语出汉班昭《东征赋》:"遵通衢之大道兮,求捷径欲从谁?"现意思为:四通八达的道路,宽敞平坦的道路。

级别上升而日益繁荣。城关镇营城思想既尊崇古制,又受沿运地带地形条件限制而呈现运河城市特点,具有一定的典型性。最后,位于武清县西南隅的王庆坨镇,清乾隆二十三年(1758年)设集市,每逢农历三、八日,商家云集,人流如潮,热闹非凡[12],从此城镇迅速发展,成为津西重镇。综上,在漕运影响下,终明清两代,武清县逐渐形成了由码头城市、治所城市、集市城市等共同构成的大运河沿运城市体系(表3-1)。

表3-1　主要城镇基本信息一览表[13]

名称	功能	位置	规模	形成年份
城关镇	治所	武清县西北部	56平方公里	明代
河西务镇	码头	北运河武清段北端	69.5平方公里	元代
王庆坨镇	集镇	武清县西南部	54平方公里	清代
杨村镇	码头	北运河武清段南端	22.3平方公里	元代

1. 津门首驿河西务镇

河西务镇地处武清县北部、北运河西侧,因是大运河由北京通州进入天津武清的第一个城镇,故有"津门首驿"之称(图3-7)。

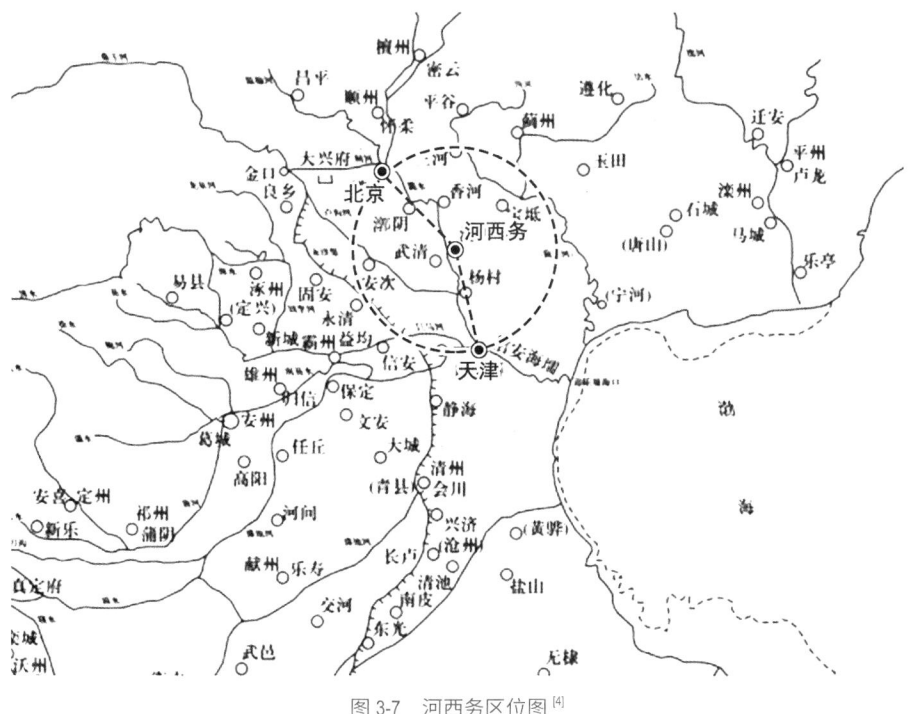

图 3-7　河西务区位图[4]

作为辽金时期小船坞发展而来的河西务镇，明清时期因漕运水运兴盛，逐渐发展成"驿路通畿甸，敖仓俯漕河"[14]的运河码头城市。据记载，因河西务地处京津中间，且河道相对稳定，故元廷在河西务镇下设十四仓作为北京皇粮仓储的重要地点。十四仓所处区域在元代是一片湖水，与北运河相通，入口北岸设上码头，南岸设下码头，向西500米即是宽阔的湖面，湖西岸向运河方向凸出，形成一块陆地，陆地又将湖泊分成两部分，北侧叫后海子，南侧叫前海子。此处天然形成的船港，可供多只货船停泊卸货，且不影响运河漕运。在海子的北侧设北仓，南侧设南仓，中间凸出的岛上设东仓、西仓、中仓。各个码头沿运河设置，可同时卸货，提高效率，节省人力、财力。因地处京津之间，十四仓成为为北京供应生活用品和军用产品的转运中心（图3-8）[15]。

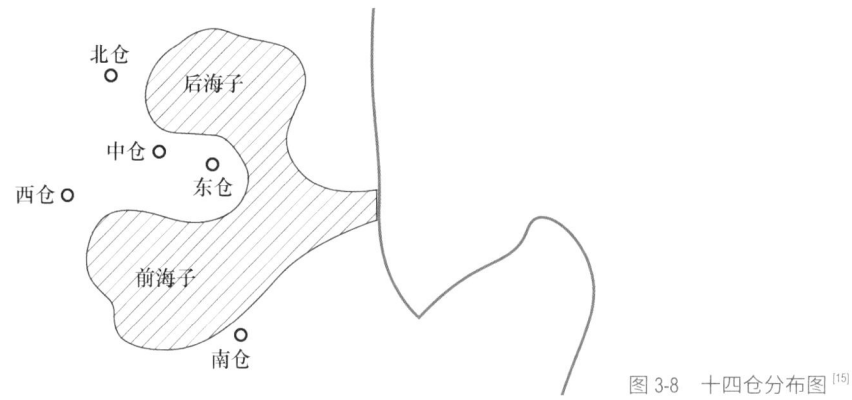

图3-8　十四仓分布图[15]

2. 海门要塞杨村镇

杨村，全称杨村务镇，是除河西务镇以外武清县境内另一个重要口岸。杨村因漕运而兴，先为村落，夹河成镇。从金元开始，"遂取东南之，以实京师"，借助"通船舟楫之利，聚天下之粟，治天下之货"的优势，成为"渔运商船往来之冲"[16]。后元廷在此设置水陆驿站，使其成为武清县最大的商品集散地和码头。

京杭大运河全面通航后，由南方行驶来的大型帆船由杭州直抵天津、杨村码头之后，物资被卸到粮仓，再由驳船转接送到通州，杨村漕运繁盛一时。"万里云帆漾碧天，村烟渔火泊吴船。层层鹢集三沽里，簇簇鳞屯两岸边。西北群流连海岱，东南巨浸拱幽燕。凤城形胜雄千里，独许雍阳（奴）隘广川"[17]便是对其漕运盛景的描述。而清《武清县志》亦有描述武清六景之一的"潞水帆樯"，即"潞水一河上达七省漕运，每值夏秋，粮艘估舶，昼夜往来，风帆上下，淘邑中之一巨观也"[14]。

三、因避水患而生的城关镇

1. 依照古制的县城建制

我国古代城池大多呈方形,并根据城市性质规模规划内部道路,一字形、丁字形、十字形等是常见的路网结构,并以此设定城门。在交通要道或军事要冲之地,城门外可设瓮城,起到军事防御和战略进攻的作用。如图 3-9 所示,城关镇城池呈方形,丁字骨架路网,设三门,且三门均设瓮城。此外,按照礼制思想,城关镇城池外四个方向分别设有天坛、地坛、先农坛、社稷坛。四个祭坛皆与城门距离相同,呈对称布置。城内县衙作为最大的建筑群,选址于城市北部居中,坐北朝南。县衙前有宽阔的道路,衙内照壁、正门、仪门、大堂、二堂、三堂等均位于一条中轴线上,体现居中对称的礼制思想。

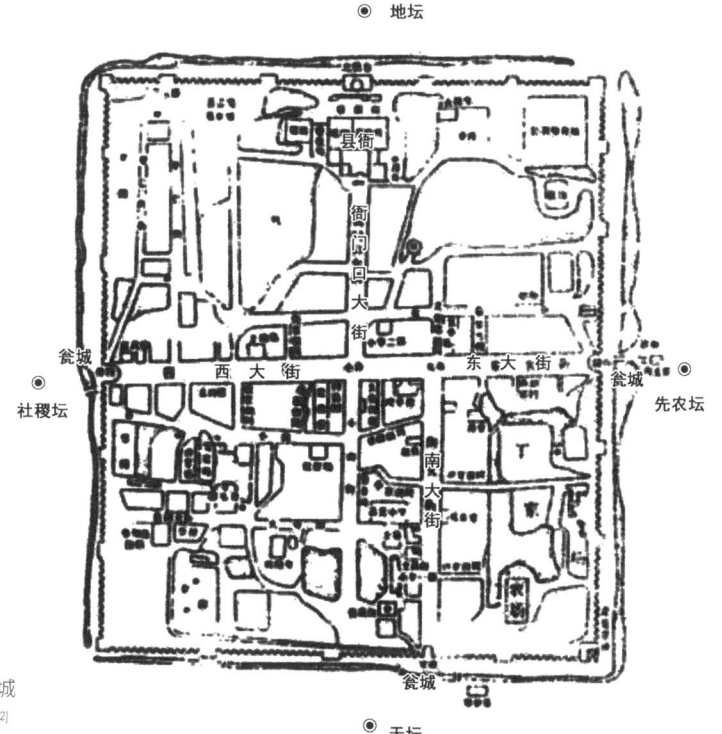

图 3-9 城关镇县城平面示意[12]

2. 受运河影响的县城布局

除遵循古制外，城关镇在城市建制上还具有显著的运河城市特点。首先，在城市规模上，城池周长 8.72 里，城墙高二丈七尺，城池规模仅次于京畿地区沿运城市中的通县。而城内四周环以海子，兼具生产、生活、防护、交通、卫生等作用，呈现京畿地区运河沿线城市特点（图 3-10）。[8]

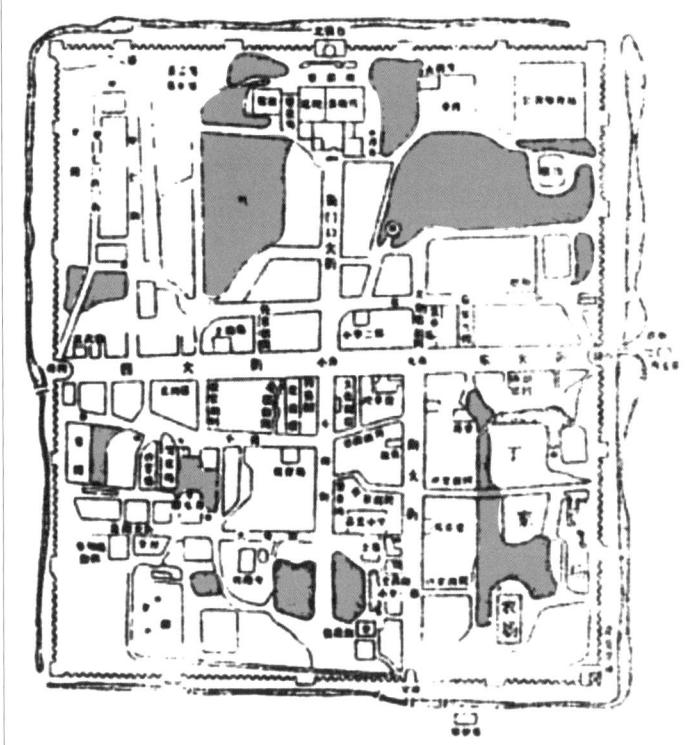

图 3-10 城内水池分布示意[12]

其次，城关镇素有"一条鱼背街，二庙东西对，三门建成瓮，四坛喊不归"的谚语，更加生动地体现了城关镇运河城市的特点。

"一条鱼背街"，说的是在城关镇内大小角之间为鱼的中背，即大小角之间比南北两侧和东西两头具有明显的鱼背状落差。这样的布局体现了城关镇中间高、四周低的地势特点，也表明了选择城关镇作为武清县县城的主要原因。因为从地理位置上看，武清县所处位置地势低洼，像是一个漏斗，每当水量大的时候就会引来水患，因此选择中间高、四周低的地势设城。

"二庙东西对"，意思是城东门外面建有药王庙，坐东朝西，位于城门的北侧，城西门外建有龙王庙，坐西朝东，在城门的南侧。两座庙，一东一西，一个门朝南一个门朝北，不但对称布局，而且这两座庙与城池的距离相同。龙王庙中祭祀的是龙神，龙神可以兴云布雨，耕种农活离不开水利，武清作为运河沿岸城市，在古代，龙王自然成为当地百姓祭祀的重要对象之一。

"三门建成瓮"，意思是县城东、南、西的城门外侧，都建有和主城高度相同的半月形外城，即瓮城。城关镇修建瓮城主要是为了抵御洪水和地震灾害。据记载，乾隆三十年（1765年），皇帝下令大规模修缮城关镇，抵御洪水侵害，瓮城便成为主要修葺对象（图3-11）。

一条鱼背街

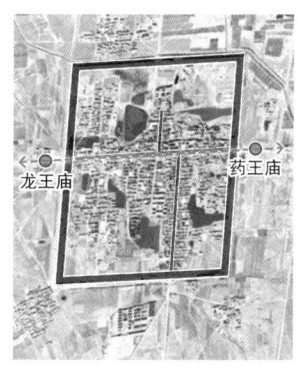
二庙东西对

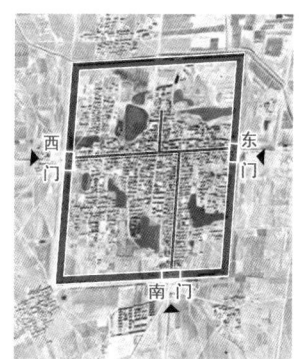
三门建成瓮

图 3-11 城关县城特点示意

结语

作为沿运兴起的城市，武清县境内水系随大运河的发展而逐步完善，同时水系的变迁也影响城市治所的迁移。城市治所先因生活生产便利靠近河流，后因避免水患远离河流。在漕运的影响下，武清县城市体系也呈现出沿运城市的特点——由码头城市、治所城市、集市城市共同构成。作为沿运城市的县城，城关镇不仅沿古制建城，而且因地制宜，城水相依，具有明显的城市特征。综上，武清县自运河开凿就与其关系密切，在运河的影响下形成鲜明的城市特色。

参考文献

[1] 林传甲.大中华京兆地理志[M].北京：中国青年出版社，2012.
[2] 陈代光.曹操开凿运河及其影响[J].中原地理研究，1982（01）：75-84.
[3] 潘民中.曹操在统一北方战争中修凿的四条运河[J].许昌学院学报，1987（01）：18-19.
[4] 天津规划局和国土资源局.天津城市历史地图集[M].天津：天津古籍出版社，2004.
[5] 孙进已，苏天钧，孙海.中国考古集成 华北卷 北京市、天津市、河北省、山西省 综述 1[M].哈尔滨：哈尔滨出版社，1994.

- [6] 刘茂国. 天津七十二沽 [M]. 天津：天津古籍出版社，2013.
- [7] 郭子章. 郡县释名 [M]. 刻本.
- [8] 吴翀，曹涵，赵曼. 武清县志十卷 [M]. 刻本.
- [9] 马国强. 武清历史沿革 [M]. 天津：天津人民出版社，2015.
- [10] 侯福志. 天津记忆 大地史书 地质史上的天津 [M]. 天津：天津古籍出版社，2015.
- [11] 武清县地方史志编修委员会. 武清县志 天津市 [M]. 天津：天津社会科学院出版社，1991.
- [12] 王庆坨镇地方史志编修委员会. 王庆坨镇志 [M]. 天津：天津古籍出版社，1996.
- [13] 武清区地方史志编修委员会. 天津市武清县志 [M]. 天津：天津社会科学院出版社，2004：20.
- [14] 周家华. 京杭运河 [M]. 武汉：长江出版社，2019.
- [15] 周家华. 长江流域的京杭运河 [M]. 武汉：长江出版社，2015.
- [16] 中国人民政治协商会议天津市委员会文史资料委员会. 天津城乡百年巨变 [M]. 天津：天津人民出版社，1999.
- [17] 政协武清县文史委员会. 御河文化史料 武清县文史资料 第8辑 [Z].

第四章
京东码头与漕运枢纽——张家湾

运河古镇张家湾，在通州城东南，距今北京城六十里，东邻北运河河道，地处萧太后河、凉水河、通惠河和潞河四河汇聚处（图4-1、图4-2）。作为京东第一码头[1]，张家湾因运河而生，并因运河而兴衰。辽代萧太后河开凿后初现村落雏形，金代逐渐形成漕运码头，元代明初后成为漕运终点与枢纽，明末清初运河改道后衰落，张家湾曾因优越的区位条件在北京建都史、漕运发展史上发挥着重要作用。本章通过梳理张家湾地区的水系变迁与漕运发展，探究在漕运影响下张家湾城市发展机理，及其"村—市—仓—市"的发展脉络中呈现的营城智慧与特征。

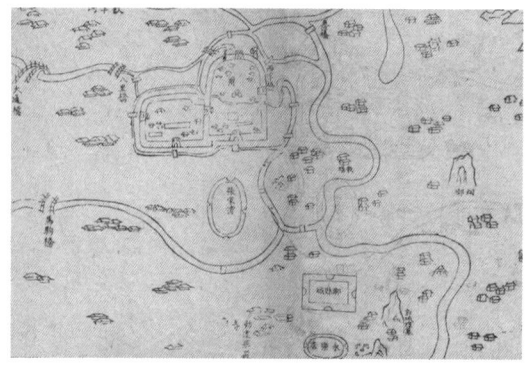

图4-1 张家湾历史区位示意[2]

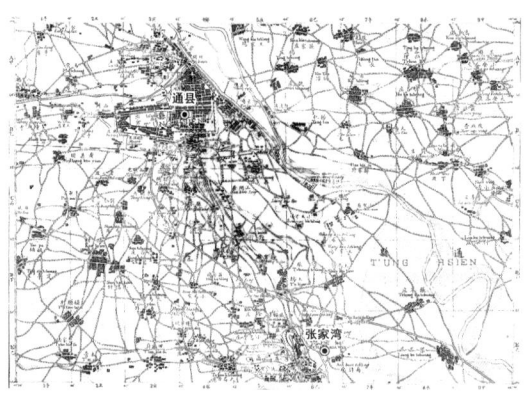

图4-2 张家湾与通州的空间关系示意①

---

① 图片作为清代通县图，引自《通州文物保护规划2007》，作者改绘。

一、张家湾地区的水系变迁与漕运发展

北京在都城营建过程中充分考虑了城市水源水系及漕运管理的问题,张家湾的城市发展与都城水系变迁、漕运发展联系密切。[3]

1. 辽引洗马沟和西山诸泉,凿萧太后河,张家湾漕运功能初显

辽升燕京为上都,为解决水源与漕运问题,引城西北的洗马沟(今莲花池),向东南注入清泉河(古㶟水的分支)。同时又引入西山和海淀诸泉,分㶟水(今永定河)引车箱渠,与高梁河上游相接,流向东南方向交于㶟水,向东汇入潞水。至辽统和六年(宋端拱元年,988 年),因与宋对峙需要从辽东地区运输兵草漕粮,为解决漕运问题,辽分高梁河为南支与东支,并将高梁河南支下游加以改造,开凿了约 30 公里的萧太后河,以保证从辽东地区运输来的物资可以通过漕船运输至北塘海口(在今天津市宁河县境内)[4],后由海运转内河河运,再经今张家湾处入此河直达辽南京城(图 4-3)。因地处潞河和清泉河的交界处,河流水量丰富,利于村落发展,且物资运输繁忙,张家湾地区漕运功能初显。

图 4-3　辽萧太后河与张家湾地区 [5]

2. 金引瓮山泊水，通州成漕运枢纽，间接带动张家湾漕运发展

金贞元元年（1153年），海陵王在辽南京城基础上修建金中都，并因漕运水源不足、萧太后河上游河道逐渐淤塞等原因，[6] 漕船无法再沿辽时路径通行至大都，只能在张家湾卸船，改陆路运输至中都。但因陆路运输成本较高，故选择将船运的终点改为通州，经潞河水运至通州后再陆运到京城，旨在缩短陆路距离。为解决通州与金中都水路运输问题，金大定十二年（1172年）开始引（辽）卢沟河沿辽代车厢渠故道开挖金口河，引入中都护城河内，并向东开挖闸河以通漕运，后另开辟高梁河东支为第二条通向通州漕运河道里河，并引入西郊瓮山泊补充高梁河水量，① 保证漕船在金代可沿潞河至通州（图4-4）。这一时期，随着通州漕运地位的上升，也间接带动了张家湾漕运职能发展。

图4-4 金代闸河、里河与张家湾地区 [5]

3. 元引白浮泉，凿通惠河、坝河漕运河道，张家湾漕运职能再提升

在修建元大都时，曾重修金代金口河故道，旨在与金里河、闸河故道相接，并开凿坝河、通惠河通漕，至通州城南，再向东南流至张家湾地区北部处交于潞

---

① 金大定十二年（1172年）因开挖金口河后，由于永定河含泥沙量大不足以支撑漕运任务，金口河与闸河渐淤塞，因此开辟高梁河东支与通州漕运河道里河连通。

河。[1] 坝河与通惠河的开通解决了南处前来的船只无法水运至通州的问题，使得漕船可直接经通惠河至元大都内积水潭（图4-5）。元顺帝至正二年（1342年），尝试再建金口新河，由金中都旧址引水向东南开凿漕运河道，即凉水河河道，于张家湾村西北处与金口河河道（辽萧太后河河道）汇合，共入潞河，但由于水量较小难以通行不久废弃。而在当时，张家湾地区集中收纳了潞河、通惠河、金口河与金口新河，河口交汇处到里二泗处（称为泗河）河道水量充沛，张家湾下游漕船来往络绎不绝，舟楫鳞集，漕运职能进一步提升（图4-6）。

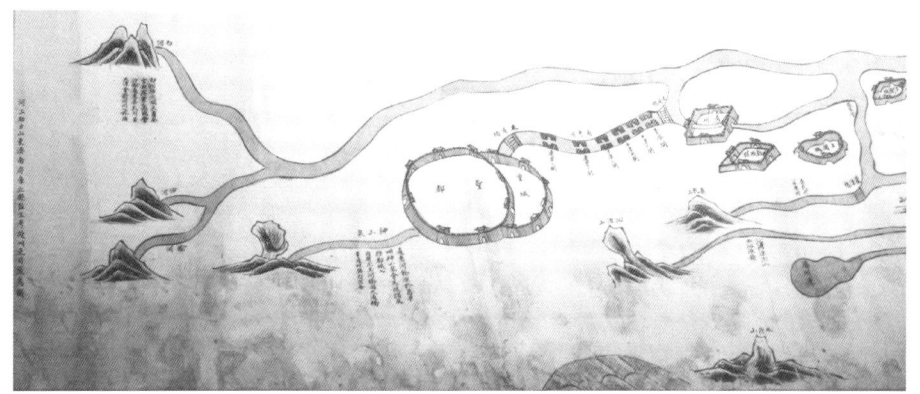

图4-5　通惠河通漕图[2]

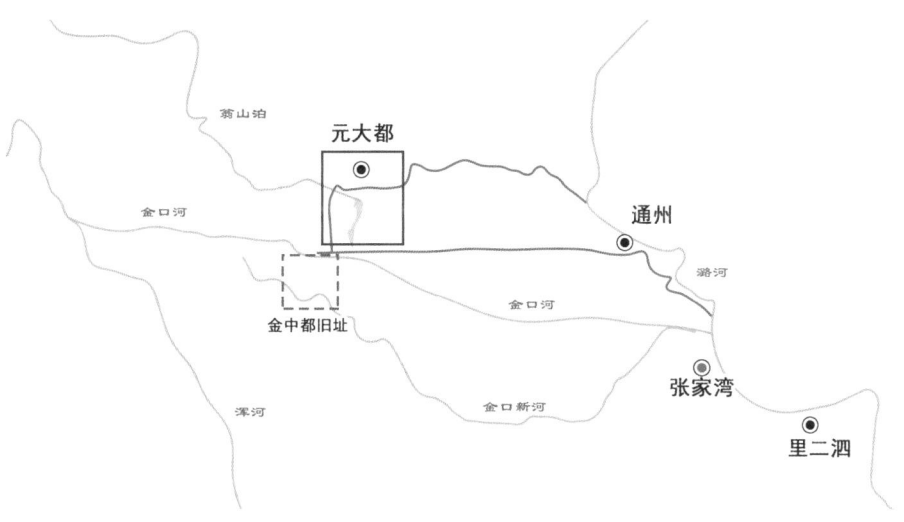

图4-6　元代通惠河与张家湾地区[5]

---

① 在重修金代金口河故道过程中，曾沿金代高梁河（辽萧太后河故道）开挖金水河，不久淤塞，后便另从白浮泉引水，汇聚沿途各大泉水并入瓮山泊，流向元大都内积水潭，后分别沿东北与东南方向疏通河道，流出大都城，之后与金里河、闸河故道相接。
② 图片引自清《运河源流图》（雍正版），馆藏于通州区博物馆，作者拍摄。

4. 明重疏通惠河，通惠河河口的转移使张家湾不再作为漕运中心

明初迁都北京后，通惠河已淤废，因水量逐减无法支撑漕运，虽多次疏挖河道却均未成功，促使张家湾再一次作为漕运北端终点得以发展，并设通济仓以储存物资。明成化年间，引玉渊潭水至大都外龙须沟，并向东南方向开凿三里河，接辽萧太后河故道至张家湾处相交凉水河后汇入北运河，欲将三里河疏通以通漕，但由于河道浅涩无法通船以解决漕运，遂将此河作为城市排水用。至嘉靖七年（1528 年），明廷欲重疏通惠河，并发掘西郊泉水及玉泉山、昆明湖一带泉水，贯绕京城后沿元通惠河故道，向东流至通州城北以济漕运，并将通州至都城段改名为大通河。[7] 至此，由都城至通州城城北的漕运河道成为通惠河的主航道，通惠河入潞河的河口也从元时的通州城南部移至通州城北关附近（图 4-7）。① 而通惠河河口位置的变化，使通州骤升为当时的漕运中心，张家湾虽地位下降，但仍是重要的漕运码头城市，并在其周边结合各运河河道形成三大码头（图 4-8）。②

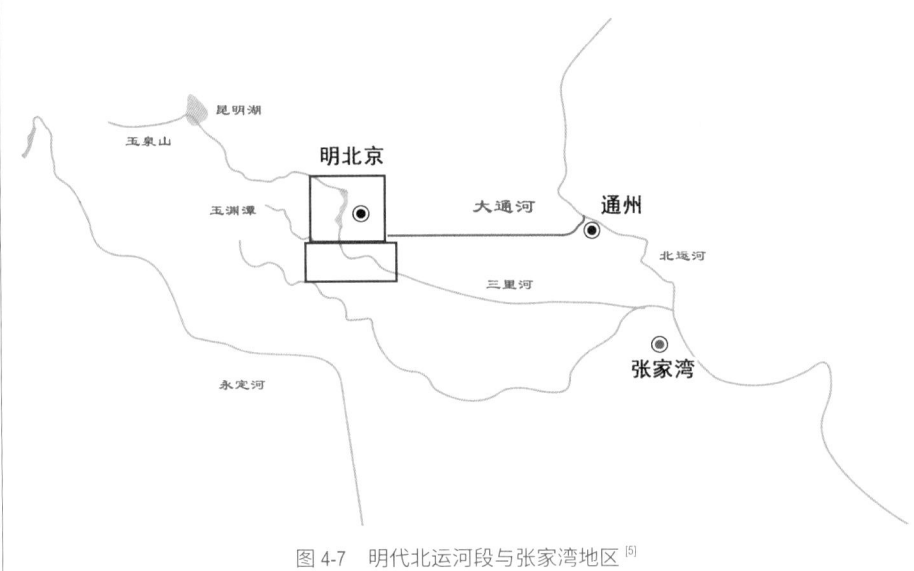

图 4-7　明代北运河段与张家湾地区[5]

---

① 据记载，当时通州城北关的石坝码头作为京粮转运码头，直接通惠河河道运输物资至京城。
② 张家湾古运河上的三码头分别是位于元明两代大运河河道上的上码头、中码头和下码头。

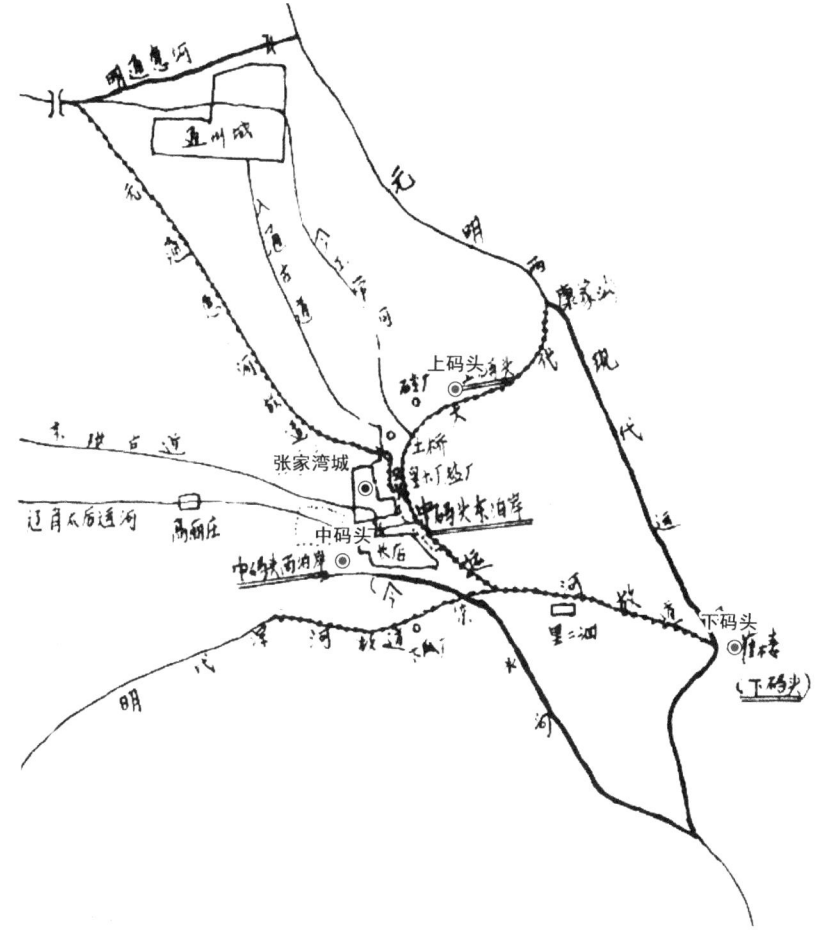

图 4-8　张家湾古运河上三码头位置示意①

5. 清末北运河河道迁离张家湾，张家湾漕运历史终结

清嘉庆六年（1801 年）以前，漕运河道延续明朝方式，南方运来的物资经北运河（潞河）至张家湾再由通州城北转运，通过大通河至北京城。但因嘉庆六年通州大水，北运河在大棚村附近溃决，河道多次淤塞，经多次疏浚仍然复淤。② 后经群臣提议，清廷于嘉庆十一年（1806 年）决定将运河河道东迁至康家沟，"自此粮船不复经张家湾矣"，张家湾的漕运历史趋于终结（图 4-9）。

① 图片作为清代通县图，引自《通州文物保护规划 2007》，作者改绘。
② 据记载，因张家湾历朝以来特殊的漕运地位，清廷起初坚持沿用原北运河河道，多次疏浚，确保漕船依旧能通过张家湾沿原北运河通行。但因流经张家湾处的河道日益变浅，多次淤塞，故后经群臣提议遂将河道改走康家沟。

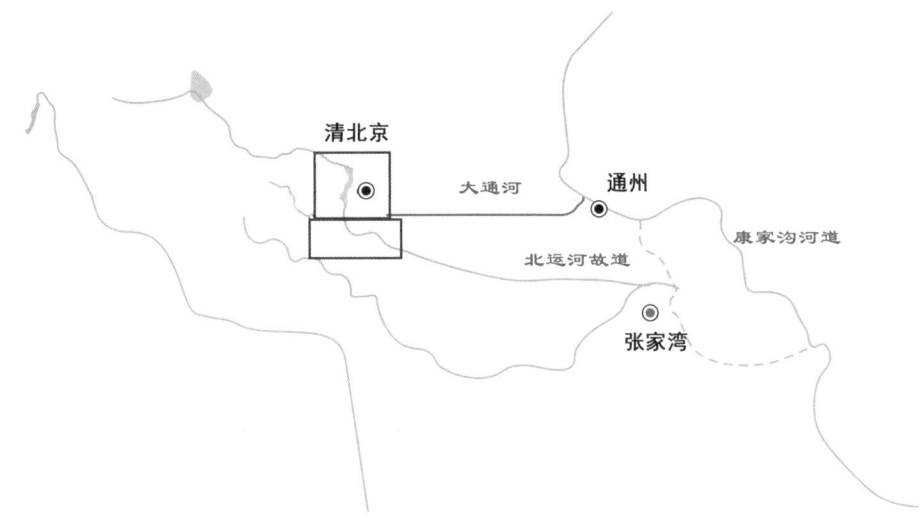

图 4-9 清代北运河与张家湾地区 [5]

二、漕运影响下的张家湾城市发展

张家湾四周水系发达,流经此处的运河,开凿历史最早可追溯到秦汉时期。东汉名将王霸曾开温水漕以通漕运,汉末时期曹操掘泉州渠以济运输,漕运河道均曾至张家湾。但张家湾真正迎来大规模的发展并随漕运逐渐兴盛起来还是从辽开始,随着北京从边疆之城到王朝都城的转变[8],张家湾的城市发展,也历经辽、金、元、明、清五朝更替最终呈现出"村—市—仓—城"的发展脉络(图 4-10)。

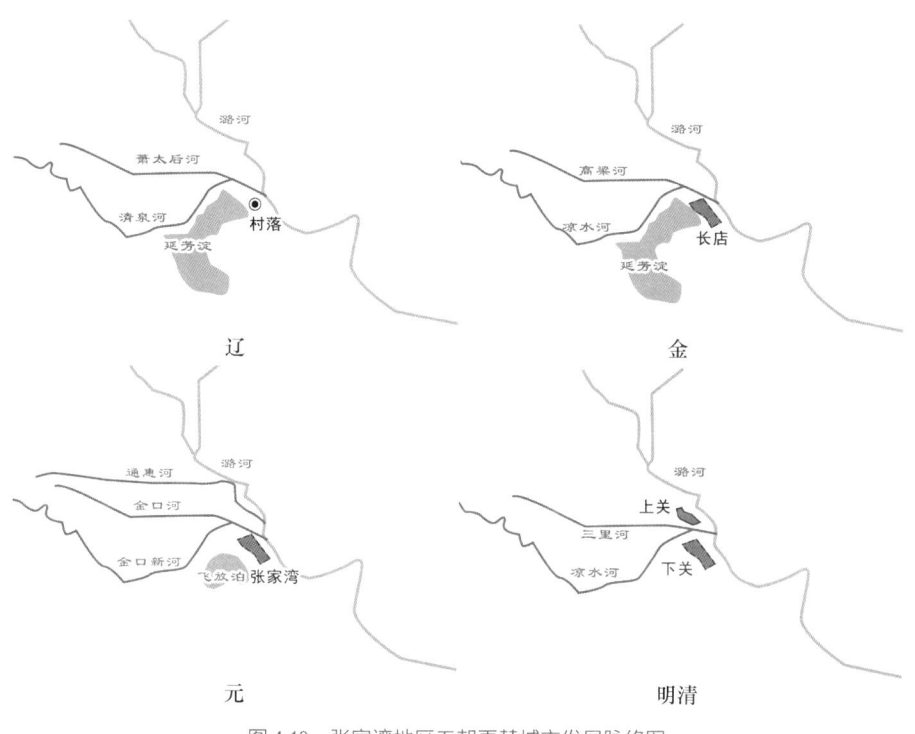

图 4-10 张家湾地区五朝更替城市发展脉络图

1. 辽南京城的漕运与捺钵活动,张家湾地区村落萌芽

为解决辽南京城内自建都以来物资供给匮乏的问题,辽廷决定将辽东、内蒙古、山西等地筹措来的物资运到南京城来。当时,陆路交通运输有较多不便,且运输成本过高,萧太后便修建从辽东地区可直达南京城的人工漕运河道。河道由

南京城向东出发，与永定河的分支清泉河交汇后并入潞河，入潞河口附近湖泊丰富，南侧有大面积供皇家开展"捺钵"活动①的延芳淀，水面广阔，水量充沛。由于延芳淀不仅可以满足皇家渔猎活动，还可用作运河水量调节和漕船停泊卸货等待之处，故设储存物资的仓，成为皇家御用仓储地。在此背景下，张家湾地区村落萌芽初现。

2. 金中都建城后，张家湾地区市集初现，史称长店

金天德三年（1151年），完颜亮改筑燕京宫室，调集大量工匠伐木造船南下伐宋，并在通州建立漕运管理机构。当时建造所需材料、施工所需漕粮物资等，均通过水路运输经今张家湾地区到达通州。此外，加筑延芳淀的地理优势，金廷将此地设为造船与演习水师的训练之地，大规模的水运和军事活动，促使张家湾地区沿河一带，尤其是萧太后河、凉水河（辽清泉河）和潞河交汇处附近的村落逐渐繁盛。附近居民趁商机在沿河两岸投资建房开店，渐有较多码头客栈林立，四方商旅来往，百货丛集市肆，萧太后河口以北逐渐形成皇家码头群，南侧形成民运码头群，官船客舫来往不绝，后房屋村落傍民船码头逐渐林立，并形成三里长街巷，故名"长店"。

3. 元代万户侯张瑄迁族人于此漕运泊岸终点，张家湾得以命名

时至元代，连年征战使里河漕运河道失浚，又因为通州下段潞河河段水量不足，萧太后河上游河道日益浅涩，船到张家湾地区因水量不济，漕运无法上行，故漕船只能在长店泊岸，并改陆路向元大都转运。随后通惠河的开通使位于河口的张家湾码头功能更为重要。而元代万户侯张瑄手握海运重权，为向元廷表明忠心，将族属迁到长店，并在长店设立海运船队总部，使长店成为当时重要的码头和物资集散地，张家湾也因张瑄而正式得以命名。

4. 明为防蒙兵保通济仓而建城，张家湾城池形成

明成祖朱棣迁都北京后，张家湾作为漕运北端，一时期繁华程度甚至超过通

---

① "捺钵"是契丹语的译音，意为辽帝的行营，后来被引申指代帝王的四季渔猎活动。

州城。作为码头,它是客运、皇家物资的中转之地;作为皇仓,当时已形成如砖厂、木厂等多个皇家仓厂,并增设了通济仓。明嘉靖四十三年(1564年),蒙古兵南侵,张家湾险些失守,为防北部蒙古兵突袭国仓,护漕卫京,明廷在凉水河、潞河、通惠河三河汇流处北部抢筑张家湾城,圈皇仓入城,形成了京杭大运河沿岸城市里唯一一座为保护漕仓而设的不规则城池(图4-11)。由于商贸之盛,商税数目与税额倍增,明于张家湾城南长店村设大通关,时称"百货汇集",至此形成张家湾上关、下关格局,上关即张家湾城,下关即城外大通关(图4-12)。

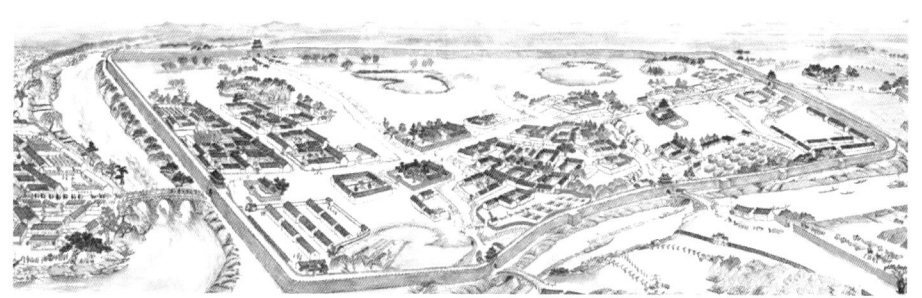

图4-11 张家湾城池示意[9]

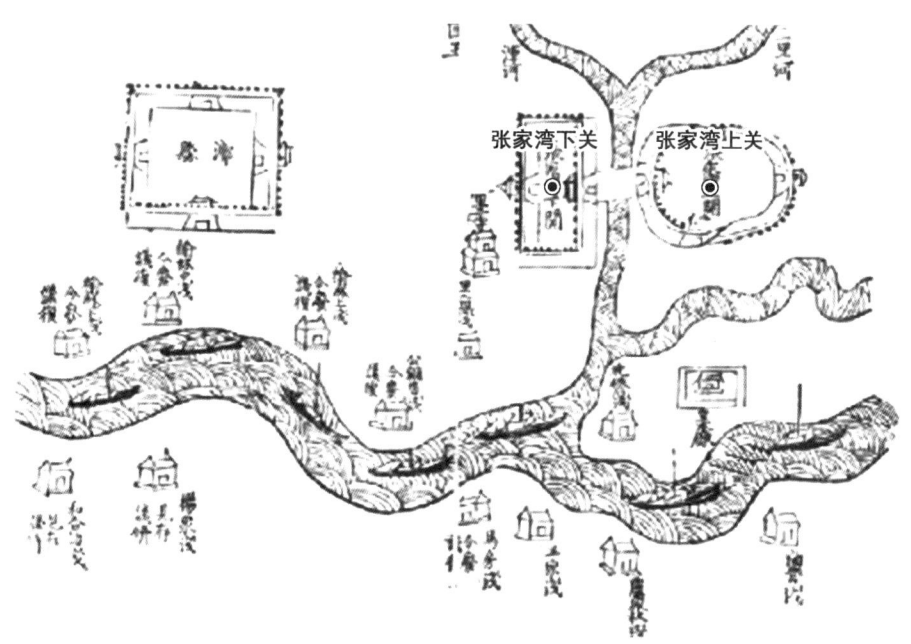

图4-12 张家湾形成的上关、下关[10]

三、因漕运发展的张家湾市集与张家湾城

1. 因漕运与商业而自发生长的张家湾市集形态特征

随着社会经济与生产力逐步发展，约自宋代起，里坊制逐渐瓦解废除，到了明代中后期，"自下而上"的城市建设逐渐兴起，大运河沿线城镇也大多经历了由"市"到"镇"的自发生长过程。[11]

（1）自由街巷式道路体系与十里长街。金元时期，被称为"长店"的张家湾，村落聚集在今萧太后河以南地区，此地客旅商人较多，回民数量尤甚。因少有土地，为生行业多为纤夫、脚夫、贩运、游商等，后人们自行沿河岸因漕运而设连续线性的店铺商街，即长店街，并在此基础上发展成东西向线性布局的聚落形态。筑城后，与城门相连的城内主路，因地形关系没有中规中矩，虽呈十字相交状，但走势上折曲不定。当时因萧太后河河口以北为皇家码头群，以南为民运码头群，官船客舫货艘，帆樯林立，弦唱相闻，傍民船码头城南门外渐渐形成了一条南北向长街，约3里，再接城内南北向主路，约3里，后穿城至北门止，又延出3里，此街两侧货铺、旅店众多，当地俗称"十里街"（图4-13）。

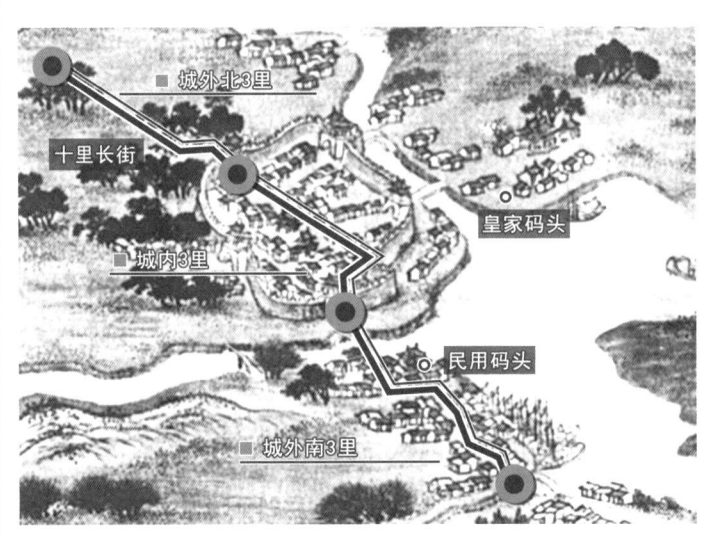

图4-13 张家湾城、周边码头与市集示意[12]

（2）城内外多仓厂、寺观与管理机构等。明永乐年间张家湾为漕运终点，为卸载货物与皇室物资，形成上、中、下三个码头群，并为储存物资沿码头形成瓜厂、皇木厂、盐场、花斑石厂、砖厂等不同类型的仓厂。其中，南厂、花斑石厂、南料砖厂在城内，瓜厂位于下码头南处，砖厂位于上码头北处。[13] 通济仓设于城内东南角，位于萧太后河与潞河交汇处，此地地势高峻，东、南两面以高大城墙为屏障，北、西两面在城内另砌有高墙（图4-14）。此外，城内外还设有众多寺观庙宇和城市管理机构，如位于城内的关帝庙（今山西会馆）、东庙，位于城北门外西侧元代为镇水防灾而设的铁锚寺（俗称铁牛寺），位于城外长店街南的清真寺，位于里二泗村西北部最大庙宇佑民观等（图4-15、图4-16）。从清康熙《通州志十二卷》记载中可知，为管理张家湾城市的漕运、课税与治安，清廷还在城内设置多个管理机构，如管理盐业的盐场检校批验所、为治安而设的巡检司、参与漕运工作的提举司、与税收有关的宣课司等[14]。

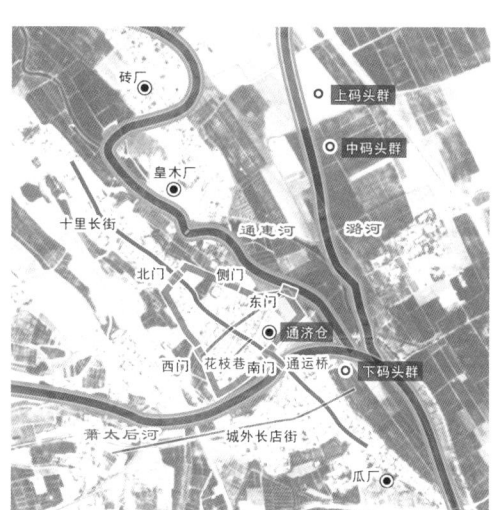

图 4-14　张家湾周边仓厂与码头群分布图

图 4-15　张家湾清真寺

图 4-16 山西会馆石匾[①]

2. 为保国仓，依就地势建城池

为保通济仓，明嘉靖二十九年（1550年）在萧太后河以北筑城，城周长九百零五丈有余，城墙厚约一丈一尺，高约二丈一尺，内外皆砖包，东南滨潞河，西北环开濠作为护城河，设四门及一便门，共五门，水关三座，城门随河向而建，门不相对。[5]城中建屋若干楹，遇到事变战争，可以贮存漕舟之粮，并可作为人们躲避战乱的房舍，设守备一人，率五百军士守之。道路多丁字街与东西向短街，如位于城南东西向的花枝巷。[15]

受地形与运河河道影响，张家湾城墙南北长，东西窄，西墙较直，东墙则拐，南墙较宽，北墙则窄，整体上呈瓦刀状不规则形态。[16]东墙紧靠运河，南墙临今萧太后河，西墙外南侧为西码头，北部为空旷耕地，其间散布坟冢，这与明清时期礼制营城思想有较大出入。该城墙已损毁，唯留南城门与半截遗址遗存。南门外为萧太后桥，古称通运桥，明代时为木质，又称板桥（图4-17～图4-20）。

图 4-17 萧太后石板桥（一）

---

① 图片为山西会馆石匾，馆藏于通州区博物馆，作者拍摄。

图 4-18　萧太后石板桥（二）

图 4-19　南门城墙及萧太后河

图 4-20　南门城墙及萧太后河

结语

张家湾兴衰与北京城漕运水系息息相关。从辽代逐渐兴起于运河河畔开始，张家湾便与运河建立密切关联，在北京建都史过程中，随着都城水系变迁而承担越发重要的漕运作用。作为漕运枢纽，张家湾四水汇聚的地理优势为漕运发展和城市发展提供有利条件，特别是在北端河道无法通行时起着货物中转、客旅停留、储存物资的重要作用。此外，除丰沛的水利资源外，张家湾因守皇仓筑城的城市职能，也使城池形态与城市布局呈现特殊性，体现运河沿运城市特点。

参考文献

[1] 郭炜, 张利, 王琦, 等. 大运河与通州古城 [M]. 北京: 北京出版社, 2018: 58.
[2] 吴存礼. 通州志 [M]. 刻本.
[3] 周坤朋, 王崇臣, 王鹏. 京华水韵: 北京水文化遗产 [M]. 北京: 清华大学出版社, 2017.
[4] 彭俐. 北京大运河的浪花 [M]. 北京: 北京出版社, 2019.
[5] 孙连庆. 京华通览. 张家湾 [M]. 北京: 北京出版社, 2018.
[6] 吴文涛, 孙冬虎. 北京城市史 环境交通 [M]. 北京: 北京出版社, 2018.
[7] 陈喜波, 韩光辉. 明清北京通州城漕运码头与运河漕运之关系 [J]. 中国历史地理论丛, 2016, 31(02): 67-99.
[8] 王铭, 刘爽. 运河京门: 张家湾运河古镇的独特定位及其当代塑造 [J]. 新视野, 2021(03): 108-112.
[9] 孙连庆. 张家湾 [M]. 北京: 北京出版社, 2010.
[10] 连冕. 明中后期通州、张家湾一带的皇木厂:《工部厂库须知》衙署个案 [J]. 装饰, 2020(02): 78-82.
[11] 王建国. 现代城市设计理论和方法 [M]. 南京: 东南大学出版社, 2001.
[12] 北京市通州区文化委员会, 北京市通州区文学艺术界联合会. 通州文物志 [M]. 北京: 文化艺术出版社, 2006.
[13] 陈喜波, 韩光辉. 明清北京通州运河水系变化与码头迁移研究 [J]. 中国历史地理论丛, 2013, 28(01): 107-116.
[14] 义乌丛书编纂委员会. 长城有约: 义乌与长城的历史对话: 区域文化 [M]. 上海: 上海人民出版社, 2013.
[15] 周坤朋, 王崇臣. 皇家码头张家湾 [N]. 北京日报, 2018-05-31(013).
[16] 祝宇菲. 大运河: 北京段典型性滨水泊岸景观形态分析及优化策略研究 [D]. 天津: 天津理工大学, 2021.

第五章
与延芳淀周边水系共兴衰
——漷县

潞县，汉代称为霍村，辽太平年间（1021—1031 年）在此设县，始称潞阴镇，后改潞阴县。[①][②] 作为一个从汉代发展起来的村镇，潞县历史已近千年，但作为大运河沿线古镇，潞县实则在辽元时期，随都城北京漕运发展迎来城市建设高峰期，史称"京东南第一邑"（图 5-1、图 5-2）。

图 5-1 潞县与延芳淀历史空间关系示意[1]

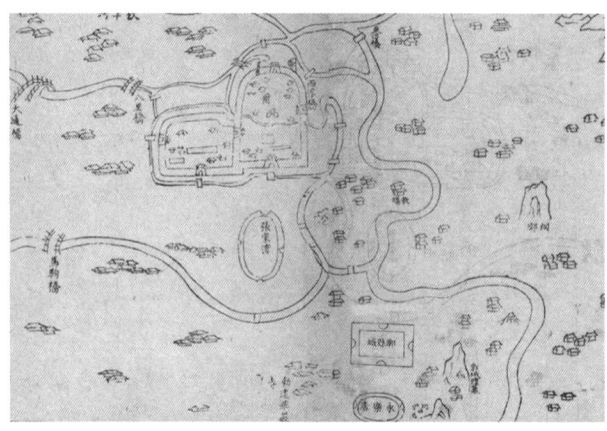

图 5-2 潞县历史区位示意[2]

---

① 据《辽史·地理志》记载：潞阴县，本汉泉山（州）之霍村镇。辽每季春弋猎于延芳淀，居民成邑，就城故潞阴镇，后改为县。据专家考证，北京唯一明确知道的汉代村名即泉州霍村。
② 据记载，辽乾亨二年（980 年）"置镇于潞河南之潞阴村"，而后遂"就城故潞阴镇"。

一、延芳淀周边水系与运河影响下的潞县起源与发展

潞县在今日北京城东侧70里,通州南40公里。据《潞阴志略》记载,汉时此地有较多村落,因大量霍氏姓者居于此,故得名霍村。[3] 自隋朝起,通州南、霍村西部地区便存在若干湖沼,其中一大片湿地水面辽阔,东临潞水,湖泊水源来自西侧永定河,被称为古延芳淀(图5-3)。依托延芳淀的发展,霍村也逐渐发展起来。

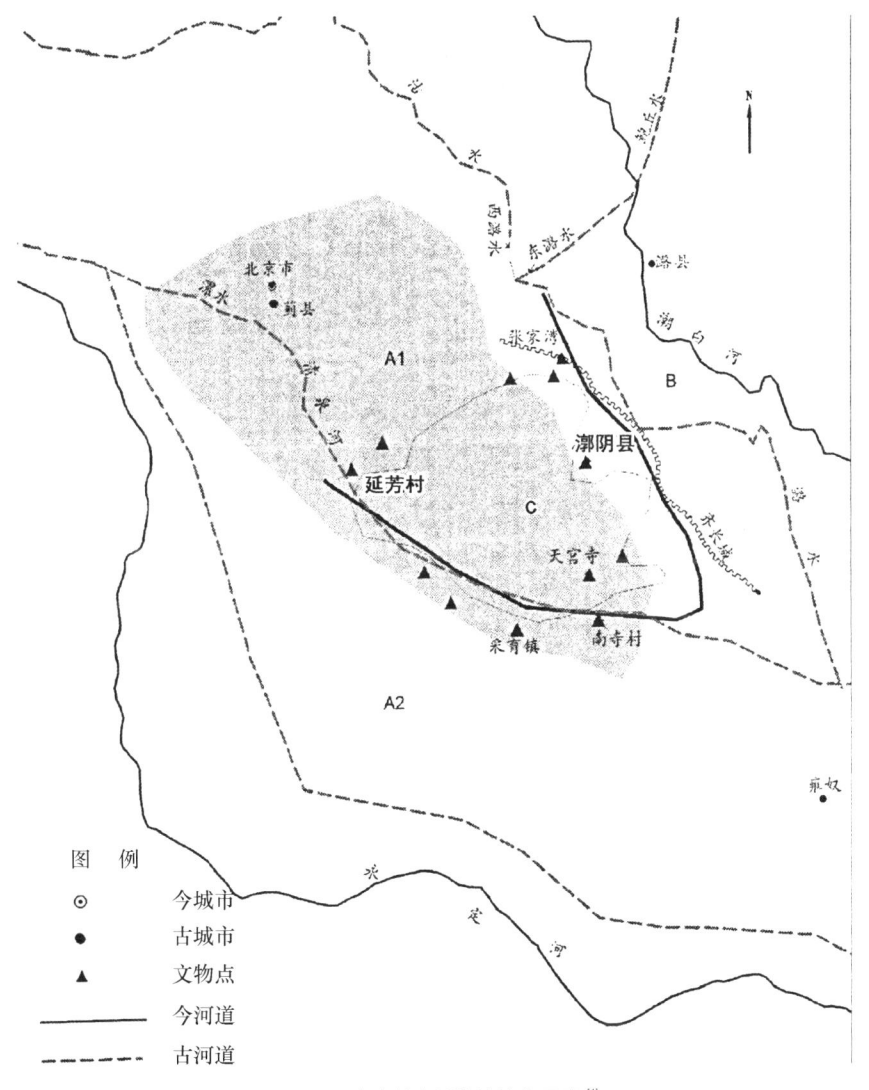

图 5-3 宋之前古延芳淀演变示意[4]

1. 潞县行政区随延芳淀地区周边水系的变化

（1）辽金时期依延芳淀与漕运而升为县。因延芳淀水域辽阔宽广，自然景色优美，辽代统治者便在此游猎休憩，并有大批官员陪猎，无数兵士护从。据《辽史·地理志》记载，辽主曾率领后宫妃嫔、文武百官及侍卫兵至此狩猎游乐。"延芳淀方数百里，春时鹅鹜所聚，夏秋多菱芡。国主春猎，卫士皆衣墨绿，各持连锤、鹰食、刺鹅锥，列水次，相去五七步"[5]，年年如此，"潞阴县……辽每季春弋猎于延芳淀……在京东南九十里"。在这样的背景下，霍村居民以及商贾越来越多，辽主遂于辽太平中析出潞县南部、武清县北部添置一县，县治设在霍村，由于潞县北部临潞河，古时南面临水为阳，北面临水为阴，因此霍村则易名潞阴镇。[6]至此，潞县开始了它的县治建置史。金代时由于北至通州的漕运越加发达，漕船在通过此地区时可进入延芳淀等候，且大面积的延芳淀成为了金代造船练兵伐宋的水域，促进了潞阴镇地区商业和村落的发展（图5-4、图5-5）。

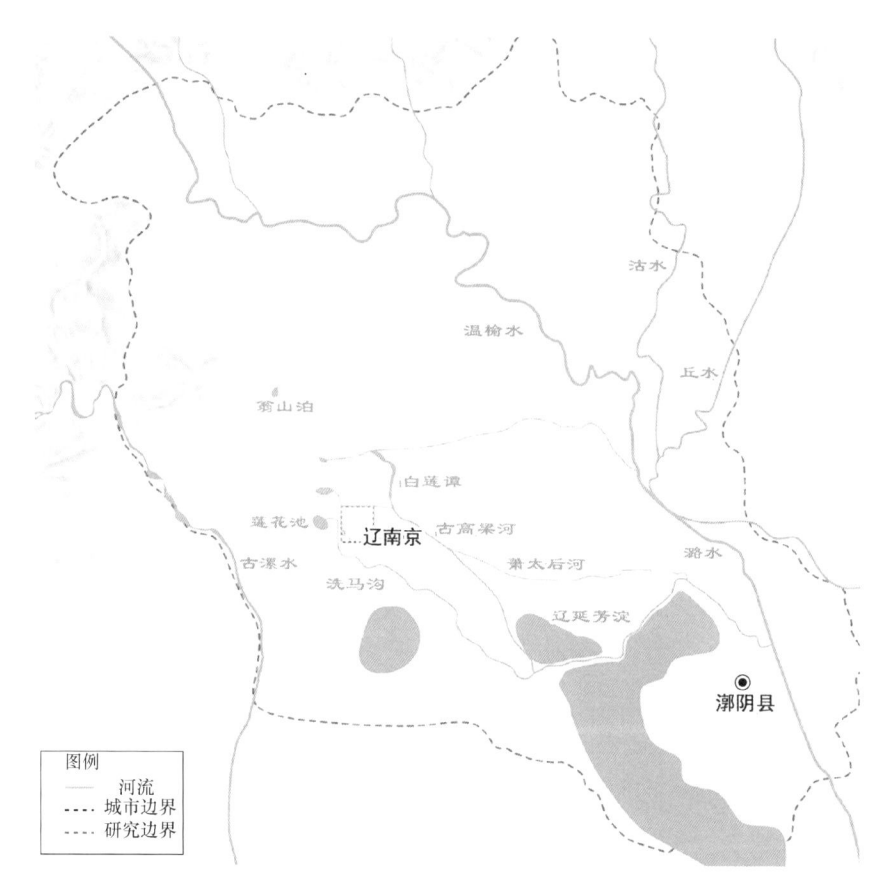

图5-4 辽延芳淀与潞县空间关系示意[7]

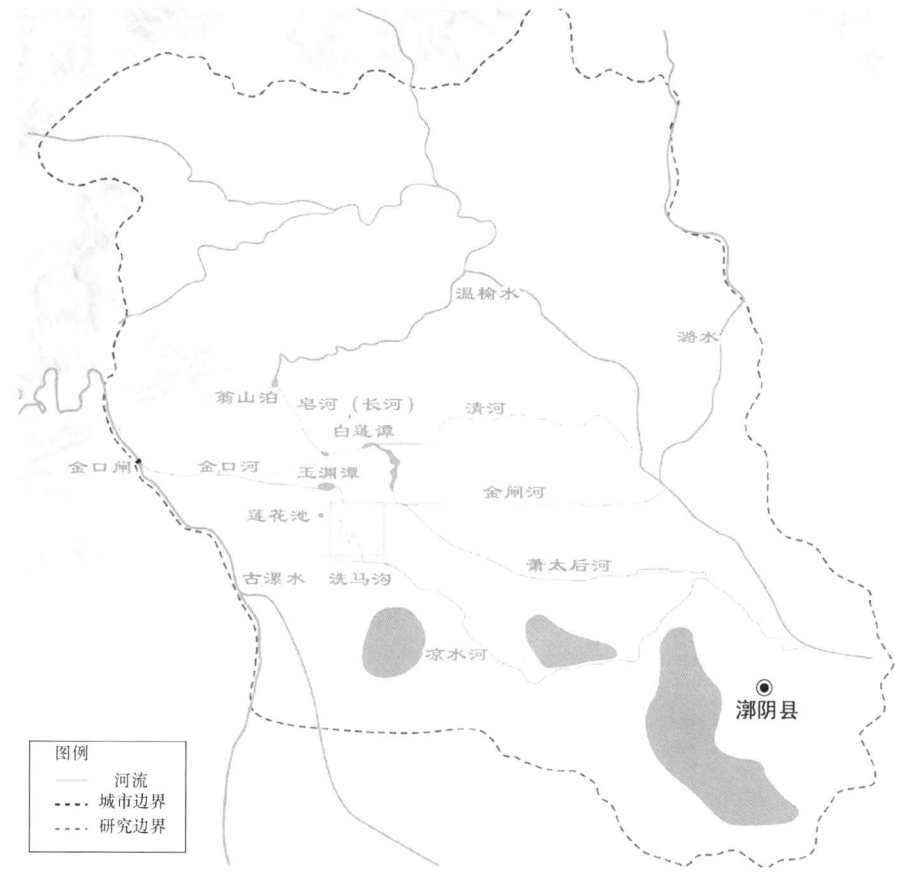

图 5-5 金延芳淀与漷县空间关系示意[7]

（2）元时期依飞放泊而升为州。元代，因辽金大兴土木使得西山大片林木被砍伐，永定河上游的周边植被被破坏，河水泥沙剧增，水质混浊，延芳淀因此逐渐被淤塞，被分裂成了几处较大且孤立的水面。① 蒙古族统治者也善于狩猎，"捺钵"文化深入，于是常至此地游乐，并设行宫，称这些独立的水面为飞放泊或海子。其中三大飞放泊位于漷县马家庄、南新庄、栲栳垡。著名的柳林海子便位于马家庄飞放泊东侧。② 此外，元代的漕运逐渐发达，漷县又处于多河交界之河口东侧，水量充沛，扼京师漕运咽喉之地，因此出于漕运河捺钵需要，元廷便于至元十三年（1276 年）升漷阴县为漷州，并管辖武清与香河两县（图 5-6）。[8]

---

① 当时延芳淀的主要水源就是永定河。
② 《读史方舆纪要》载"柳林，在县西。元至元十八年，建行宫于此"。元忽必烈在漷州柳林建行宫，而"牛堡"就是蒙古语"纳宝"（行宫）的讹写。

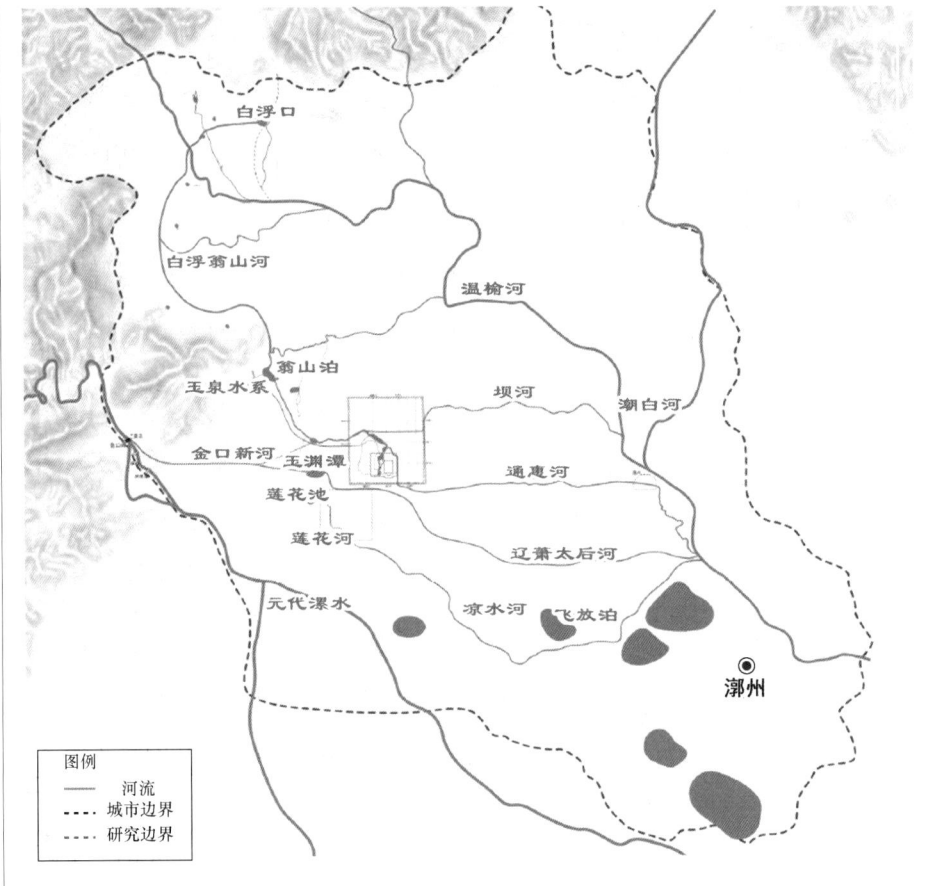

图 5-6　元延芳淀与漷县空间关系示意[7]

（3）明后因运河水系而降为县后而为村。至明朝，由于朱元璋建都南京，北部飞放泊湿地逐渐淤塞，面积变小，连片的荒地开始出现。迁都北京后，由于抵挡北部南下的蒙古兵，战争频繁，且漷州地区位于河口要塞，因此饱受战争摧残，民寡赋薄，故洪武十四年（1381年）将漷州降为县，漷州改为漷县，上属通州，县治设在漷阴镇（图5-7）。另因北运河开始频繁决堤，河水泛滥，屡遭水患，民困役重，至清顺治十六年（1659年），清廷便将漷县并入通州，设一名管河州判驻此，另设递铺于此地。发展到民国时期，通州降为通县，漷县也逐渐沦为普通村落。至此，漷县作为县级政区在历史上消失了。但由于漷阴镇历史上重要的州治地位，便以县名作为村名留存至今。

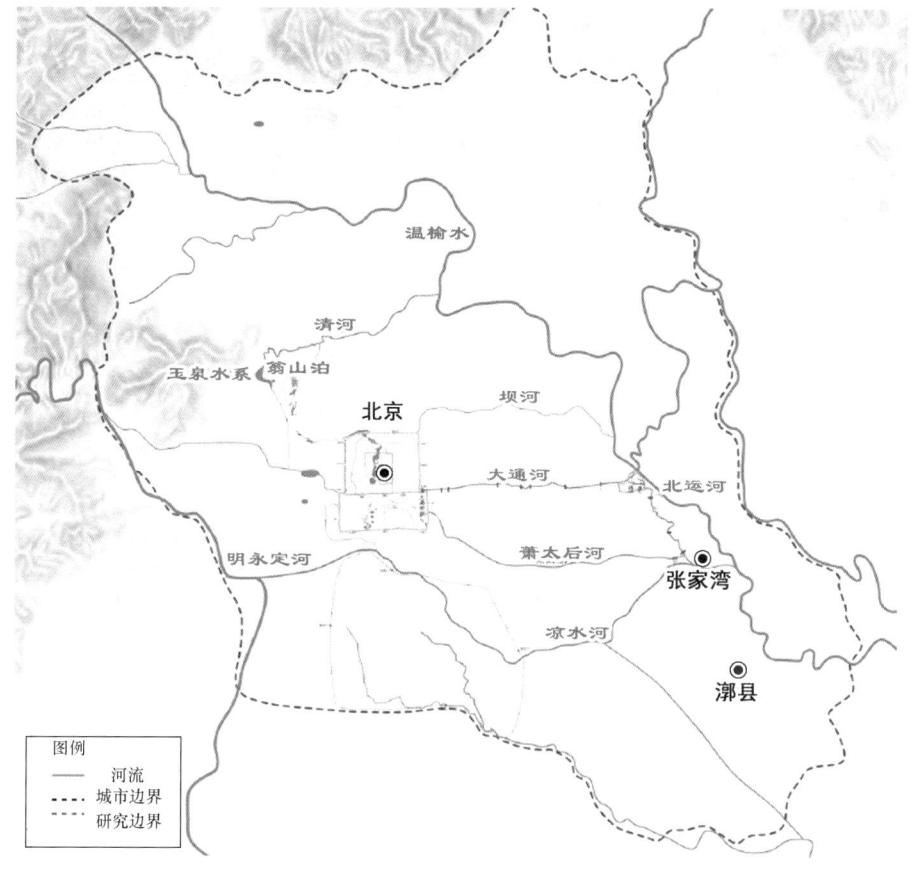

图 5-7 明北运河与潞县空间关系示意[7]

2. 湖泊与运河水系影响下潞县建置变迁与治所迁移

潞县在战国至秦时期属渔阳郡，郡治位于今日密云县的梨园村处。西汉初期，渔阳郡南部疆域被分为两部分，设两个县级行政区，潞县归泉州县管辖，县治位于今永乐店镇德仁务村。① 东汉末年，潞县属燕国泉州县，后至北魏，渔阳郡郡治由梨园村地区移设在雍奴县，且雍奴县县治所南移至武清三角淀，并废泉州县，潞县地区改隶属于渔阳郡雍奴县。至唐天宝元年（742 年）又将潞县改隶于后唐幽州武清县。直至契丹会同元年（938 年），潞县地区改属南京道幽都府武清县，并正式得名潞阴县。后南京道幽都府改称南京路析津府，潞阴镇也因此属南京路析津府。

---

① 西汉初期，渔阳郡南部疆域设雍奴县和泉州县两个县级行政区。

辽太平年间，萧太后河正济以漕运，且捺钵文化兴盛，辽廷便设漷阴县，属析津府，县治位于漷阴镇。据此推测，辽统治者借萧太后河设漷阴县，不仅为漕运之需，更为捺钵游幸之需。而至元十三年（1276年），潞河漕运繁盛，元廷仍推崇捺钵文化，漷阴县依飞放泊而备受青睐，便将漷阴县升为漷州，管辖香河、武清二县，漷州治所初设于柳林镇，以便于游猎需要。不久，出于漕运繁盛之需，州治南迁至武清县河西务镇，以便管理漕运。至正年间，为兼顾漕运与游猎，又将州治从河西务镇北移至漷阴镇（图5-8）。由元代治所的迁移可推测，元时因漕运文化的兴盛，统治者对漕运的需求要大于捺钵文化，治所的变迁更多则为考虑运河漕运而设。

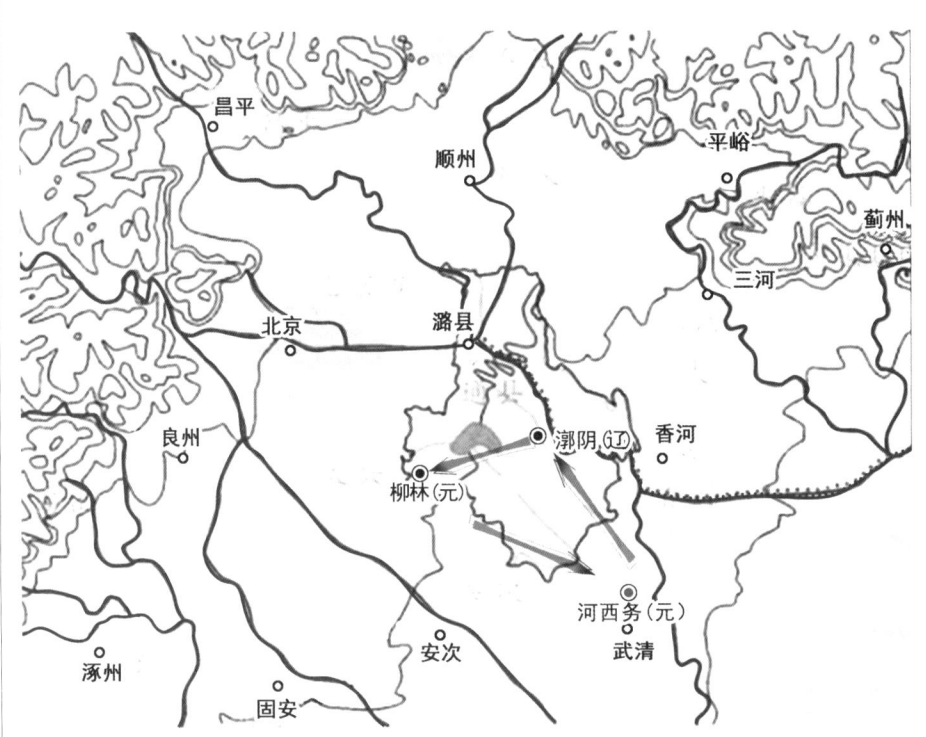

图 5-8　辽至元代漷县治所变迁示意[7]

二、因水兴运、因运兴城的潞县

1. 运河影响下潞县钞关的发展

明代禁海运，运河航运便成为了南北水运交通的主要方式，设置在运河沿岸及水陆要冲等地的钞关便盛行一时。据记载，终明一代，朝廷便在全国范围内设潞县、济宁、淮安等 11 座国家级钞关，并要求"凡各处车辆船只，装载货物经过或彼处发卖，各照货物精粗，定收税银多寡"[9]。其中，潞县的榆林庄便作为明时征收关税的钞关所在，俗称"四爷台"钞关。潞县钞关成立 17 年后，明正统十一年（1446 年）潞县钞关由榆林庄移至河西务（图 5-9、图 5-10）。①

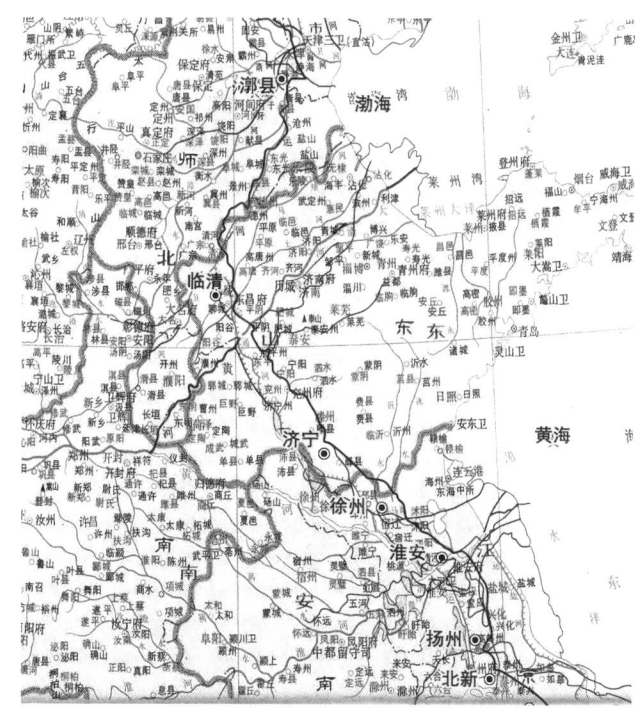

图 5-9 运河沿线钞关分布[10]

---

① 榆林庄因盛产榆林树木而得名。作为钞关关卡所在之地，税官在此没收的物资在榆林庄附近通过某种手段贩卖出以私款藏收，故此地逐渐发展出"灰色交易经济"，遂后迁移。

图 5-10 潞县钞关位置变迁[11]

2. 运河影响下潞县村落的发展

（1）因防治水患设堤而形成的村落。元至元十七年（1280 年），潞河（北运河）作为南北漕运的上游主要河道，扼住漕船进京的咽喉。为保证南来的漕船能够正常通航，需保证河道水量充足，春、夏、秋三季在河道蓄水以保持可通航的较高水位。但因前朝大兴土木，山洪时常暴发，北运河河水又分泄不及，上游泥沙剧增，逐渐淤积在河道底部并抬高河底，故原河堤开始无法拦截高出的水位，北运河段河道水溢决堤便成了常有之事。为防止水患，明廷开始在运河沿岸筑堤，并设看管堤防的兵丁吏役于机构长驻，机构附近便逐渐形成村落，如杨堤村、马堤村等。[12]

杨堤村位于潞县东南三里处，北运河之西岸。因其濒临运河，地处漕运要路，成村较早。清代因朝廷沿北运河筑堤，以防水患，村民杨景芳便携全族至此看河护堤，故称杨景芳堤，后改称杨家堤。此处运河呈南北走向的 S 状，杨堤村选址于河道西岸相对宽阔的区域，村内核心骨架道路也受运河影响呈南北走向，支路与运河堤岸相通（图 5-11）。

马堤村位于漷县东南八里处，于杨堤村南部，同样位于北运河西岸。马堤村是以马姓吏役在此护堤而命名，故逐渐成村并称马堤村。与杨堤村不同，马堤村选址于运河弯道外侧（突出的方向），故在村落与运河之间设有一道路，村内道路主要与这条运河和村落之间的道路进行关联（图 5-12）。

图 5-11　杨堤村村落道路与运河关系示意

图 5-12　马堤村村落道路与运河关系示意

（2）因漕运码头而形成的村落。马头村自汉代起便已形成较大规模村落。金代开潞水以通漕运后，因此处有较大面积水域，吸引数百家商户在此沿河依码头开设店铺。但由于码头处河水宽而浅，只可停泊不能并列行驶，故为保证漕粮和其他必需品运输，漕船、官船和驿船等便优先行驶，民用商船于浅滩处等候，因等候时间之久，食物等物资逐渐变质，商民们便逐渐在船停靠泊岸地点建设临时交易场所，以变卖民船运载之物，减少损失。因店铺交易场所均沿运河码头而建，此地就被称为码头店，后改称马头村（图 5-13）。

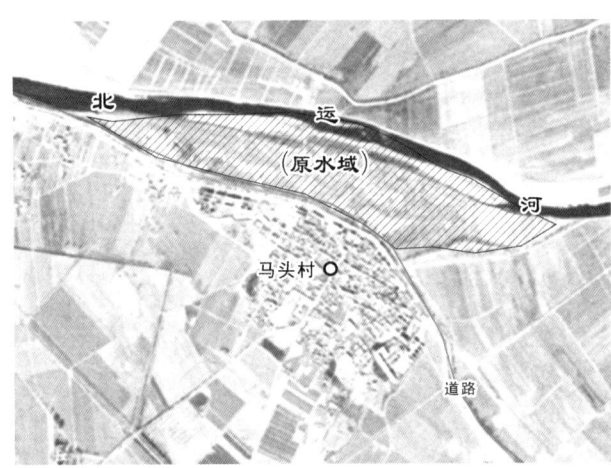

图 5-13 马头村村落道路与运河关系示意

三、县城建设依照古制

1. 县城具有传统古城的营城要素

涿县城池轮廓整体呈方形，且中轴对称（图 5-14、图 5-15）。

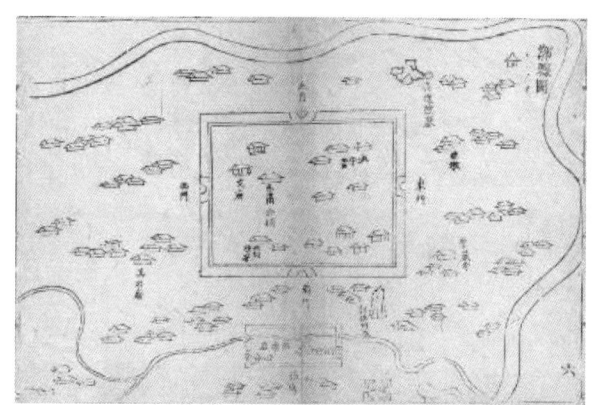

图 5-14 涿县城池示意（一）[2]

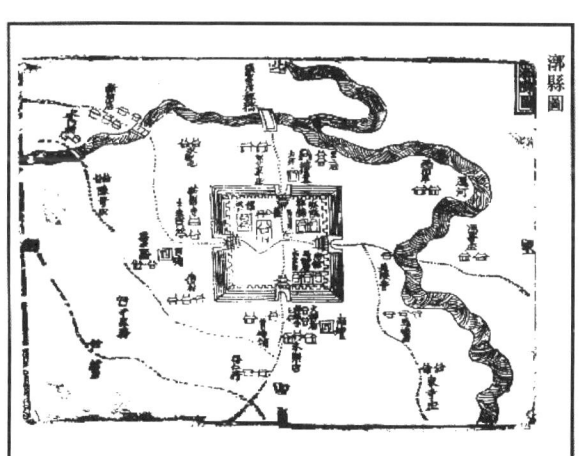

图 5-15 涿县城池示意（二）[13]

据记载，明正德初年于泗河南段始建土城，周长三里，高一丈二尺；嘉靖二十二年（1543 年）增修，建四门，四边各设一门，东称临津门，西曰通都门，南名迎熏门，北为拱阙门，四座城门之名，直接表明各自方位与用途；万历四年（1576 年）开始砌城砖，崇祯八年（1635 年）城墙增高加宽各五尺。可以看出，潞县城市规模不算大，相比同时期的沿运城市，潞县城市规模仅大于张家湾城市规模。城市道路呈十字交叉状分布，路的两端直通四座城门。其中城池东门外潞河上架有东门桥，今仍有遗址遗存（图5-16、图5-17）。

图5-16 潞县东门桥遗址（一）

图5-17 潞县东门桥遗址（二）

2. 城内外多寺庙和管理机构

在县城建筑群分布中，衙署选址一般位于县城的中心，坐北朝南，前有宽阔道路，可达性较强，视觉性明显，这是古代城池的基本特点。潞县县衙处于城市东北侧，并作为古城县治地址。由于潞县四面临水，西侧临潞河[①]，北临凉水河，东与南临潞水，四面环以濠，且地处张家湾村落南部，漕运及商业繁盛，此处民居聚落繁多，逐渐建设较多的庙宇，包括城池北部分布的龙王庙，南部的药王庙，

---

① 潞河，永定河的分支，至县界析为三支，潞河为正河。

西部的佑国寺、酒厂等，城内还有文庙、关帝庙、庵庙等庙宇（图 5-18）。

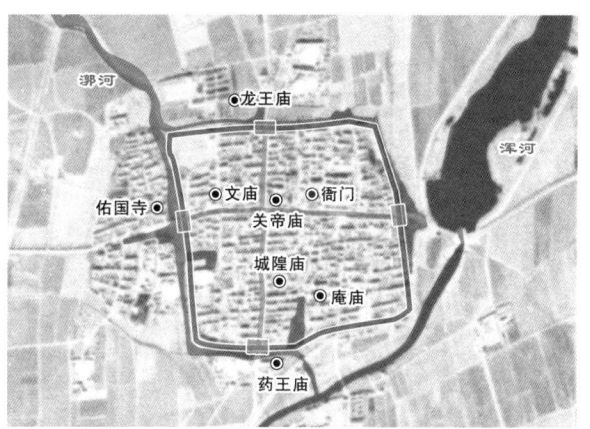

图 5-18　漷县城内格局与寺庙分布示意

结语

作为通州地区历史悠久的千年古镇，漷县拥有深厚的历史底蕴，自辽代起便因优越的地理条件受到重视，并在元代迎来了大规模发展时期。受延芳淀及周边水系影响，漷县捺钵文化和漕运文化昌盛，极大地促进了地区村落与本身城市发展，在众多大运河沿运城市中呈现特有价值。

参考文献

[1] 高天凤. 通州志 [M]. 刻本.
[2] 吴存礼. 通州志 [M]. 刻本.
[3] 管庭芬. 漷阴志略 [M]. 抄本.
[4] 邵双龙. 中世纪暖期渤海沿岸内涝现象的出现及其成因的个案研究 [D]. 西安：陕西师范大学，2015.
[5] 脱脱, 等. 辽史 [M]. 长春：吉林人民出版社：1995.
[6] 北京市文物事业管理局. 北京名胜古迹辞典 [M]. 北京：北京燕山出版社，1989：597.
[7] 胡而思. 基于水利系统的北京传统城市景观体系研究 [D]. 北京：北京林业大学，2020.
[8] 郭炜, 张利, 王琦, 等. 大运河与通州古城 [M]. 北京：北京出版社，2018.
[9] 黄训辑. 皇明名臣经济录 [M]. 刻本.
[10] 万表. 皇明经济文录 [M]. 刻本.
[11] 刘捷. 明代钞关建筑初探 [J]. 华中建筑，2006（11）：74.
[12] 刘玉平, 高建军. 运河文化与济宁上 [M]. 北京：中国社会出版社，2012.
[13] 通州区政协文史和学习委员会, 通州区漷县镇人民政府. 千年古镇：漷县 [M]. 北京：团结出版社，2013.
[14] 佚名. 北京旧志汇刊：(嘉靖) 通州志略 [M]. 刘宗永, 校点. 北京：中国书店，2007.

第六章

四水灌都济漕运——香河县

香河县自辽代起便作为漕运要道途经的城市，以众多河流水系穿境而过，并济以漕运而闻名。且因盐业与商贸经济，香河宝坻一带均陆续发展出村落与城市，成为京杭大运河的见证者（图 6-1、图 6-2）。

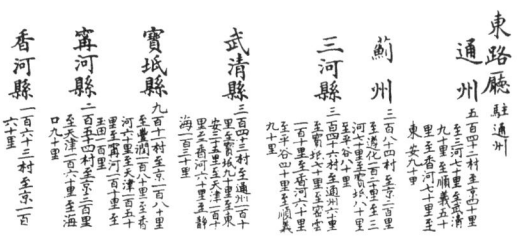

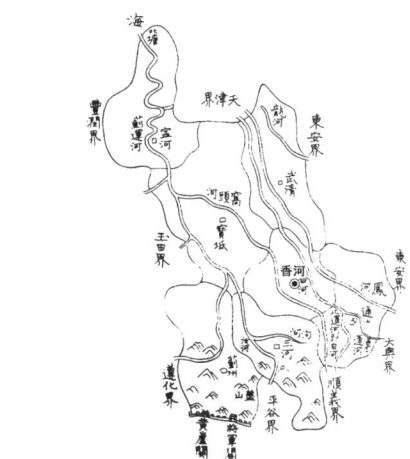

图 6-1　香河县历史区位图[1]

图 6-2　香河与运河图[2]

一、香河县名字由来与建置变迁

香河县在新石器时期便有人类聚居生息的痕迹,但在商代以前的属地暂无文字记载。至西周灭商后,统治者建都于燕,即都蓟(今北京),香河地区属燕国。至春秋、战国时期仍属燕地。时至秦朝吞并六国,建三十六郡,将燕地划为上谷和渔阳两郡,香河县便属渔阳郡。后西汉至隋朝时期,香河县属雍奴县,[①] 唐天宝元年(742年)更雍奴县为武清县,香河县便属武清县。后契丹族南下,香河于后晋天福元年(936年)归辽所属,后因榷盐院的设置而隶属淑阳郡。[②]

香河县正式建制始于辽太宗统治时期。"香河县,本武清孙村。辽置榷盐院,居民聚集,因分武清、三河、潞三县户置。在京东南一百二十里。户七千。"[3] 辽会同元年(938年),于武清县北部孙村新仓设置榷盐院,因储盐而发展的聚落逐渐聚集居民,后因运粮河的开凿促使民居就此开设商铺与客栈,促进地区发展。至村落稠密,统治者便将香河地区废除郡属,并分武清、三河、潞县三地区立县,此地距辽南京约120里,又因当时在香河东侧有一条小河流经,河中多种植芰荷,夏日时花开满塘,浓郁的花香沁人心脾,故被更名香河县。[4] 时至宋朝,宋徽宗曾将香河县改成清化县,后归金又更名为香河县。至金大定三年(1163年),因宝坻新仓的发展,香河县东处一部分区域被划入宝坻县,香河隶中都路大兴府。明永乐十九年(1421年)至清,香河改属顺天府(表6-1)。

表6-1 宋至清香河县建置沿革一览表[5]

朝代	名称	治所	隶属
宋(辽金附)	(辽)(香河县地)(金)宝坻县	宝坻县城	(金)大兴府
元	宝坻县	宝坻县城	大兴府(大都)
明	宝坻县	宝坻县城	北平通州
清	宝坻县	宝坻县城	通州顺天府

---

① 《后汉书·张堪传》载:东汉初年,张堪任渔阳太守,征集民工,修渠导狐奴(今顺义东北)之水入雍奴县境(今香河县东),种稻八千顷,劝民耕种,以致殷富。

② 淑阳郡是香河古称。淑阳郡,淑者,善也,美也,柔也,和也;阳者,明也,亮也,朗也,强也。淑阳者,乃阳明清正磊落、光明雄强之地也。

二、航运历史悠久,河工建设完善

1. 因榷盐院立县,带动香河地区的发展

早在汉武帝时,榷盐制度便开始兴盛,统治者为垄断食盐产销而对此进行收税。至公元938年,契丹国(后改名"辽")于太宗时得十六州之地,延续前朝方式,对食盐实行征税制,并在辽五京①及多地设盐使以便主管盐政。因香河境内流经多条河流,且地处辽东地区通往辽南京的交通要道,辽廷便沿渤海至南京城要道设多个新仓,其中包括于武清县孙村置榷盐院,并撤郡立香河县,官卖食盐,为贮盐设新仓。此后,由于辽宋之间盐业的往来,榷场贸易逐渐成为了边贸中的主体贸易形式(图6-3)。[6]

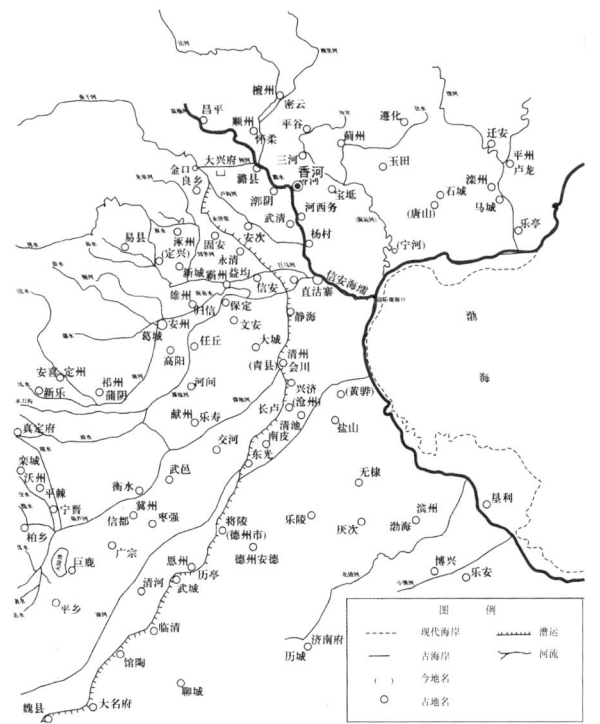

图6-3 辽金代漕运及香河县区位示意[2]

---

① 辽于公元907年建国后,设五京为都城,其中包括日后成为辽燕地区经济中心的辽南京城。

榷场贸易促进了当地经济的发展，尤其是香河、宝坻一带。同时，流经香河境内的大大小小的河流由于季节性水量充足，便逐渐被用来作为漕运河道，以运盐及其他物资，这为促进人工运粮河的开凿打下了基础。

2. 因辽萧太后河流经而繁盛

与辽代榷场贸易兴起时间相去不远，萧太后河同样是当时香河县发展的重要因素。香河县的漕运历史可追溯到辽金时期。当时辽宋对峙，辽国的水上运输主要分为海运和河运两种方式。海运即从辽东通过海运向辽南京运输粮草，河运则指萧太后河（图6-4）。历史上，永定河时常泛滥、改道，辽利用永定河故道，对其稍作疏浚、连通，在张家湾接北运河，向东接潮白河，过香河、宝坻，直通辽东，用以向燕京地区运输粮草兵马，为辽南京城的城市建设输送源源不断的物资。

图6-4 萧太后河在香河县境内示意

萧太后河是改造天然河道、沟通北京城与北运河漕运的开端，为金代开通闸河、元代开启通惠河及明清开通京杭大运河提供了基础，具有划时代的意义。在后来大运河漕运兴盛期，它也曾作为支系发挥着水流调节和民船分流的作用。[7]明清以后，它随着通惠河和北运河的发达而逐渐失去运输功能，成为城市排水渠道，今日张家湾古城南门外还有萧太后河故道（图6-5）。[8]此外，萧太后河沿境内河水湖泊较充足的路线开凿，流经较多湿地，如龙潭湖、西直河和延芳淀等，不仅提供以便漕运的水量，也成为辽贵族开展捺钵文化活动的场所。

图 6-5 萧太后河故道

关于萧太后河的河道目前有多种说法，但关于香河县境内萧太后河走向有着普遍共识，即其经过潞县前元化村东入今天津武清区，后北入香河县，接大小龙湾河（今青龙湾河）后再"经宝坻县入七里海，辽时海运故道"，之后北汇鲍丘水（今潮白河），经宁河县北潭（统称白龙港河）转运辽东粮物至南京。

3. 发展码头，重视水工

（1）王家摆渡口。王家摆渡口从漕运兴盛时开始发展，且随着来往的船只增多而逐渐变成交通要点。关于"王家摆"称呼的由来，据传唐代曾有位掌舵使船的大汉姓王，于潞河边上摆渡，因他身高八尺，力大无比，所使用的船篙长达两丈余长，于是人们以他的名字命名这个渡口为"王家摆渡口"。该码头渡口东侧邻近北运河，距通州约 20 公里，扼进京之咽喉。历史上，运河上的粮船，进京出京大都在此停泊，每日舟船往来不绝，"东南民力由今达，西北军储自此供"[9]。

明嘉靖年间，为大力发展漕运，鼓励商业经济发展，朝廷特许每条漕船带货二成，可沿岸及码头集散处销售。清政府也规定可携一定数量的免税土产货物，或沿途出售，或到北方售卖，"恤丁伍而通商贾"[10]。同时，漕船还可运输商旅，所泊岸之地多设客栈及商铺，载客至此，竹影灯珊，逐渐发展成繁华的街市（图 6-6）。

图 6-6 王家摆渡口现状照片

（2）鲁家务水务所遗址。香河县志记载：时至元代，京杭大运河南北全面通漕，统治者便在鲁家务村设立水务所一座，为方便管理漕运水务、疏浚河道以防河道淤塞，修筑堤坝。由于此水务所属县衙工部管辖，役丁则由当地百姓摊派，每位民丁需执役两个月。因后来鲁姓弟兄在此服役并定居，这里便逐渐发展成聚落，故称鲁家务。

（3）金门闸。香河县志记载，雍正七年（1729 年），在今香河红庙村南利用大龙湾、小龙湾修建青龙湾减河以泄洪，并在减河口设置滚水石坝一座。乾隆三十七年（1772 年）改滚水石坝为可调节水量的石闸，在两岸增建闸台，并御赐名为"金门闸"（图 6-7）。

图 6-7 金门闸遗址现状照片

三、礼制思想影响下的香河城市特征

1. 倚靠潮白河，四水灌城

香河县境属海河流域冲积平原，整体地势呈西北高东南低，西北侧有北运河流入县境，东南侧有青龙湾，潮白河自西北向东南横跨全县，引洵入潮河从北部进入县内，从东南出境，境内四水灌城。[11] 由于香河县所处区域上接北京通州，下连天津武清，处于河流密集处，北运河又是进入北京的通衢要路、重要的漕运通道，因此香河被称为首都门户、漕运咽喉（图6-8）。[12]

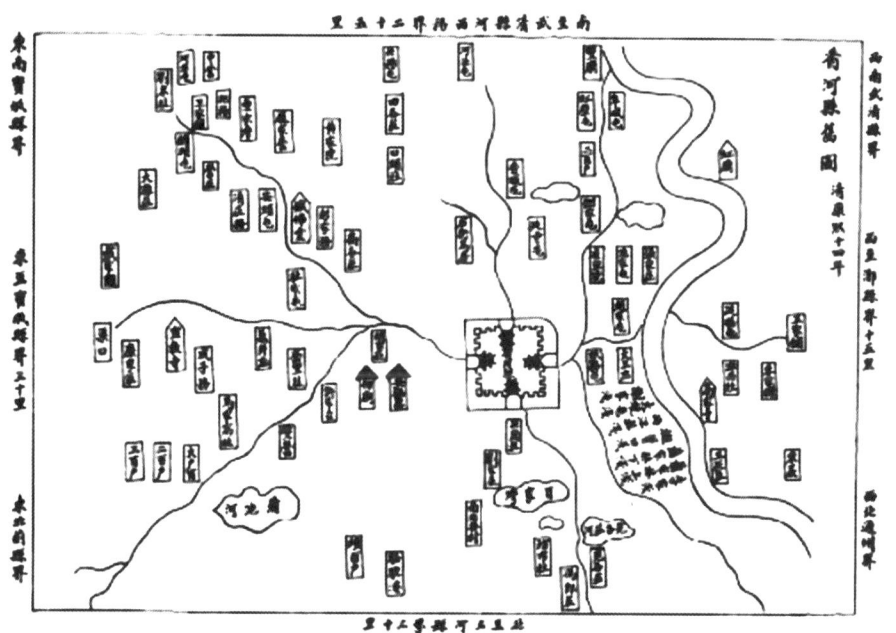

图6-8 香河县与周边水系图[12]

2. 方状城池，十字形大街

香河县城是明太祖朱元璋四子朱棣扫北至此，闻香河之称甚喜，故欲定都于此。县城原为土城，明正德二年（1507年）开始建设砖城。嘉靖四十二年（1563年），修角楼四座。万历三十二年（1604年），河涨堤决，城墙倒塌，随后重新整修。[13]

香河县城为传统的方形城池，周八百七十六步，高二丈三尺。城中为遵循传统的十字形格局，连接四个城门，但纵横两条干道未直接相交，而是错开一定距离。城墙外引河水在四周设置护城河。除十字形主干道外，县城内部还有尺度小一些的巷道，这些道路多为方格网状布置，但有水域的地方会随水域形状弯曲，侧面反映出县城建设遵循因地制宜的传统习俗（图6-9、图6-10）。

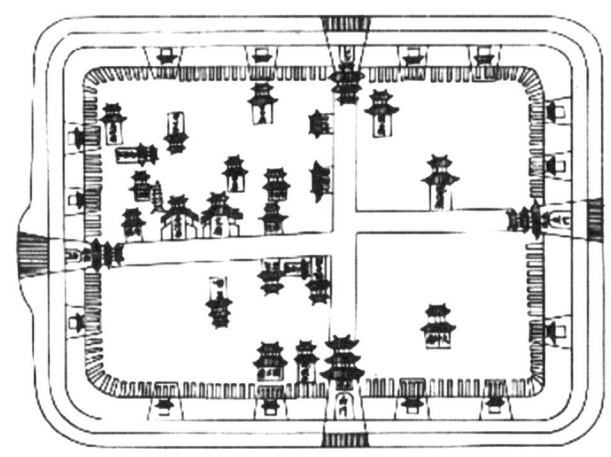

图 6-9 香河城池图[9]

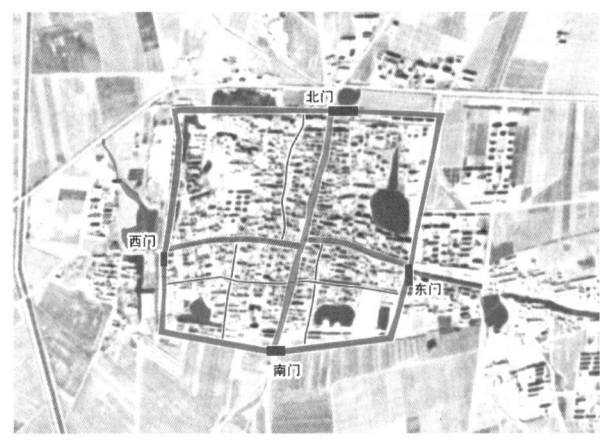

图 6-10 香河城池格局示意

3. 衙署寺庙居西而置

香河县城内十字形主干道将城市划分为四个部分（图6-11）。县衙、察院等管理类建筑集中分布在城内西北侧，且县衙地处城内地势高处；城内寺庙众多，且主要集中在西南侧，如文庙、玄武庙、奇隆寺、隆兴寺等，其余主要分布在道路两侧；城内东侧多为民居。

因香河县曾隶属淑阳郡，香河县又有淑阳八景之说。其中就有两处与县内寺庙有关：

"玄武雄镇"，即在县城北门内西侧有一座玄武庙。寺庙殿宇隆耸，四方观之，若挂于城头，气势雄镇全县，所以有玄武雄镇之说。这座庙宇建于明代以前。明万历年间，山东布政使司右参政王豫立赞叹其"绀殿何崔嵬，古苔绣鸳飞"[14]。

"文笔干霄"，是指在县城西侧隆兴寺前有一座古塔，原名为孙百万宝塔，建于元代，后来坍塌，到了明代嘉靖年间只剩下遗址。因为宝塔较高，故称为文笔，历代文人赞叹其"谁将彩笔插云端？北斗裁成墨未干"[5]。

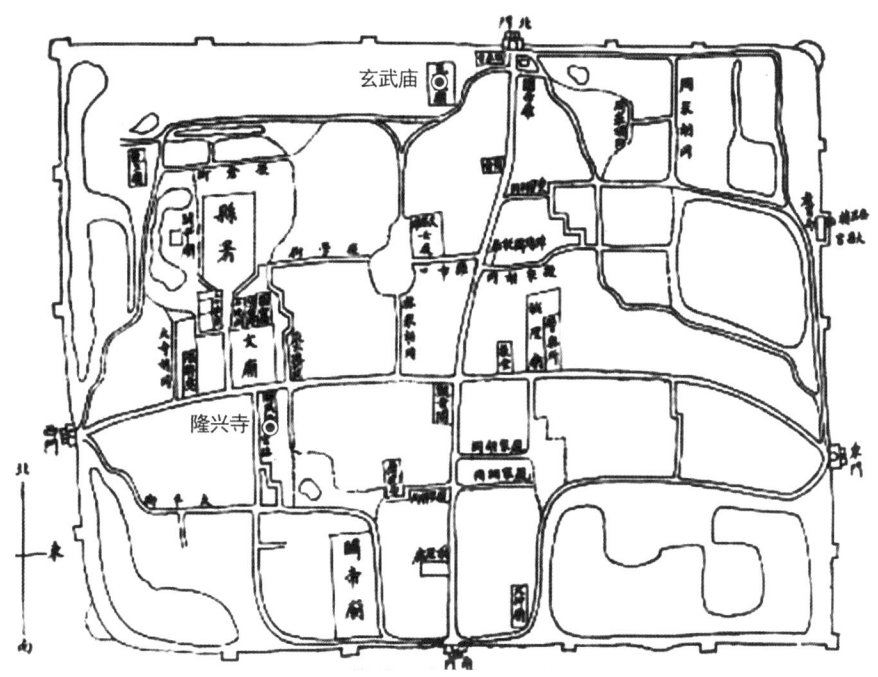

图 6-11　香河城池示意[9]

结语

香河县因位于渤海与内陆的交通要道，拥有得天独厚的地理优势，成为古代漕运重要枢纽及盐业发达之地。凭借县境内河流丰富，四水灌城，交通便利，其在辽代漕运体系中发挥重要作用，成为海运转河运的枢纽城市。此外，作为大运河沿运城市，香河县城城市营建特色显著，而县境内因河而兴建的码头及水务所，更为香河县增添了运河城市的文化底蕴。

参考文献

[1] 徐志导.直隶全省舆地全图[M].石印本.1904（清光绪三十年）.
[2] 天津规划局和国土资源局.天津城市历史地图集[M].天津：天津古籍出版社，2004.
[3] 漆侠，乔幼梅.辽夏金经济史[M].保定：河北大学出版社，1994.
[4] 中华人民共和国民政部，中华人民共和国建设部.中国县情大全：华北卷[M].北京：中国社会出版社，1992.
[5] 河北省地方志办公室.民国河北通志稿1-3[M].北京：北京燕山出版社，1993.
[6] 国家民族事务委员会政策研究室.中国民族关系史论文集[M].北京：民族出版社，1982.
[7] 尹钧科，吴文涛.京华通览：永定河与北京[M].北京：北京出版社，2018.
[8] 杨良志，杨家毅.走读北京大运河[M].北京：北京出版社，2018.
[9] 赵云.走近运河[M].苏州：古吴轩出版社，2008.
[10] 刘春俊.枣庄运河[M].青岛：青岛出版社，2006.
[11] 河北省地方志编纂委员.河北省志 第20卷 水利志[M].石家庄：河北人民出版社，1995.
[12] 上海书店出版社.中国地方志集成 河北府县志辑27 民国香河县志 乾隆永清县志 光绪续永清县志[M].上海：上海书店出版社，2006.
[13] 廊坊市建设志编纂委员会.廊坊市建设志[M].北京：中国文史出版社，1998.
[14] 政协香河县委员会学习文史工作委员会.香河文史资料集存：第3辑[Z].河北：政协香河县委员会，1991.

第七章
因盐而生,因运而兴
——宝坻县

宝坻县，在天津中北部，现为天津市市区。据考古发现，因临近渤海湾，古时宝坻曾是渤海的浅海区域，在新石器时代，浅海区逐渐退海成陆（图7-1）。后来，宝坻县凭借北靠燕山、东临渤海、西为蓟运河的地理区位优势，以及潮白河从境内穿过、县内河流交错丰沛的自然资源优势，逐渐发展成交通便利、人口众多的京畿古城。

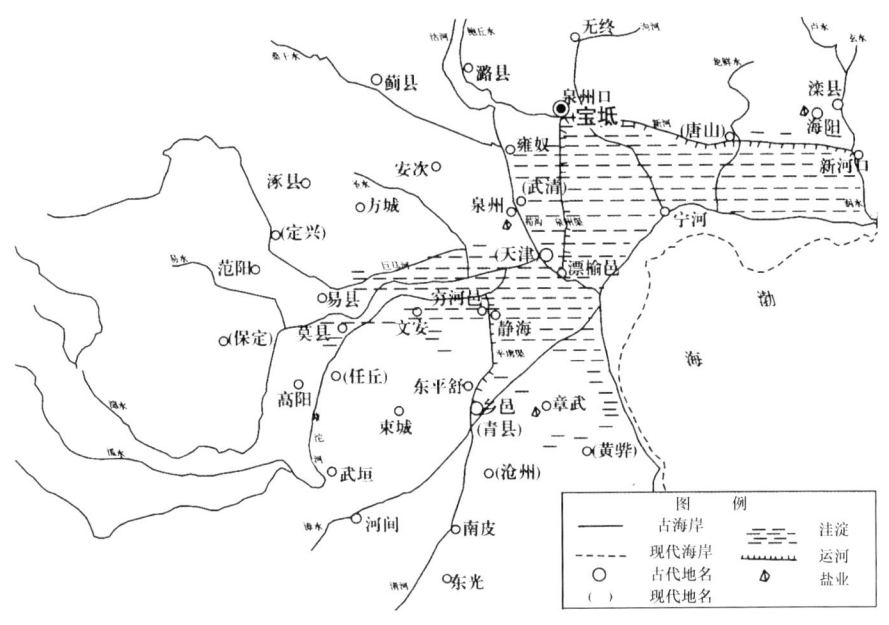

图 7-1　宝坻区位图[1]

一、"榷盐院"促使"撤镇置县"

盐作为日常生活的必需品,历代各朝对产盐和销售都十分重视。从汉代开始,朝廷便在产盐地区设置官职对盐进行管控。到了唐代,朝廷开始推行"榷盐"制度。乾元元年(758年)改盐法,"尽榷天下盐,斗加时价百钱而出之,为钱一百一十"[2]。宝应年间,朝廷进一步修改盐法,在全国产盐区设立专门管理盐务的机构榷盐院。① 受地理资源条件、开采与生产技术等限制,当时产盐类型为池盐和海盐。其中,池盐生产地以山西运城盐池为例,海盐主要产于濒海地区,如山东、河北、天津等沿海地区。因此榷盐院主要集中在这些产盐区(图7-2)。

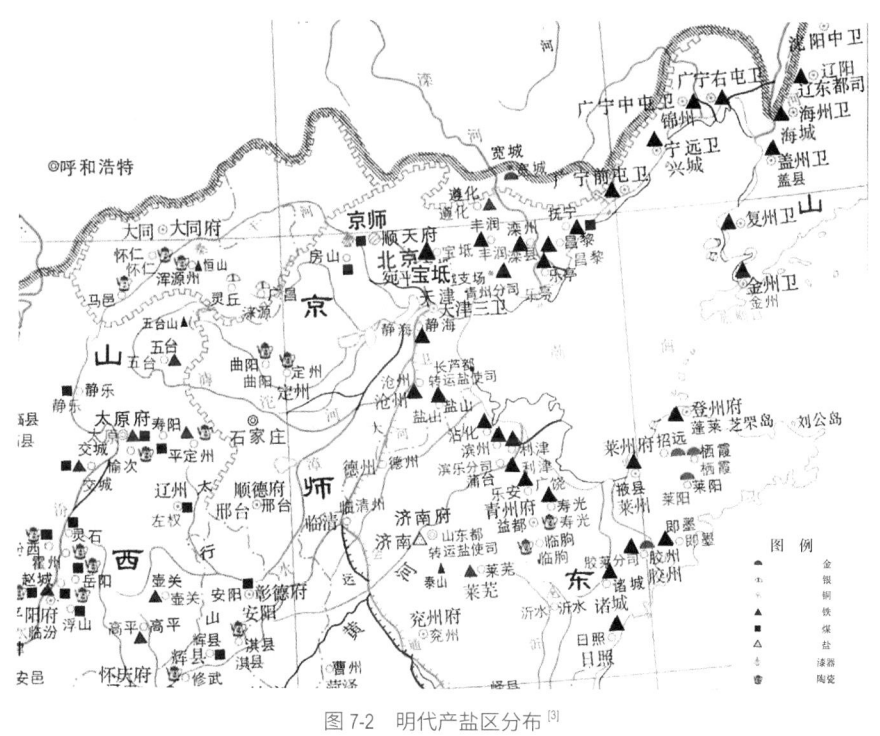

图 7-2 明代产盐区分布[3]

唐大历元年(766年),户部尚书刘晏被任命为盐铁使,开展大量改革行动,促使当时盐产量显著增加,盐业得到迅速发展。宝坻县就是在这样的背景下产生

---

① 榷盐院主要负责盐的生产、运输、储存、销售、税收。

并逐渐发展起来的城市,并有"先有榷盐院,后有宝坻县"[4]的说法。可以说,榷盐院的建立,被看作宝坻县城市兴起的标志。

五代时期,宝坻县直达渤海沿岸,很适合生产海盐,因此朝廷便在此沿海卤地,煮水成盐,大量生产海盐。此外,因地势低洼,河流纵横交错,且位于"九河下梢",宝坻县水路相当发达,利于盐业运输,故"相其高阜平润之处,置榷盐院,谓之'新仓',即新设立的盐仓,置新仓镇,成为'滨海重镇'"[5]。至此,宝坻县在京畿地区内的功能地位进一步提升。

发展到辽代,朝廷对盐业的生产和管理进一步加强。为方便管理盐的运输,朝廷以"新仓"为中心,开始挖掘多条人工运河,把渤海、海宁、丰州等各产盐地的盐全部通过水运输送到新仓,这里遂逐渐发展成北方盐运的集散中心。盐业开发随即带来了城市的发展,新仓城市等级上升为镇。金代时,新仓镇盐业达到鼎盛,并作为"畿内重地,新仓镇颇为称首","云屯四境之行商,雾集百城之常货","富商大贾,货置丛繁"[6]。金大定十一年(1171年),金世宗有"此新仓镇人烟繁庶,可改为县"[7],最终宝坻成县,以新仓镇为治所。

二、优越条件促进辽代漕运

康熙年间宝坻县志记载,宝坻县"西拱京师,东连大海,南通天津,北抵云蓟,三山拥峙,四水萦回"[8],优越的地理区位使宝坻县在辽代运粮河漕运系统中起到重要作用。主要原因是宋辽对峙时期,因萧太后势力集中在辽南京(北京),于是便疏通河道发展漕运,将辽东的粮食运到辽南京①。而据《长安客话》中提到的辽代海运,香河县"境南有大龙湾、小龙湾二水,夏秋始合流,经宝坻界入海,相传辽时海运故道"[9],以及《广济寺佛殿记》载"鳌邻东海时辑灵槎之客"[10]可知,当时海上粮船进入蓟运河要先到达宝坻县,即从产盐的芦台上溯,经七里海、潘庄、东淀,北上到南北羊码头、大小辛码头、牛蹄河,经过黑狼河、三十家子、八间房、蛤窝、泗河、口河、口东,由节流水关入城到泮池(今宝坻县大礼堂),经榷盐院检查纳税后,通过串城河出开源水关入百里河西上,过香河到通州(图7-3)[11]。

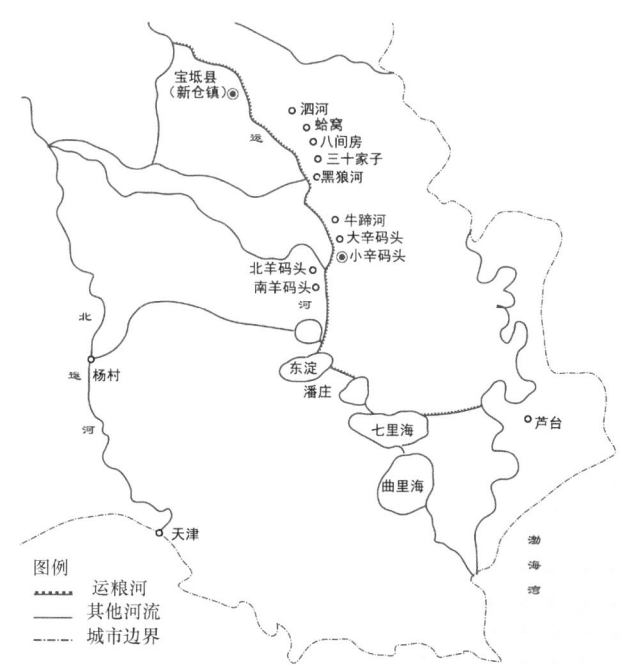

图7-3 运粮河路线示意[12]

---

① 首先疏通连接北京和渤海之间的自然河流,使自然河流直接通向渤海,再将渤海海运与内陆河运联系起来。

此外，作为沿海重地，宝坻县当地大力发展造船业。宝坻县广济寺内有一块碑，碑上刻有"监造海行舟船刘可度"及"提点造船官韩绍孚"[11]字样，作为辽代朝廷在此设置造船机构和造船官的重要佐证。同时朝廷在此还设置了重要的水驿枢纽——小辛码头，往来的运货船只都要在此进行分航（图7-3）。

三、古城体现"九桥十八庙"特色格局

1. 傍水而建的宝坻古城

金大定十二年（1172年），宝坻成县，开始营造城郭，城池大体呈方形，"周长一千二十八丈，高二丈六尺，厚与高等"[8]。宝坻县城内部道路系统十分明确，由十字形大街通向城市的四个方向，城内格局规矩，是我国古代城市规划理念和形制分布的典型代表。出于防御考虑，新建的砖城虽沿袭旧城规制，但是每座城门上均建城楼，四个角上也各设置一座角楼（图7-4）。

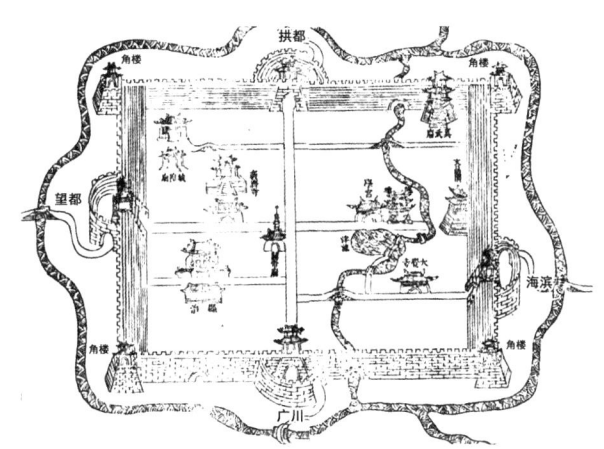

图 7-4 宝坻县城图[8]

因宝坻县地处要地，临近渤海同时又与都城北京相邻，故主城门为"拱都"，意喻拱卫皇城北京；东门名曰"海滨"，表示临近大海；西门名为"望都"，指代宝坻县位于北京东侧，望都即向西望都城的意思；由于宝坻县地势低洼，河流纵横，但南侧田野平坦开阔，故南门叫作"广川"，北门叫"渠阳"，指代宝坻县地处渠水之北。[13]

2. 九桥十八庙特色布局

因地处燕山南部的冲积平原上，宝坻县城池地势整体上呈北高南低的态势，且城外南有窝头河自西向东流过，北有鲍丘河，河流四面环绕，城内河流自南向北贯穿，纵横交错，丰富的水资源使得城内桥梁众多，古刹、楼、阁遍布，是京东之首，故有"九桥十八庙"之称（图7-5）。

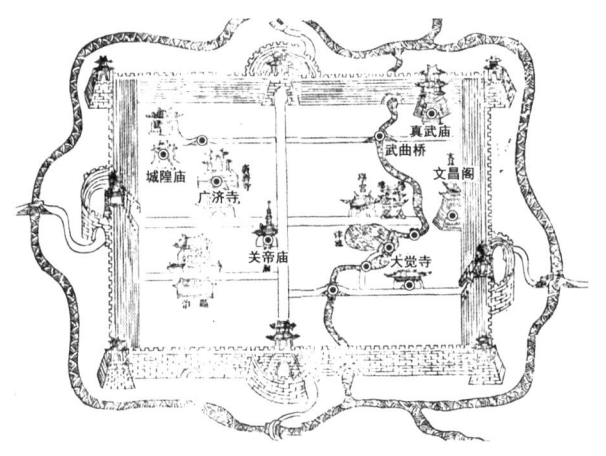

图7-5 九桥十八庙示意[8]

据记载，宝坻县城内有古"渠水"（今百里河）穿城而过，渠水从北门东开源水关入城，由南门东节流水关出城，因此城池内"渠水"又称为"穿城河"。[14] 整个古城内，河上架有6座石桥，连同其他5处仍有设桥，共计10座桥①。便利的水运不仅带来城市的繁华，同时也促使文化得以交流汇聚。据统计，历史上的宝坻城内共有寺、庙、庵、观等寺庙建筑25处。其中，儒教类的庙宇有6处，佛教寺庙有4处，道教宫观有5处，代表不同民俗信仰的场所10处。[12] 承载不同文化的建筑集中设置在宝坻县，体现受运河影响的文化交融现象及其所带来的城市繁荣（表7-1）。

表7-1 寺庙类型分类表[14]

宗教类型	儒教（6）	佛教（4）	道教（5）	民俗信仰（10）
寺庙名称	文庙、魁星楼、崇圣祠、烈女祠、忠义祠、节孝祠	广济寺、大觉寺、兴国寺、白衣庵	三清观、玉皇阁、三官庙、真武庙、三教堂	城隍庙、关帝庙、文昌阁、天仙宫、马神庙、火神庙、灶君庙以及三处土地祠

---

① 10座桥的名称分别是文明桥、武曲桥、淑润桥、阶升桥、云津桥、通津桥、升迁桥、迎魂桥、断魂桥和拱都双桥。

四、"宝坻八景"中的建筑遗产

宝坻在金代建县,明清时被称为"冀东大邑",之后又有"京东第一集"的美称。活跃的经济活动不但赋予宝坻县九桥十八庙的城内景观,而且还营造出蓟界云山、潮河飞练、秦城烟柳、北潭秋月、石幢金顶、文阁瞻云、东寺晓钟、珉碣银钩[8]"宝坻八景"。其中既有壮观的自然景观,同时又包含一些重要的建筑遗产。

1. 石幢金顶

《长安客话》中写道:宝坻城中,有石幢,幢高三丈,凡七级,石上雕刻工巧,中贯铁柱,顶以金为之,遥观如星,金皇统间僧人建,俗传下有海眼。[8] 据记载,石幢位于宝坻县城的十字街中心,由基坛、幢身、宝顶三部分组成,高度约为11米。石幢由一根铁柱贯穿,外面有8根石角柱,柱子上有精美的雕刻。基坛为方形,方形四周刻有佛教故事。幢身由石柱和宝盖组成。上下共有六级。幢顶上放有莲台、如意宝珠。整个石幢雕刻精致,是天津石幢规模最大的一座(图7-6、图7-7)。

图7-6 石幢[8]

图 7-7　石幢历史照片[15]

2. 东寺晓钟

据宝坻县志记载，宝坻县内有大觉寺。另据《旧志》描述，大觉寺"寺内钟，自东海来。款识绝异，叩之，其声清以长"，[8] 生动地展现出旧时大觉寺脊尾所悬钟，钟声悠扬清澈的特质（图 7-8）。虽然大觉寺这座寺庙的名气不如广济寺，但保存下来的一座"罗汉堂"至今维持着原貌，成为研究辽金时代佛教建筑的重要建筑。大觉寺从初建到建成，跨越辽、金，历经 120 多年，由于建设时间长，故在建筑布局上未能遵循一般寺院"主殿在后，附殿在前"的规格，而是主殿在前，附殿在后，显得有些"异类"，但是它是存世至今不可多得的辽金时代的佛教建筑之一。

图 7-8　大觉寺[8]

3. 珉碣银钩

据《宝坻县志》记载，在宝坻县"县西寺结构崇工。殿内有碑，精光莹异，而序文淹雅。秦碑汉碣，古重贞珉，峋偻山藏，千秋增慕。谓碑以文传，亦文以碑耳"。[8] 该碑位于广济寺内，碑体玉色金声，为辽代所设（图 7-9）。其位于县城西大街，又称作西大寺，始建于辽圣宗统和年间。因当时宝坻县设有榷盐院，人烟旺盛，人们对佛教信仰需求较高，故设寺庙于此。广济寺三大士殿是中国罕见的单层且高大的建筑，风格独特。寺内结构精巧，看似烦琐，但实际上结构简单，精巧的木构做法，后世十分少见（图 7-10）。

图 7-9　广济寺[8]

图 7-10　广济寺现状照片[16]

结语

因位于沿海地带,拥有得天独厚的地理优势,宝坻县成为古代产盐重地,加上宝坻县境内河流丰富,河运发达,便利的交通使其在辽代漕运体系中扮演重要的角色,成为海运转河运的枢纽城市。此外,作为沿运城市,宝坻县城也具有鲜明的城市特色,县城内河流众多,因河建立多座桥梁。由于交通便利,南北方人口汇集于此,带来文化上的交融,建造许多庙宇。文化的繁荣促使城内建设多种宗教建筑,留下了宝贵的建筑遗产。

参考文献

[1] 天津规划局和国土资源局. 天津城市历史地图集 [M]. 天津:天津古籍出版社, 2004.
[2] 邓之诚. 中华二千年史 [M]. 北京:东方出版社, 2013.
[3] 郭沫若. 中国史稿地图集 [M]. 北京:中国地图出版社, 1990.
[4] 北京辽金城垣博物馆. 北京辽金文物研究 [M]. 北京:北京燕山出版社, 2005.
[5] 于敏中. 日下旧闻考 [M]. 北京:北京古籍出版社, 1983.
[6] 王新英. 全金石刻文辑校 [M]. 长春:吉林文史出版社, 2012.
[7] 韩嘉谷. 天津古史寻绎 [M]. 天津:天津古籍出版社, 2006.
[8] 洪肇楙. 寶坻縣志 [M]. 石印本.
[9] 陈瑞芳. 十里河 [M]. 北京:世界知识出版社, 2007.
[10] 王玲撰. 北京通史:第3卷 [M]. 北京:北京燕山出版社, 2012.
[11] 张树明. 天津土地开发历史图说 [M]. 天津:天津人民出版社, 1998.
[12] 孙健. 北京古代经济史 [M]. 北京:北京燕山出版社, 1996.
[13] 林传甲. 大中华京兆地理志 [M]. 北京:中国青年出版社, 2012.
[14] 中国人民政治协商会议天津市宝坻县委员会文史资料研究委员会. 宝坻文史资料选辑第8辑 [Z]. 政协天津市宝坻县委员会文史资料研究委员会, 1995.
[15] 《津门胜迹》编委会. 津门胜迹 [M]. 天津:天津古籍出版社, 1989.
[16] 徐怡涛. 全彩中国建筑艺术史 [M]. 银川:宁夏人民出版社, 2002.

第八章

京畿辅地——固安县

固安古称方城，拥有3000多年的文明史。它诞生于永定河畔，在漫长的岁月中，从一个边塞小城逐渐崛起，于金元时期成为京畿重地，见证了汉人与游牧民族间的文化融合，也目睹了明清京杭大运河开通后人员与货物川流往来、北入京城的繁荣景象。

一、从边陲县城到与京城一衣带水

1. 历史悠久，县域多变

自战国至隋代，固安县一直称为方城。隋开皇六年（586年），废方城县，并在方城旧境设置固安县，此后固安其名一直沿用至今（图8-1）。[1]

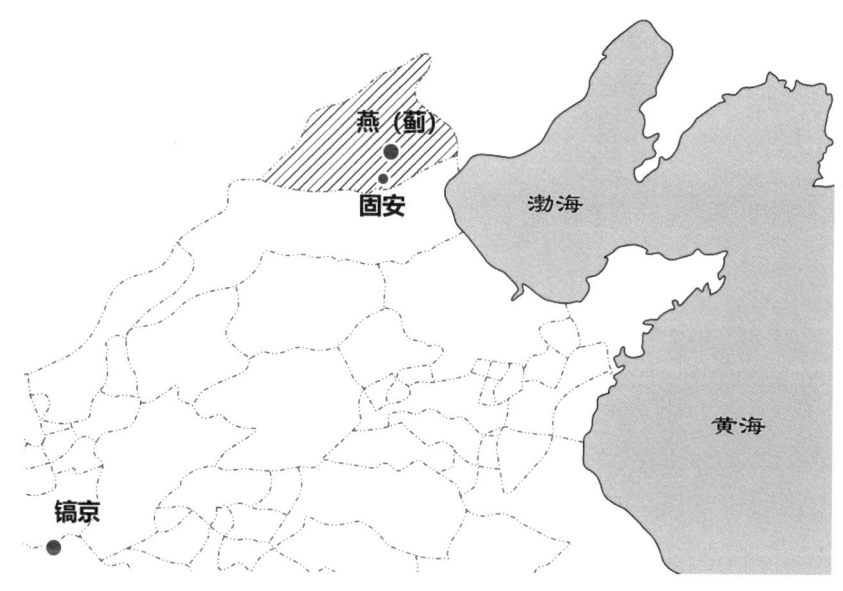

图 8-1　西周时期燕国位置示意[2]

隋代以前，固安县改置不一，县域时常变动。周朝时，武王灭商，封召公于燕，固安县即当时幽州燕国中韩侯国的方城。秦朝灭燕国后，方城属上谷郡，西汉时期方城县县域范围初定。至后汉时，"方城西北界阳乡县属涿郡，临乡侯国之西，有新昌侯国。临乡之东，有益昌侯国，后汉皆省入方城"[1]，范围较西汉时期扩大数倍。三国时属魏国幽州的范阳郡，除东侧汉代阳乡县旧境被改置为长乡县，其他与后汉大致相同。在北齐、北周时期，固安县一度与长乡县一同并入涿县。隋代开皇六年（586年），涿县升为涿郡，废汉方城旧境，改置固安。唐朝初建时，因王世充、李子通建立郑国、吴国为避侵扰，固安县治所几经变动。唐代贞观元年（627年）迁至今固安城后，逐渐趋同于如今的范围，时至今日也有将近1400年的历史（图8-2～图8-4）。

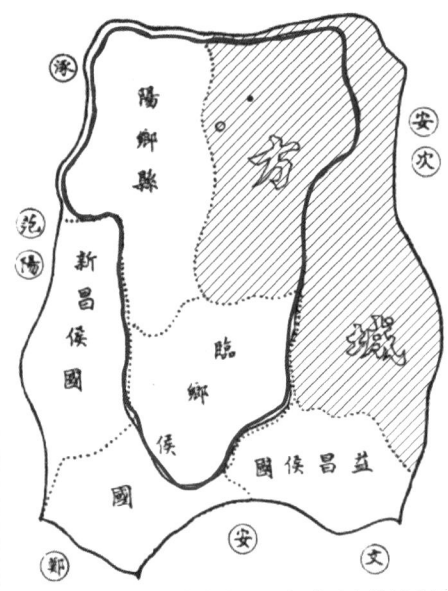

图例：▭ 现状县域范围　▨ 方城历史境域范围　　图8-2　前汉时期方城境域图[1]

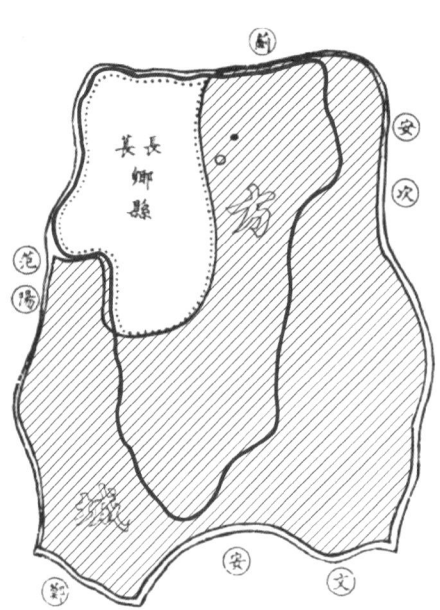

图例：▭ 现状县域范围　▨ 方城历史境域范围　　图8-3　三国、魏晋南北朝时期方城境域图[1]

五代十国至宋朝，固安成为兵家必争之地，曾多次易主，饱受战火摧残，而县域变动不大。蒙古国在建立元朝前56年，就已经占据固安。元、明、清三朝的600余年间，固安成为京畿重地，百姓生活较为安稳，繁荣一时。明代固安境东西长 70 里，南北长 80 里，向北与都城北京相距 120 里（图 8-5）。清代固安县沿袭明的编制，全县分为 6 乡 36 里，辖村约 230 个；到清代中期，县境发生较大变化，全县划为 7 路，辖村 397 个。[3]

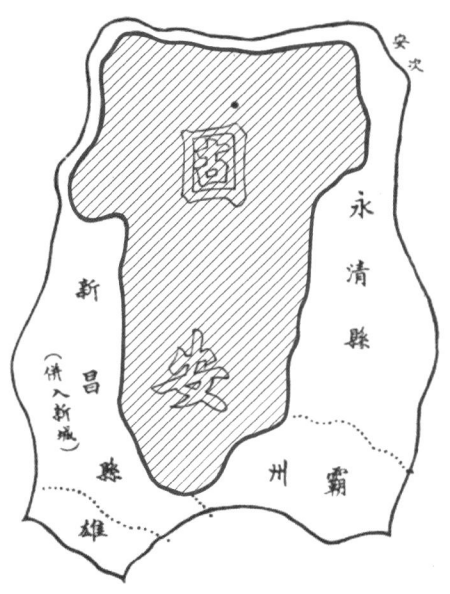

图 8-4　隋唐时期固安县境域图[1]　图例：▭ 现状县域范围　▨ 方城历史境域范围

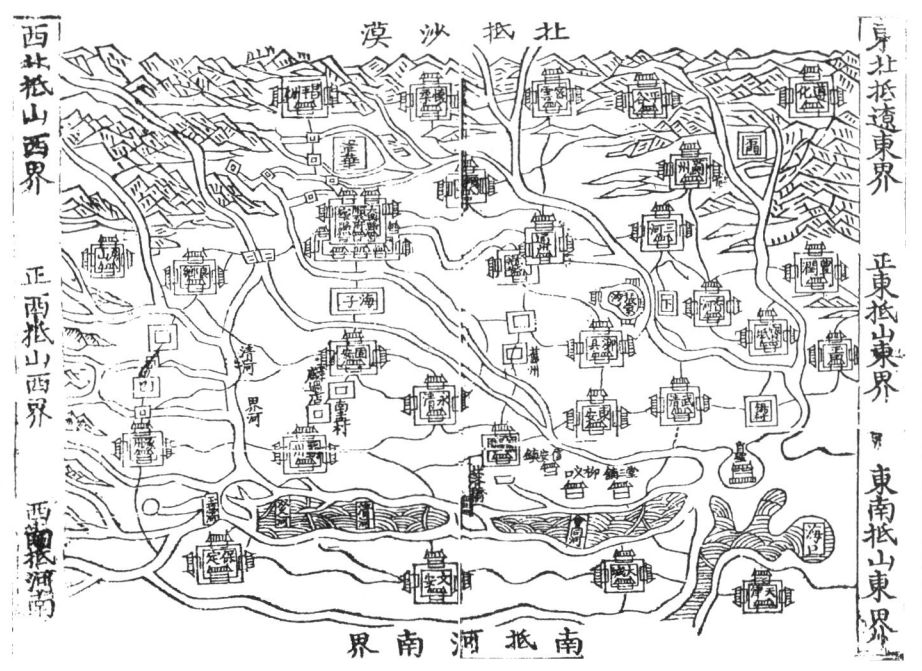

图 8-5　明畿辅图[4]

2. 通衢要道，京南近地

"固安之栗，天下皆称之"[5]，固安县自古便是百姓聚居之地。自商周设通道后，秦汉时期实行分封制，为连接北燕与其他各地，秦修筑驰道。因邻近易县和燕国都蓟，固安县的道路也得到发展，形成了以方城（固安县）为中心，向四方辐射多条道路的交通网络格局，后来历代各朝均以此为基础发展固安县境交通体系（图8-6）。因有通行道路，百姓聚集，固安县便逐渐发展兴盛。隋唐时期，固安县已经与各郡县都有大道连通，宋元时期因战争需要又修通了三条道路（图8-7）。可见，在固安成为京城近地之前，就已经有了不错的人口基础，承担了重要的交通运输作用。

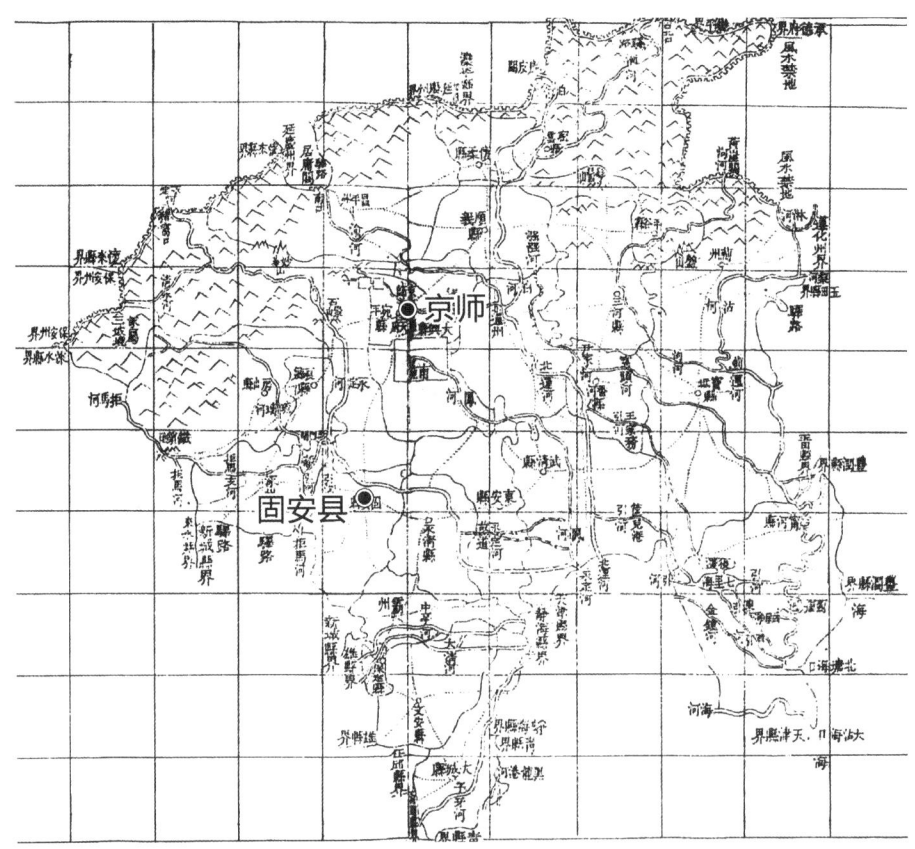

图 8-6　顺天府全图中显示以方城为中心的道路系统示意[7]

明清时期，固安县地处京畿重地，因位于北京、天津、保定三座城市之间，在地理区位上堪称京南第一城。不但因紧靠京师，固安县受到垦荒屯田、兴修水利、发展工商业的政策影响和带动，农业和商业有了进一步的发展，同时借助紧邻通衢要道的便利条件，建立了许多驿站与商铺，并逐渐形成了七条官马大道。发展到清代，固安县已经有三条御道、十二条官马驿道，以及一条巡河大堤的官方堤路。三条御道都是清帝"南幸"的行道，其中还有一条直通南京兵马（图8-8）。[3]

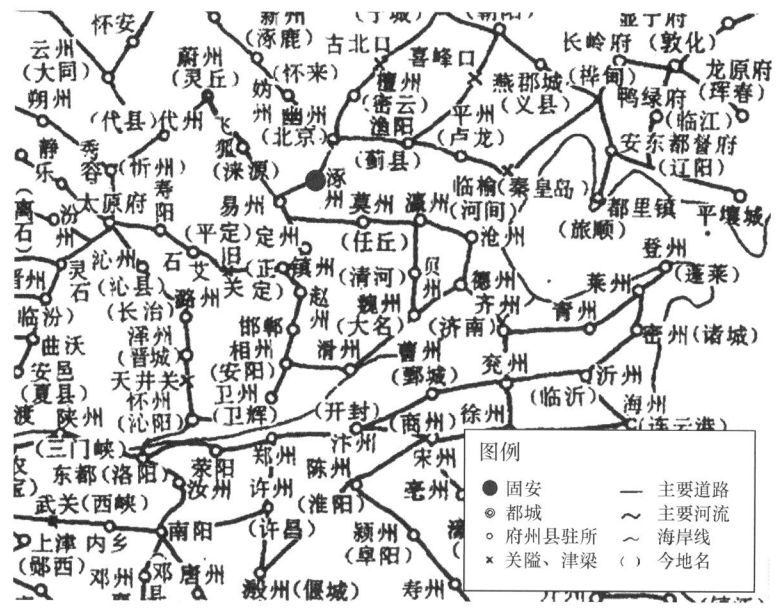

图 8-7　隋唐交通示意[7]

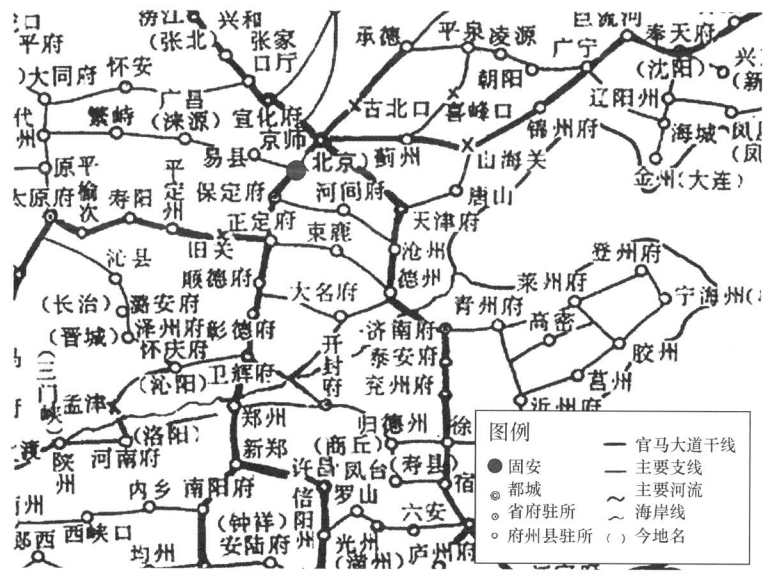

图 8-8　清代交通示意[7]

二、明清时期的城市发展与民俗生活

1. 水患多发，林业发达

永定河是海河水系的最大支流，也是流经北京市境最大的一条河流。它发源于山西省宁武县管涔山，流经北京市境后复入河北地界。永定河在门头沟区三家店出山后，河道坡度陡缓，河水流速骤减，大量砾石和泥沙沉积下来，形成永定河洪积冲积扇。随着永定河主流河道位置和流向的变迁，永定河洪积冲积扇形成了北起清河、南至大清河、西起小清河—白沟河、东至北运河的广阔土地，可以说，永定河是北京地区的母亲河。[8]

固安县的土质排列遵从河流沉积的规律，几乎全是沙质潮土。这样的土壤环境因为保水保肥能力差，土壤养分呈现上少下多的状态，不适合农作物的生长，却有利于柳树、杞柳的种植。因此，固安县的农业主要分为两部分，一部分是中部、南部的农田，另一部分便是位于县域北部、北靠永定河、西傍清河的东西狭长的林地。明宣德九年（1434年），县丞王瑛请邻境民夫万余，助修永定河东岸，北自良乡，南抵霸县，长百余里，上植榆、柳。明嘉靖十八年（1539年），县丞樊景明在护城河内外广植柳树，并遍种杞柳。明代永乐年间，当地的农民已经开始编织柳器。

到了清代，固安县林业进一步发展。清乾隆三十八年（1773年），乾隆皇帝曾诏谕永定河"两岸堤里近河之堤以及软滩之上应多种篮箩柳枝"，旨在防水患，同时丰富的柳木也为固安柳编的发展奠定了基础。永定河道游智开曾对当时柳编盛况描述道："固安为畿内地，数遭河患，田半沙碛，而俗尚勤俭，多编柳器为业，署之西偏柳市在焉，月庙三八日捆载担负者踵相接。"[3]逐渐将柳编发展成产业的固安县，其"城南柳市每越五日贩竖麇集，皆柳器也，筐箩尤工致，日中一哄千万立尽，贫家夫妇多昼夜编织苦资糊口"[9]，为当地百姓提供了生息。当时，"折尽杨柳枝，绾尽杨柳丝，与郎作篮箩，在家常苦饥，离家常苦思，街前卖宣箩，个个圆复圆，门前种杨柳，相见时相怜"[9]，民间编织的柳箱、筐、篮、升、斗、簸箕、笸箩等产品，结实耐用，精美绝伦，远销京、津、苏、奉诸大商埠。到了清末，柳编的种类更是发展到上百种（图8-9）。

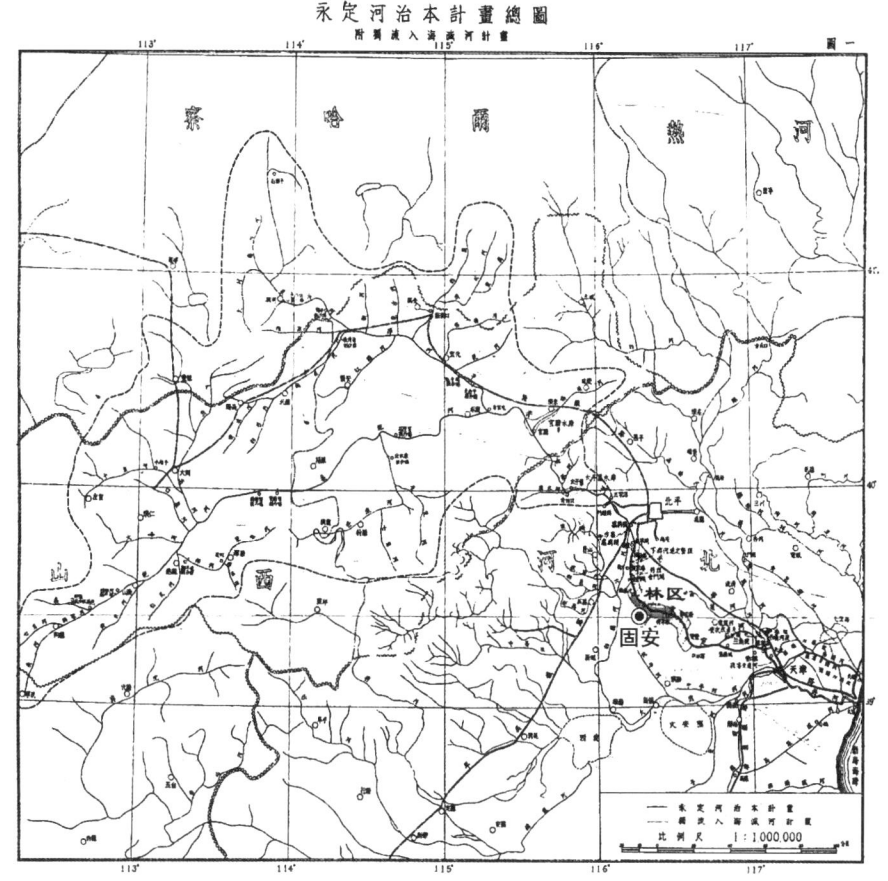

图8-9　固安县林区范围示意[10]

2. 水运便利，商业发达

明清时期，大运河的南北贯通不仅打开了一条航路，更激活了海河水网。其中，用以划分海河南、北系水网的大清河支流——白沟河便流经固安县境内（图8-10）。因白沟河与大清河连通，当时人们也称白沟河为"清河"或"小清河"[11]。随着京杭大运河的繁荣，固安县航运也逐渐兴盛。货物往来上，不仅有大柳、棉花、柳器、花生、豆类、麦子这类农作物，更有金丝蜜枣和固安柳编作为当地特色产品销往外地，货物大多经过清河运往北京、天津。同时，煤油、火柴、茶叶、杂货、布匹、麦粉、瓷器等货物又经此河道由天津输入。[7]

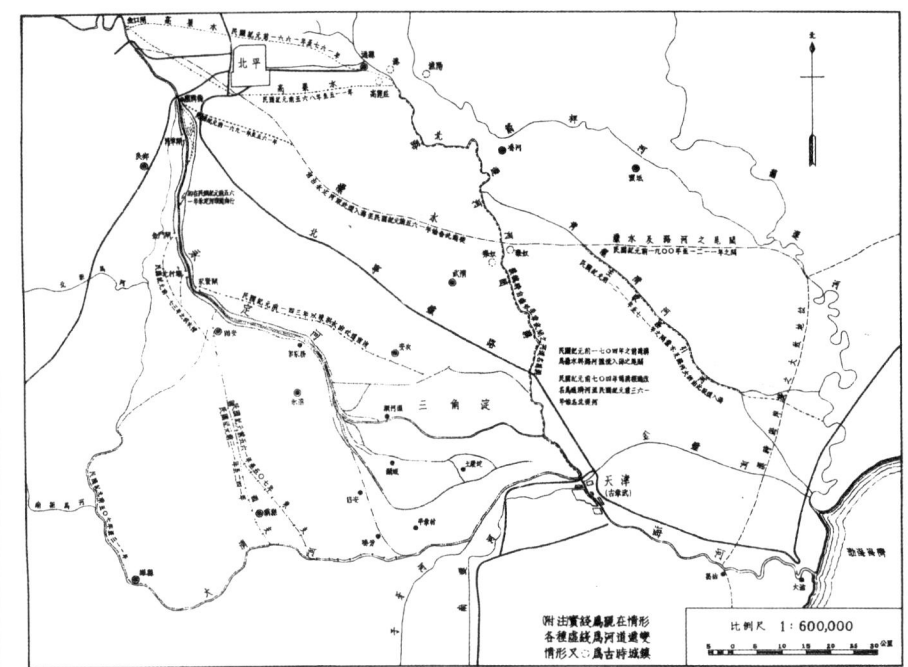

图 8-10 流经固安县的大清河支流——白沟河[12]

商贸往来促使固安县内有多种商业分布，尤以药材、布匹、杂货、粮米为主，各类商铺 360 余家。另据记载，自西汉时期始，固安便有较大的酒类酿造、贩卖规模。清代县内仍有 "烧锅" 酒厂 6 处[1]，还有当铺 8 家（图 8-11、图 8-12）。① 而固安县内当铺较多的原因与清朝实行 "生息银两" 的政策有关。② 在官立金融机构尚未设立之前，当铺以实物抵押的形式向企业或个人发放贷款，高利盘剥，缓解了民众暂时之苦，起到有益作用。观全县 "烧锅" 与当铺分布，除固安县的商业中心——固安镇没有 "烧锅" 外，其余 "烧锅" 位置与当铺的分布完全重合，并包括当地有名的 "南有牛头马面，北有玉带两条" 中的 "牛头马面"——牛驼镇与马庄镇，这 6 镇便是固安县内较为发达的商业中心。

---

① 8 家当铺包括县城、牛驼各 2 处，马庄、宫村、知子营、骆驼湾各 1 处。
② 清朝满族人口遍布京畿，在初期的跑马占圈中，固安大量土地被满人圈占，这些满人多在所圈占的土地上定居。雍正三年（1725 年），朝廷决定在固安试行井田制，首批择固安县官地 200 顷，遣京城八旗无业者耕种，被遣人员几百户，加上清朝前期 "生息银两" 的政策，一同促进了当铺在固安县的开办和发展。

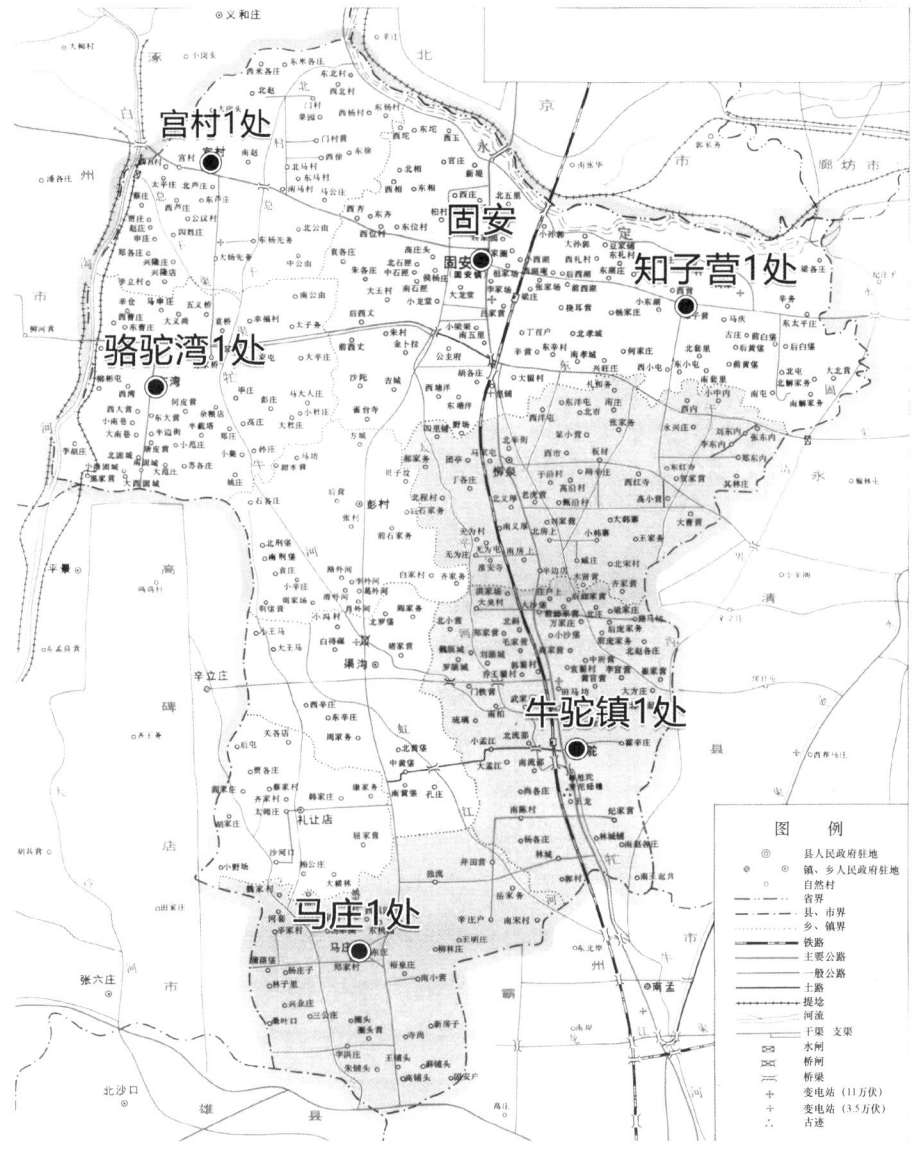

图 8-11 烧锅位置分布示意

3. 南北交融,文化繁荣

明代永乐至嘉靖年间,在固安县屈家营诞生了一种将寺庙音乐、中国古乐和民间音乐相融合的音乐类型——屈家营古音乐。[13] 这是当地最为古老的民间音乐。它具有元明时代北曲古朴粗犷的特征,又兼有婉转清幽的南曲特点,是南北人口流动、音乐交流的产物。

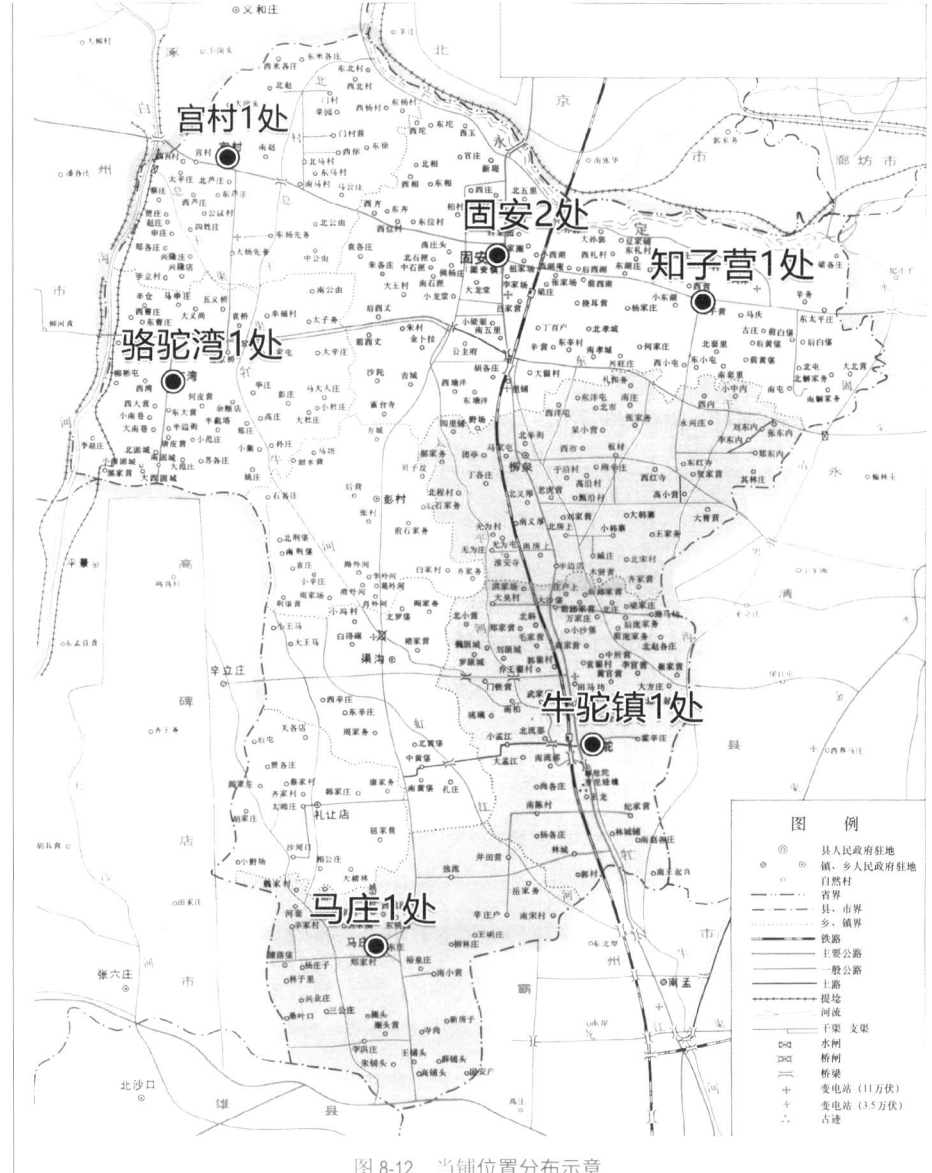

图8-12 当铺位置分布示意

固安县土著居民年代久远，历史上的移民来自四面八方。仅宋、辽、金以来，便有为数众多的契丹、女真和蒙古人移入固安。金天会十一年（1133年），女真族迁来此处与汉人杂居，天德元年（1149年）又迁渤海、辽阳百姓来此，更在之后的二三十年间不断吸引着四方百姓来此生活。元代朝廷定都大都，蒙古军在邻近都城的固安屯兵，耕战结合，使其文化交融更加频繁。在明初的大移民中，山西、山东、河南、蒙古移民甚多。[3] 同时，因为明代初期京杭大运河的开通，南北交汇，民族融合，使得北方文化的博大奔放、京都文化的高雅恢宏与固安县融为一体。

三、固安县城市建设

1. 县城建设

固安县县治在唐代贞观元年（627年）已经建立，本身具有城墙和完整的县治设施。后来几经战乱，于元代倾圮；明正德年间，遭遇刘六、刘七发起的农民起义后，于正德十四年（1519年）复修固安土城，奠定明清固安县城的基本格局。据记载，县城呈长方形，四面城墙居中位置各开一门，东门名曰"宁远"，西门名"丰乐"，南门称"熏门"，北门为"拱极"，门上建城楼。此后明廷又进行多次完善翻修。[①] 清代战乱平息，生活安定，县城的破坏不再来自战争，而是自然灾害。康熙十八年（1679年），固安县发生地震，导致城墙倾圮。康熙三十四年（1695年），天降大雨，城墙被大水冲溃。乾隆四十九年（1784年）清政府拨款，以砖墙重建固安城，城门恢复原貌且沿用旧名。

明代城内街衢分为东、西、南、北四街，交会处称"十字大街"。另有县前街、东新街、北新街、南新街四条次主街。清代固安县城格局建设变化不大，基本沿袭明代。城外有护城河包绕，城内有直通四个城门并交于城市中心的东、西、南、北四条街组成的"十字大街"作为主干道，北大街有"龙章奕世"石坊一座，为县人郭光复于明万历时所建。城内的官府机构主要分布在北侧，县治所与捕厅位于县城的西北角，东侧有儒学，北侧为城隍庙，可以说县城的西北角正是县治政治文化中心所在；县城南侧多为水池，体现运河沿线城市的典型特点，路旁设防守尉署（图8-13）。

自固安建成后，明清两代先后在城内设置了统治机构并修缮和建造过不少祠堂、庙宇、楼阁等古迹，尤以寺庙为多，如西北侧的城隍庙、关侯庙、观音寺，东北侧的长真观、五道庙、马神庙，都反映了固安百姓丰富的民俗生活。

---

① 嘉靖六年（1527年）修护城河，河宽二丈有余；嘉靖二十九年（1550年）再修城墙，于城墙外砌砖层，并将护城河拓宽至三丈余；嘉靖四十四年（1565年）增高城墙；崇祯二年（1629年）增修炮眼，护城河拓至深三丈、宽四丈，并在河两侧各筑高七尺、宽五尺的土围，又在城门前设吊桥。

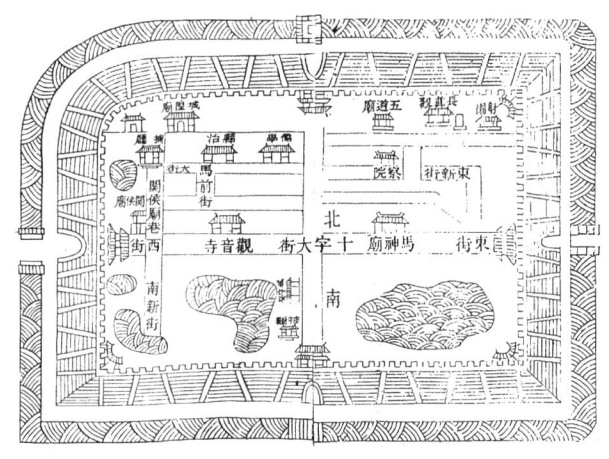

图 8-13 清咸丰固安县城图[1]

2. 著名津渡十里铺

十里铺是固安县治下的一个村子，因位于县治南方，相距十里，故称南十里铺，后衍生为十里铺。明末清初时，县境南北大道为兵防要线，五里设一屯，十里设一铺，在此曾设铺驻兵（图 8-14）。

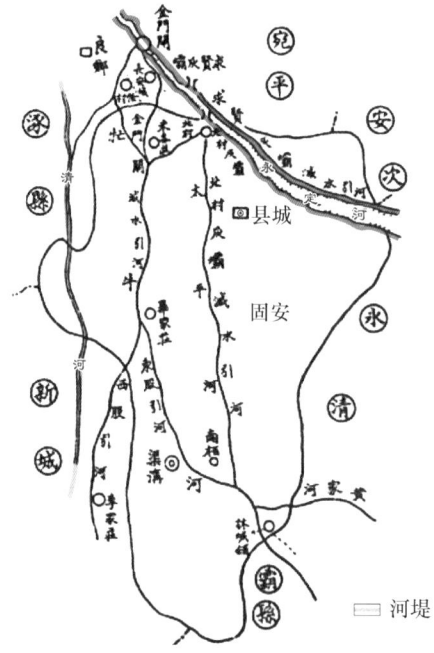

图 8-14 十里铺位置示意[1]

十里铺作为兵防要线上的村镇，也是清代三条御道中连通南京兵马御道上的一个节点。因为固安县北的永定河常年泛滥，虽曾多次修建各种桥梁，连通京师要道，却屡屡被洪水冲毁，最后人们只得选择依靠船渡。因此，往来京师的官兵粮草、驿马行商，都要由十里铺乘船过河，以连通永定河两岸。直至民国时期，十里铺依旧是渡过永定河前往北京的大道，深冀等州赴京营业者多取道于此，为京固省路出界点，交通极为便利。

3. 常年治水，具有完备的治水机构和河堤

永定河常年泛滥成灾，河道迁徙无常。永定河流经北京南部，辽、金、元、明时期始终水患不息，金世宗大定二十年（1180年），永定河开始筑堤设防；明代因河水泛滥，筑堤的工事持续了20余年。清朝以后，朝廷继续对浑河的治理。康熙三十一年（1692年），直隶巡抚郭世隆受命"修筑永清以北浑河故道五十四里，顺流归淀"，"筑固安，永清以北故堤七十二里"[3]。

康熙曾五次巡视固安县，于康熙三十七年（1698年）定名永定河，置永定河南北分司各一，治所位于固安县城。当时康熙见到永定河泛滥成灾，遂下令负责治理水患的直隶总督、巡抚于成龙治理永定河，即将河道从同安县北改道，直达湖淀，于天津入海并加固河堤，疏浚河道，修筑百里长堤，"筑南堤，起自旧河口讫永清郭家务，八十二里有奇"。另据《海河史简编》记载，"1698年修筑卢沟桥至郭家务一段河堤，自此永清以上有了固定河道。自康熙三十七年新开永定河、修筑南北堤，前代旧堤或废或存，皆成古迹"，可见当时对永定河的治理颇有成效，此后永定河40年内水患不生（图8-15），一直到清末，固安县承担着永定河水务的工作。如清光绪三十四年（1908年），永定河道在固安创办河工研究所，专门培养治河人才。

图 8-15　永定河堤照片[14]

结语

固安县经历了从边疆县城到京畿要地的转变，在历史、地理、文化的变迁中不断经受着战争与不同民族文化之间的冲击、融合，兼之永定河常年泛滥，百姓不时面临着生存的困难。然而，固安自周至汉也是燕都近地，交通便利，到了元代以后再次成为与京城一衣带水的重要城市，加之受运河惠及，这里林业发达、商业发达、文化繁荣，作为朝廷治理、百姓汇集之处，展现出与一般性运河城市不同的城市特色。

参考文献

[1] 王尚义，等.固安县志[M].钟仲仁，等修.铅印本.
[2] 谭其骧.中国历史地图集 第一册：原始社会图组、夏、商、西周图组[M].北京：中国地图出版社，1982.
[3] 赵复兴.固安县志[M].北京：中国人事出版社，1998.
[4] 李诚.北京历史舆图集：第一卷[M].北京：外文出版社，2005.
[5] 戴均良.中国古今地名大词典[M].上海，上海辞书出版社，2005.
[6] 黄彭年，等.畿辅通志第四十六卷[M].李鸿章，修.刻本.
[7] 中国公路交通史编审委员会.中国古代道路交通史[M].北京：人民交通出版社，1994.
[8] 张妙弟.中国国家地理百科全书[M].北京：北京联合出版公司，2016.
[9] 中国人民政治协商会议河北省委员会文史资料委员会.河北文史资料：第 26 辑[M].北京：中国文史出版社，1988.
[10] 华北水利委员会.永定河治本计划附图[Z].天津：华北水利委员会，1933：18.
[11] 陈隆文.明清卫河与京杭大运河[J].中原文化研究，2018，6（02）：113-120.
[12] 李冠南.北京历史舆图集：第四卷[M].北京：外文出版社，2005.
[13] 彭卫国.河北省非物质文化遗产项目价值与存续环境研究[M].河北：河北美术出版社，2015.
[14] 裴利计.永定河生态建设与文化构建[D].邯郸：河北工程大学，2012.

第九章

宋辽边境要地——永清县

永清县位于河北省中部，隶属于河北省廊坊市。永清县最早记载可追溯到商代，经历隋代建通泽县，唐代设立武隆县，于唐天宝元年（742年）改名为"永清县"。隋唐时期大运河永济渠段经过该县，虽永济渠因距永定河太近，经常被永定河淤埋或被抢占河道，在金代改道，但运河对永清县的影响十分深远。宋辽交战时期，永清属于边防要地，宋代为巩固领地，在边防一带设置地下和水上双重防御系统，这使得永清县这座应运而生的城市在后期发展过程中不仅体现大运河沿运城市的特点，还承载着浓厚的军事防御特征。

一、隋唐大运河催生永清县

流经永清县的隋唐大运河,东起隋代东都洛阳,分别向南北延伸,共分为四个部分。[1]其中,向南方向的有三段,分别是通济渠、邗沟、江南运河;向北是永济渠,经过永清县的就是永济渠(图9-1)。

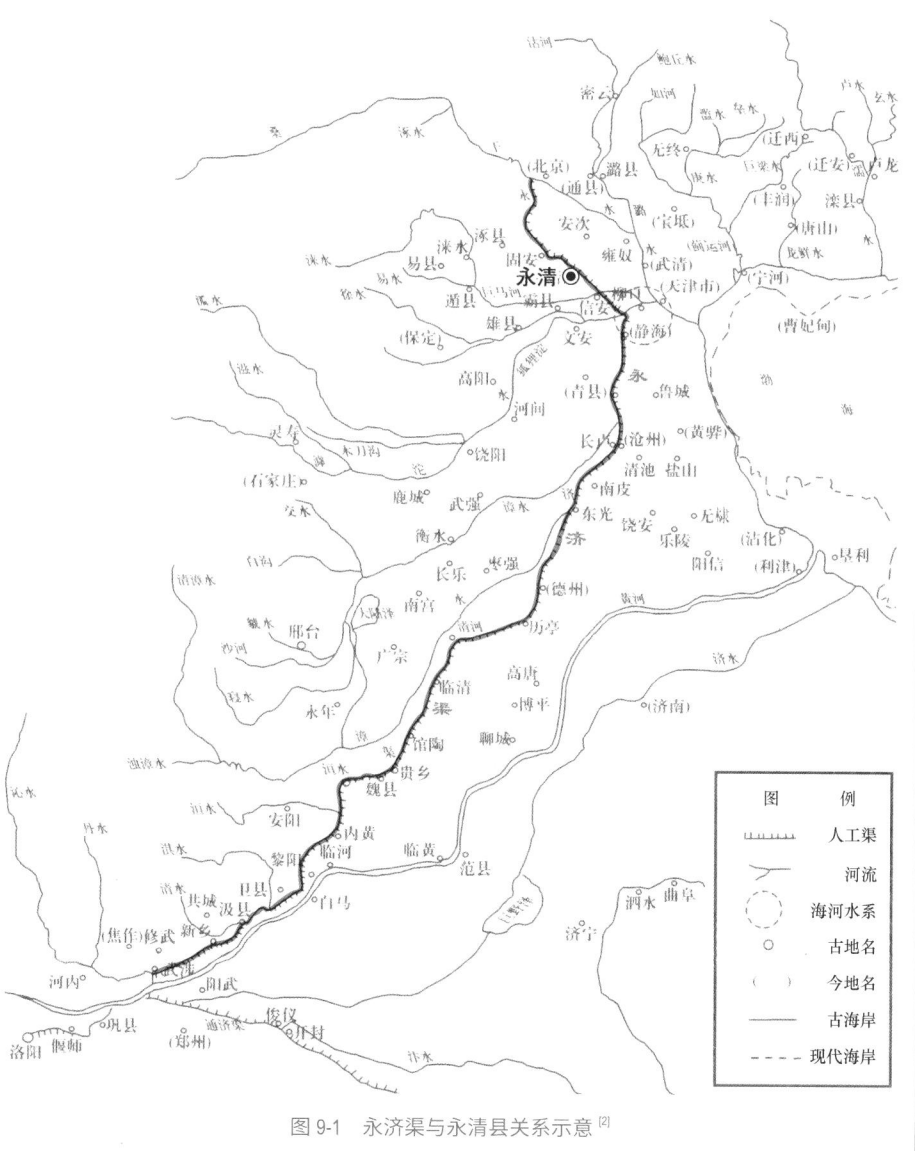

图 9-1 永济渠与永清县关系示意[2]

为方便朝廷对运河的管理，开凿运河后，隋炀帝在永济渠的最北段新增丰利（文安县）、通泽（永清县）两县（图9-2）。这是永清第一次成县，而在《顺天府志》关于永清县"河渠"部分则记载道"通辽渠在县西北五里通泽村发源，至县西南流入霸州淀泊，每水溢时，则北流与桑干合而东注"[3]，同时《太平寰宇记》中也明确指出"永济河自霸州永清县界来"[4]，这些都表明通泽县（永清县）是永济渠人工河道的终点，再往北则借道于桑干河进入北京区域（图9-3）。隋朝灭亡以后，通泽县被废除，唐如意元年（692年）设置武隆县，景云元年（710年）改名惠昌县，天宝元年（742年）取"沙漠永清"之意，改惠昌县为永清县，其名沿用至今。[5]

隋唐大运河流经永清的时间段内，对永清产生了很大的影响，主要表现在两方面。一是交通方面，沿河道很容易形成陆路通道，在明清时期曾经是官道、驿道，就是现在的永信公路。二是商业方面，运河带来了商业的契机，隋唐大运河流经的村子，像信安、渠头等的人们都有经商的传统，这得益于大运河的影响。

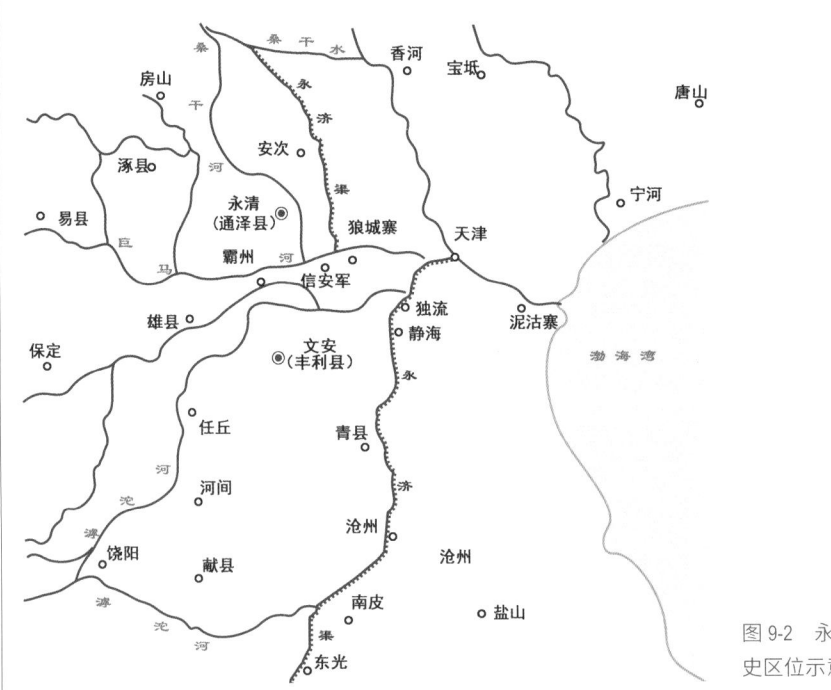

图9-2 永清县历史区位示意[5]

南路廳　駐黃村

霸　州　三百六十村至京三百四十五里，東安六十里至新城九十里至文安八十里至永清八十里至保定縣二千里至固安八十里

保定縣　三十六村至京二百里至文安四十里至雄縣五里至新城四十里

文安縣　一百六十六村至京二百四十里至大城六十里至雄縣九十里至任邱八十里

大城縣　一百三村至京三百四十里至靜海九十里至河間一百二十里至青縣四十里至任邱九十里

固安縣　二百四十村至京一百二十里至永清四十五里至涿州六十里至新城二十里

永清縣　二百五十六村至京一百五十里至東安五十里

東安縣　二百六十村至京一百五十里至武清海一百二十里至武清六十里

图 9-3　永清县历史区位示意[6]

二、因水而兴的城镇：永定河上从狼城寨到里澜城

里澜城位于永清县的东南角，该村建于明永乐年间。宋辽时期，这里是宋辽边界上的狼城寨（图9-4）。《永清县志》记载："宋太平兴国六年（981年），筑狼城寨，驻兵戍守。"[7]《大清一统志》记载："狼城寨。在信安军东三十里，六寨之四，一名安澜城。有里外二城，相距五里，外城属霸县，里城属永清。"[8]

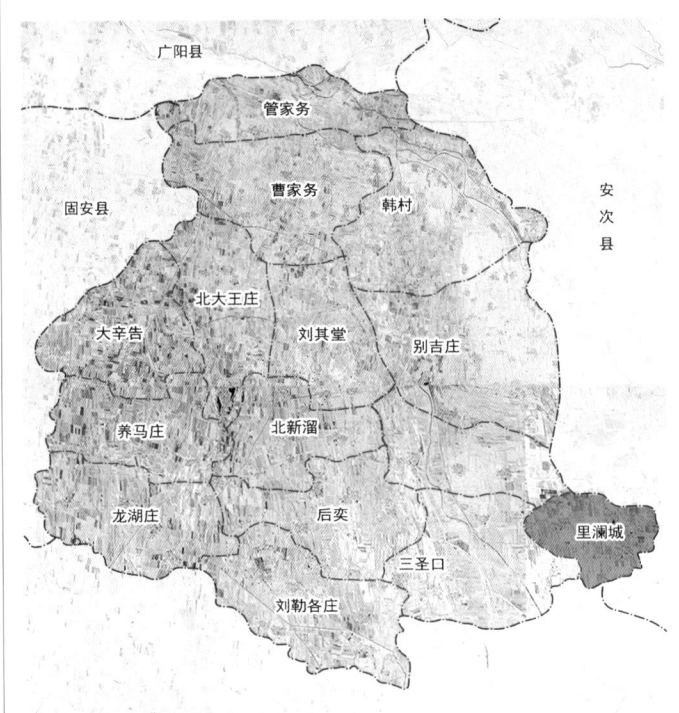

图9-4 里澜城位置图[9]

从永清域内流过的无定河（永定河），汇入狼城河，再由狼城河到达天津入海。当时人们认为无定河这个名字不吉利，康熙年间，取"安澜永固"之意，无定河被皇帝改名为永定河，狼城改名为安澜城，为与安次县外澜城区别改名为里澜城。[10]

里澜城和外澜城之间穿过的就是狼城河。据史料记载，它发源于霸州市信安镇，经里澜城与外澜城之间，进入东安县，最后归入三角淀。宋辽时期，狼城河

曾经发挥过宋辽界河的作用,"里外狼城一界河,天光月色漾清波"[11],说的就是狼城河作为界河时的情景。宋辽之后,狼城失去了界河的作用,但后人经过此河时,常发怀古之忧叹,于是便有了安次古八景之一的"狼城秋月"。

据记载,"狼城秋月"之所以广为流传,源于河上一个奇特的自然景观。"泾渭分明"本意是说泾河和渭河交汇时,由于含沙量不同,出现一清一浊,清水浊水同流一河但互不相融的独特景观[12],这一景观也出现在狼城河上。《东安县志》上这样记述:"其水自浑河来者,行北岸,其流浊。自边家河来者,行南岸,其流清。一河而清浊各从其源,不相溷也。秋夜月色清明,则此河光华皎洁,如濯魄冰壶。"[13] 狼城河承受永定河和边家河两河的水,因两条河含沙量不同,出现泾渭分明的现象,这一现象使"狼城秋月"声名远播。

三、永清古城：兼具沿运和防御的双重特性

永清旧县城城周三里，因旷日长久逐渐倾塌，明正德五年（1510年）知县郭名世开始开拓土城。康熙十五年（1676年）大雨导致城墙坍塌数处，朝廷修补加固，濠池沿城周三千六百步。乾隆十三年（1748年）天津道王师捐修永清城池。[12] 虽与运河距离较远，永清县城在城市建设上仍具备京畿地区运河沿线城市的典型特点，同时作为宋辽边境上的城市，在城市营建上又具备一定的防御属性。

1. 遵循古制的沿运城市

永清县城城池略呈不规则矩形。城开四门，四条城市主路，因南、北大门，东、西大门均不在一个轴线上设置，导致道路交错平行布置，使城内道路呈网格状。作为城内最高管理机构，衙署位于四条主路相交的核心位置（十字大街），文庙、关帝庙、城隍庙等重要庙宇分散布置在主要道路两侧。因与运河河道距离较远，城池规模相对较大，在城内四周设置一定规模的农田耕作。同时为方便用水，结合农田设置水池（海子），设多个水井，如八角双井、北城根小井等，方便灌溉取水（图9-5、图9-6）。

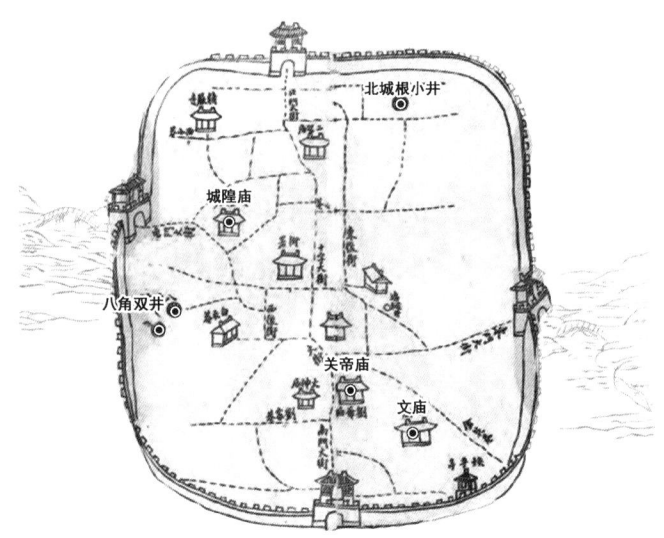

图9-5 城内主要建筑、水井分布示意[14]

图 9-6 城内农田、海子分布示意

2. 城池营造体现防御性能

我国古代城池城门一般是相对的，道路都是通直的，但是由于军事防御的需要，有些城池出现了"城门不相对，道路不直通"的现象。永清古城城池东、西、南、北四门均不对称，城内核心十字道路均平行交错布置，互不直通（图 9-7）。

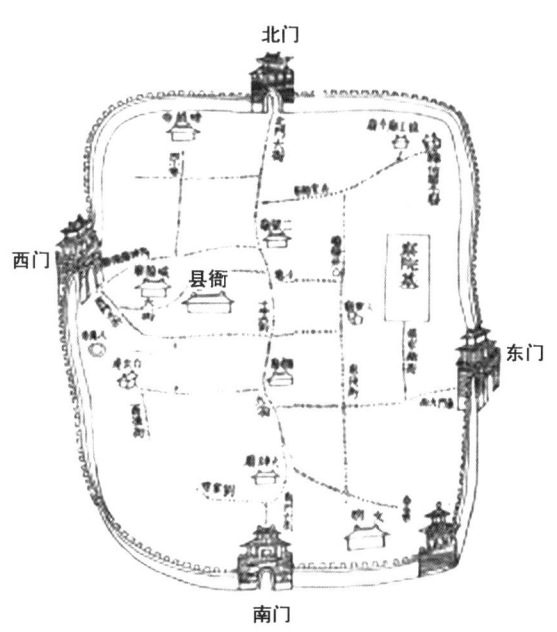

图 9-7 城门、县衙、路网示意[14]

四、扼守边境：宋辽时期永清境内的军事防卫措施

宋辽时期，战争不断。各方统治者为捍卫领土，在边疆区域加强防守。永清地处宋辽交界处，北宋为稳定疆域，在武清增设多种军事防卫措施，也留下了丰富的文化遗产（图9-8）。据统计，永清县共计有386个行政村，而在村名中体现与宋辽文化有关的多达48处（表9-1）。[15]

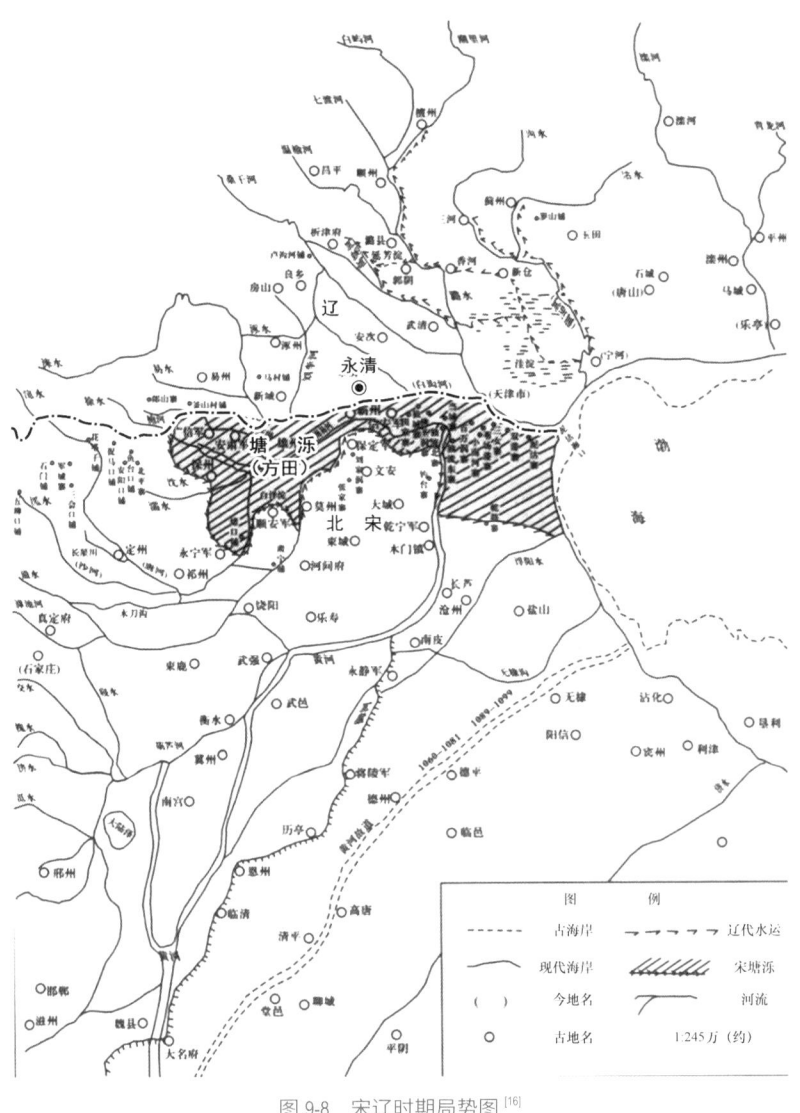

图9-8 宋辽时期局势图[16]

表 9-1 宋辽文化相关的村庄名称分类表[16]

分类	体现兵营历史的村名	体现古战场村名	体现古河流村名	体现仓储村名	体现古建筑村名
名称	韩村镇西营、韩村镇东营、韩村镇杨家营村、曹家务南胡其营、曹家务北胡其营、曹家务谭其营、养马庄乡大子营、养马庄乡杨官营	韩村镇大站、别吉庄镇小站	里澜城镇、管家务镇南北陈村	龙虎庄乡仓上、管家务镇北仓上、曹家务南戈奕、曹家务北戈奕、龙虎庄乡绳高营	大辛告老君堂、养马庄乡相亭、北辛溜乡塔儿营

1. 神秘的"地下长城"古战道

永清县在宋辽时期地处交界处，属边关地带，战事频发。在地理条件上，永清县处于平原地区，在战场上条件不利于制胜，但宋在此却能取得胜利，这与当时修建地下战道有着密切的关系。永清地下古战道涉及 6 个乡镇，以永清县南关作为起点，分两条主线分别向信安和霸州两个方向延伸，分布面积达 300 多平方公里（图 9-9）。宋辽交战时，两军驻扎地很近，宋军没有条件隐蔽，于是修地下工程。为此，宋代朝廷一边在地上修建新房，一边在地下暗修战道。半年时间内，修筑完成，远看是一片新房，实际上里面藏有数千精兵。宋辽交战时期，古战道是连接前线战场和后方的重要枢纽。

地下古战道在军事上有三个用途：一是藏兵；二是传递信息；三是监测敌情。建造古战道的材料选用的是规模和质量基本相同的青砖，纵向呈立体式分布，战道排布精密，在一个地道群甚至在一个洞体内也会分深、中、浅三层，最浅的地方距离地面一米，最深处距地面四五米，并且地道与路面上的商店、古庙等各种建筑相通。战道内部构造错综复杂、巧妙独特。战道内，较大的空间是宋军藏兵洞，内有通气孔、放灯台、蓄水缸、土炕等生活设施。除大空间的藏兵洞外，古战道内大部分为狭窄、曲折的通道，还有一些迷魂洞、闸门等军事设施。狭小的空间使得习惯于视野开阔作战的辽兵，一旦进入战道中，身体和思维都会受到限制，容易迷失方向。[17]

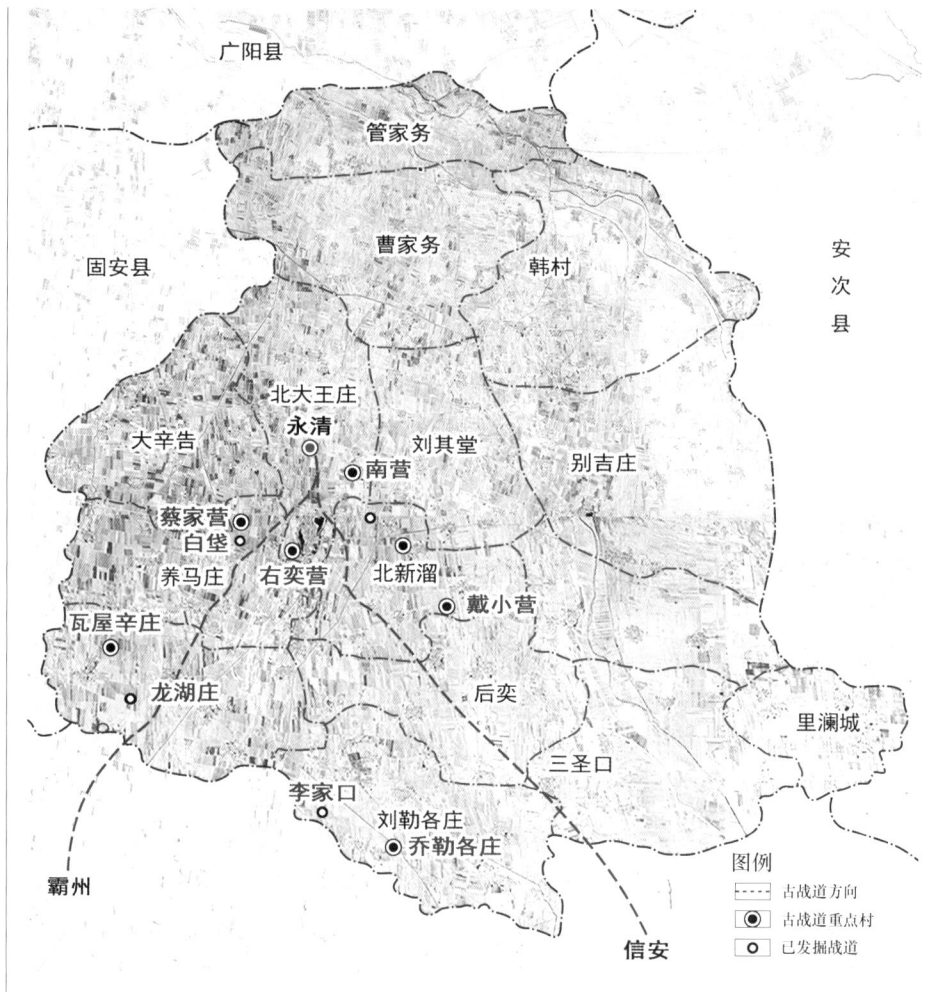

图 9-9 永清地下古战道示意

2. 北宋防御的"水长城"

长城是中原地区汉民族政权的一道屏障,阻挡着北方游牧民族的侵扰。历代都有修建长城的记录,唯独宋朝没有。宋代末年,为防止辽骑南侵,修建了一条"水长城"。澶渊之盟①以后,宋辽在冀中一带长期对峙,宋朝为保护边疆,利用河川沼泽,制造方田②,阻挡辽军骑兵南下。这些水塘水深两米到三米,使"船因水浅而不能行,人因水深而不能涉",最终建成从保定到沧州长约八百多里的"水长城"(图 9-10)。[18] 建成后,以水为防,减少辽军通行区域,使其活动受到限制。

---

① 北宋和辽朝,在经过 25 年的战争后缔结的盟约。
② 方田:注满水的田,形状方正。

同时，"水长城"也带来了经济上的好处，数百里地浇上水成为稻田，天旱时可以浇地，雨水多时可以蓄水。

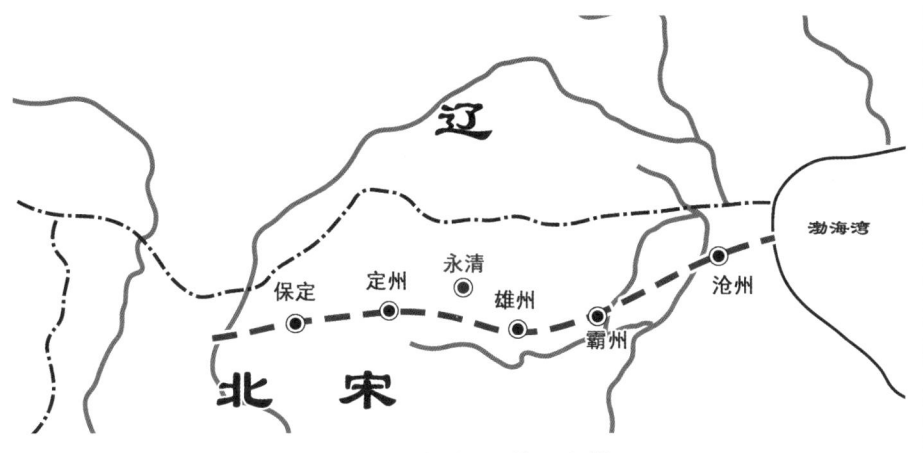

图 9-10　北宋"水长城"示意[19]

结语

永清县因隋唐大运河建县，后虽运河改道，但永清县因位于宋辽边境上，城市发展逐渐具有了防御性质，并在城市建设中出现了地下战道和方田等防御设施。可见，虽未与运河毗邻，但永清县也因其特殊的地理位置呈现鲜明的城市营建策略。

参考文献

[1]　董莉莉，陈树淑. 周流天下：中国传统交通文化 [M]. 济南：山东大学出版社，2017.
[2]　天津规划局和国土资源局. 天津城市历史地图集 [M]. 天津：天津古籍出版社，2004.
[3]　张秉政. 运河·中国·隋唐大运河历史文化考察 上 [M]. 北京：北京时代华文书局，2019.
[4]　于德源. 北京隋唐五代历史资料汇编 [M]. 北京：北京燕山出版社，2016.
[5]　陈桥驿. 中国运河开发史 [M]. 北京：中华书局，2008.
[6]　徐志导. 直隶全省舆地全图 [M] 石印本. 1904
[7]　中国水利水电科学研究院水利史研究室. 再续行水金鉴·永定河卷 [M]. 武汉：湖北人民出版社，2004.
[8]　王彤伟. 趣学成语 [M]. 成都：四川辞书出版社，2018.
[9]　永清县志办公室. 永清县志 [M]. 石家庄：河北人民出版社，2000.
[10]　毛世卿，邓锡爵. 东安县志. 吴德润，修. 刻本.
[11]　苏靖懿. 中国民间故事丛书 河北廊坊 广阳卷 [M]. 北京：知识产权出版社，2016.
[12]　王彤伟. 趣学成语 [M]. 成都：四川辞书出版社，2018.
[13]　乔寓.[康熙] 永清县志 [Z]. 刻本.
[14]　上海书店出版社. 中国地方志集成 河北府县志辑 27 民国香河县志 乾隆永清县志 光绪续永

清县志 [M]. 上海：上海书店出版社，2006.

[15] 宋景云. 永清县土地志 [M]. 北京：中国大地出版社，2001.

[16] 天津市规划和国土资源局. 天津城市历史地图集 [M]. 天津：天津古籍出版社，2004.

[17] 程国政，路秉杰. 中国古代建筑文献集要 宋辽金元 下 修订本 [M]. 上海：同济大学出版社，2016.

[18] 岳麟. 中国古代的水利和交通 [M]. 太原：山西教育出版社，1990.

[19] 历史地图集编辑组. 中国历史地图集 [M]. 上海：中华地图学社，1975.

第十章
畿辅屯田城市——静海县

以农业立国为经济前提建立起来的中国封建社会,城市产生与发展主要受到政治因素的影响。[1] 静海县位于天津西南,因长期远离政治中心,经济落后,受天津城市发展较晚影响,静海以及天津内规模性的聚落至北宋时期尚未形成。[2] 直至政治中心北移,因军事政治地位的上升和漕运繁荣,天津一带逐渐成为南北交通的漕运咽喉、拱卫京师的京南门户、畿辅地区的大型门户城市、北方重要的商业中心。在此背景下,作为卫所屯田区域的静海县,村镇发展呈现鲜明的规律特征。

一、天津设卫前的转运城市——静海

1. 因通渠而发展的转运城市

静海位于天津西南,明代设卫前,天津是由河间府静海县、顺天府通州及蓟州共同构成的。静海县疆域为天津南运河以南地区,杨柳青、大小直沽、咸水沽、丁字沽军粮城等曾经俱为静海下辖区域(图 10-1)。[3] 因此,静海与天津在空间上相互交织,二者的发展具有一致性。

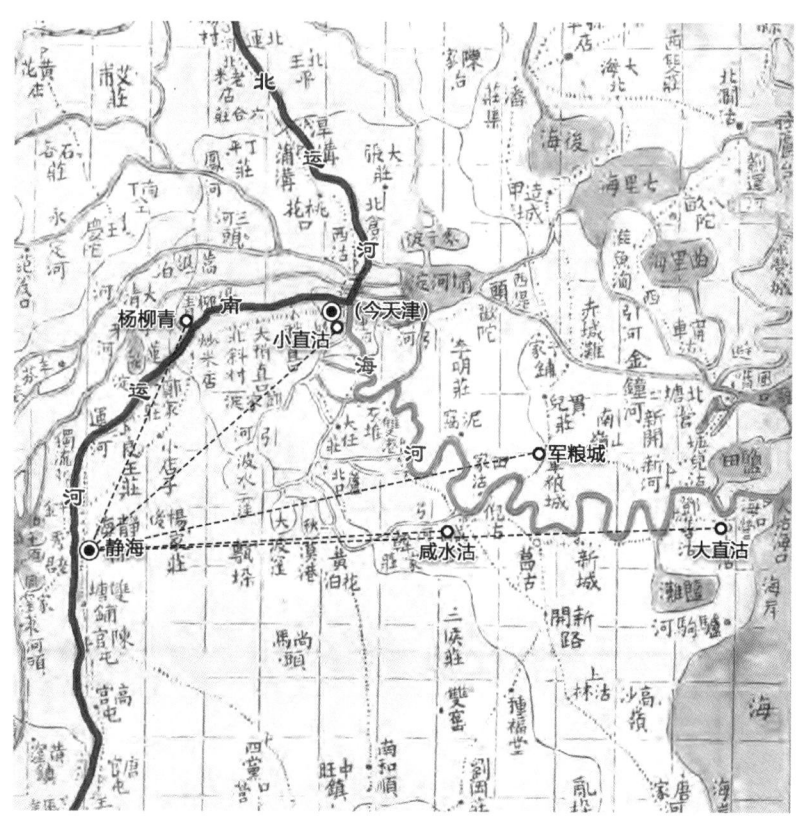

图 10-1 天津设卫前的静海 [4]

明代以前,静海作为粮草军械水运路线上的重要节点、宋辽对峙的边界地区,军事地位极为重要,是保证军需的重要转运城市。东汉时期,曹操在今静海附近开凿平虏渠、泉州渠等，使海河平原上的水系彼此联系，分流入海。隋代在其基础上开凿通济渠与永济渠，沟通了海河与黄河、淮河、长江水系，为天津发达的水运交通系统，以及天津城市的诞生奠定了重要基础。唐代为增强对北方少数民族的防御，朝廷设重兵把守，为保证北方军需供应，静海军粮城成为南粮北运过程中重要的运输、仓储中转地，军粮城作为临时性的军事屯粮城市，虽未发展成大规模稳定的聚落，却揭开了天津城市发展的序幕。[5]自此静海作为运河沿岸转运型城市开始发展。

北宋因宋辽对峙，以海河、大清河为界划分势力范围，统治者沿河设置了16个据点①，天津一带作为前沿阵地，其境内有9个军寨，保障安全、防御辽兵的同时当地的漕运与城市发展受到阻碍（图10-2）。[6]

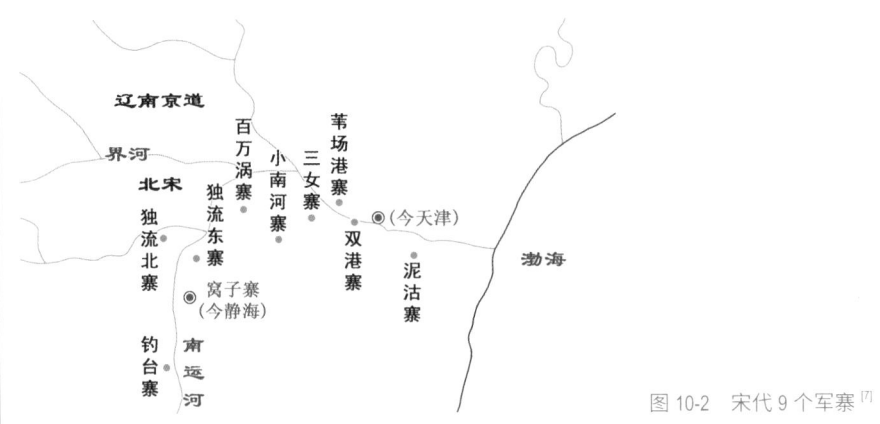

图10-2 宋代9个军寨[7]

2. 因京畿而发展的转运城市

金中都的营建，标志着政治中心转移和北京都城历史的正式开始，天津特殊的地理位置优势逐渐展现。据记载，金在三岔河口设通往金中都的军事和漕运枢纽——直沽寨，在此基础上，静海快速发展。元代开放海漕，处于南北运河与海河交汇处的三岔口成为了河漕和海漕的必经之处，静海漕运发展到达高峰。优越的地理位置使得海漕终点的直沽成为了重要的漕运转运枢纽，加上天津临近渤海，境内分布多个盐场，盐业的发展带来了商品交易的繁荣。综合因素吸引下，大量商人聚集于此，人口迅速增加，经济得到进一步发展，直沽战略地位进一步凸显，

---

① 《宋史·列传》："自海河至泥姑海口，屈曲九百余里，此天险也。太宗置寨一十六，铺百二十五，廷臣十一人，戍卒三千余，部舟百艘，往来巡警，以屏奸诈。"

因此统治者在直沽设海津镇这一军事建置，意味着元代的静海已发展成漕运转运中心与军事重镇（图 10-3）。

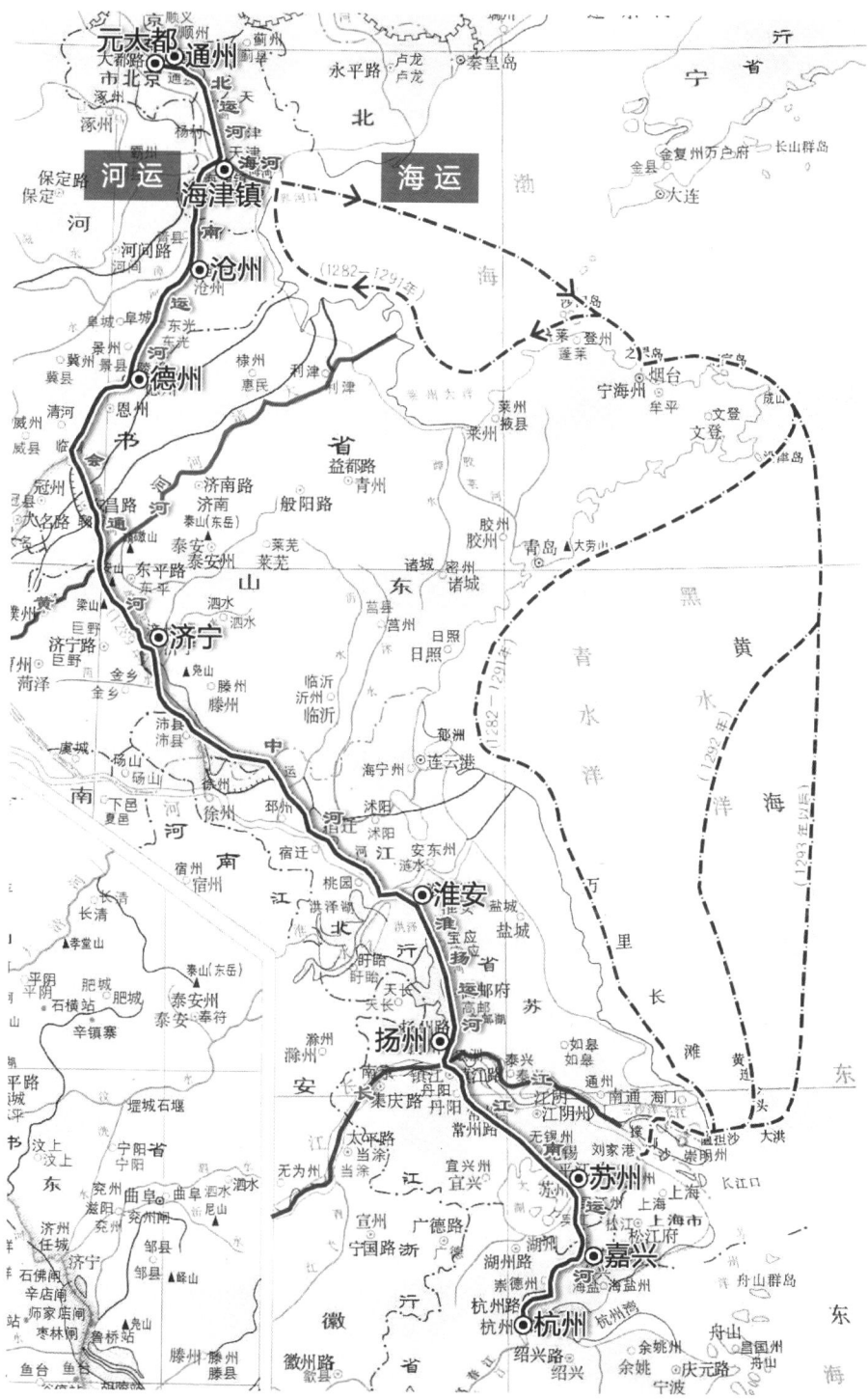

图 10-3　元代作为河运海运转运枢纽与军事重镇的海津镇[8]

二、天津设卫后的屯田城市——静海

选择静海屯田,一方面是源于历史惯性。隋代开凿大运河后,静海人民便利用河水开始发展农业与灌溉。北宋以界河为界,形成宋辽对峙局面,依托河流自然天险在今静海镇设置窝子寨以御辽军,后因黄河改道,界河水势变化,沿河寨铺等军事据点失去军事防御作用,驻军在此开始开荒屯田,兼管民事。明代,静海利用运河水系灌溉之便大规模实行军屯与民屯,由此带来了大量的人口,并推动了城市发展。另一方面,明卫所制度的建立是静海发展成为屯田城市最重要的原因。

1. 包含屯田制度的卫所制度

明代卫所制度缘起于汉唐"兵农合一"思想,沿袭于元代的军户世袭制度。元代亲军以"卫"为编制,蒙古军以十户、百户、千户十进位编制作为基本的军事单位。在此基础上,明初实行了行政系统与军事系统并行的疆土管理体制,在位置分布上,两大系统相互交织,而在管理上,二者相互独立、互不干涉(图10-4)。[9]

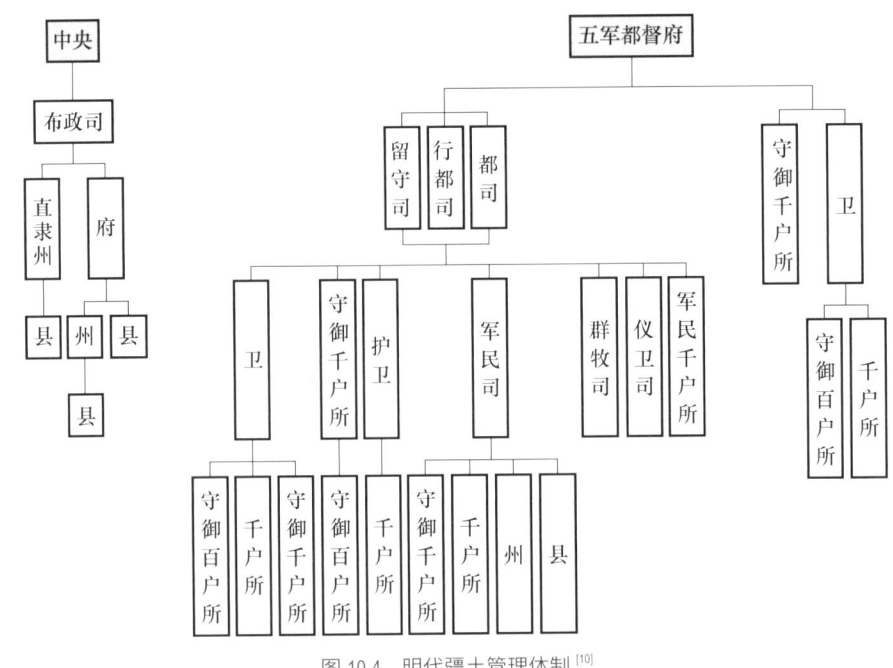

图10-4 明代疆土管理体制[10]

职能上，卫所主要承担着戍守和屯田两大任务。明代卫所根据地理位置可分为在内卫所与在外卫所。[①] 明初经济凋敝，伴随大量屯兵戍守而产生的军需补给问题，若以民养兵无疑是让百姓雪上加霜。而"寓兵于农"设置军事屯田，战时练兵，闲时屯田，不仅可以解决军队内部的粮饷问题，保证军队战斗力，而且避免了将重负转嫁于民，有助于经济恢复和社会稳定。

至明中期，实行招募兵制，从而以世袭旗军为核心的卫所军事职能受到冲击，卫所制度的军事职能逐渐衰落，但作为地理单位的卫所编制、军户管理、军饷供应等得到了延续[11]。清代沿袭明代卫所制度，但其军事性质遭到极大削弱，转而走向民化，成为了与行政系统府州县类似的管理制度。清顺治十五年（1658年），统治者出于削弱民间汉族武装力量的政治需要，逐渐废除卫所制度。

2. "戍、漕、屯"——天津卫的三大职能

因北京成为政治中心，静海凭借"海运舟舶往来之冲"的漕运地位、盐业发达的经济地位、海防要地与京畿门户的军事地位，受到高度重视，明代在天津设天津三卫[②③]，管辖南运河以南至德州以东地区，具体职能包括建城守城、都护漕运、耕种屯田。天津卫的设立标志着静海县实现了从军事转运城市到屯田城市的转型。

建城守城是卫所的根本任务。天津卫城城池为长方形，城市中心的南北大街呈现出明显的轴线布局手法，城中行政功能建筑集中分布在城北，功能分区明确，体现着传统礼制思想的延续。作为沿海卫所的天津卫位于南门里西侧，天津右卫署位于北门西三皇庙前，天津左卫署位于东门里大街北侧，文庙以西，仓廒以东。[12] 此外明中期因抗倭，将许多重要官署移至天津卫城，如负责漕粮储运与税收的户部分司、凌驾于三卫之上的按察司副使、管理盐业的长芦都转盐运使司沧州与青州两个分司等，商贾显贵、文人墨客也随之涌入天津，巨大的人流、物

---

① 在内卫所，即负责京师的防御；在外卫所，包括沿边卫所、沿海卫所、内地卫所，负责地方防御。
② 《天津县治》卷三，19页："天津卫、天津右卫、天津左卫，俱在静海县小直沽，永乐二年筑城，三年调天津卫和天津左卫，四年复调天津右卫以守备。"
③ 《明太宗实录》卷三十六，628页："设天津卫。上以直沽海运商舶往来之冲，宜设军卫，且海口田土膏腴，命调缘海诸卫军士屯守。"

流、资金流迅速推动了天津的城市繁荣。清承明制，漕运进一步发展，天津形成了以港口为中心的商业区和城市经济活动中心（图10-5）。

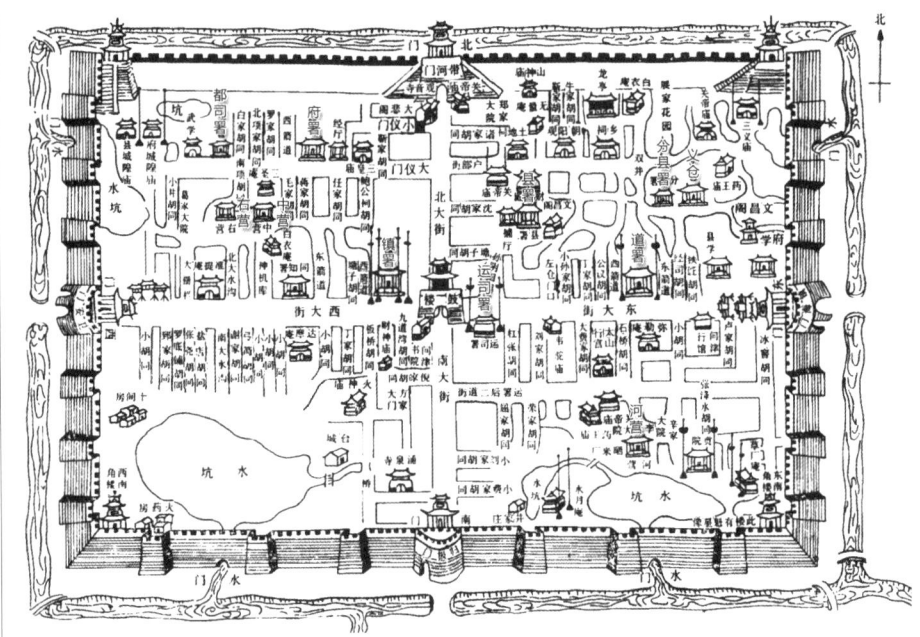

图10-5　清代天津城内行政机构分布图[13]

作为河运与海运发达的城市，天津三卫还承担着督护漕运、修筑仓廒的责任，天津早在元代便因直沽港在河西务建14个仓，沿河建17个仓（图10-6、图10-7）。[14] 明永乐初，北方因军备不足，亟须南粮北运，天津作为转运漕粮的重要节点，承接来自淮仓与太仓的漕粮，与承接山东的德州仓共同将所得漕粮运往北京。永乐四年（1406年）存粮百万石，在尹儿湾建百万仓，同时派万兵戍守。① 永乐十三年（1415年）罢海运后依靠内河运粮，宣德年间，自南方转运去往京通仓的漕粮有700余万石因短时间内难以运抵而积于天津，天津三卫遂于天津道衙门西增建三仓用以储粮。②

---

① 《明史纪事本末》卷二十四《河漕转运》："永乐初，北京军储不足，以瑄充总兵，帅舟师海运，岁米百万石。建百万仓于直沽尹儿湾。城天津卫，籍兵万人戍守。"
② 《新校天津卫志》卷一《建置》："天津卫大运仓六廒计三十间……天津左卫大盈仓九廒计四十五间……天津右卫广备仓七廒计三十五间。"

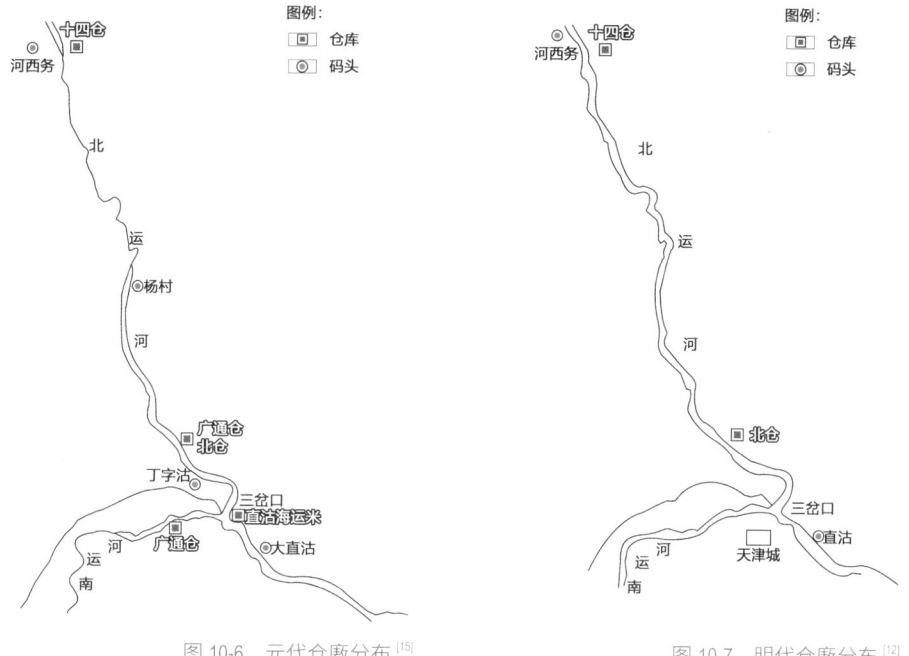

图 10-6 元代仓廒分布[15]　　　　图 10-7 明代仓廒分布[12]

耕种屯田也是天津三卫士兵的重要职责。天津卫所与行政系统相对独立，卫所虽无行政权，却拥有土地（城堡、屯田）、人口（军士及其家属）、政务（军政、屯政）。[16] 据《明世宗实录》载，天津三卫屯田面积约为 1000 余顷（约为 100000 亩），弘治时期增五倍①[17]，屯田及屯粮的增加对于保障军需、促进农业发展具有重要意义。嘉靖时期天津三卫屯田面积虽下降至约 89127 亩，但同河间府的其他卫所相比，天津三卫在屯田与粮食产出中占据极其重要的地位（表 10-1）。

表 10-1　明代时期河间府卫所屯田情况对比[18]

卫所	嘉靖时期屯田面积与产量	万历时期屯田面积与产量
河间卫	屯田地 12500 亩，粮 1265 石	屯田地 12683 亩，粮 1634 石
沈阳中卫	屯田地 10266 亩，粮 1231 石	屯田地 10550 亩，粮 1266 石
大同中屯卫	屯田地 4600 亩，粮 552 石	屯田地 4655 亩，粮 559 石
天津卫	屯田地 39157 亩，粮 4293 石	屯田地 38990 亩，粮 4456 石
天津左卫	屯田地 32666 亩，粮 3697 石	屯田地 27486 亩，粮 3079 石
天津右卫	屯田地 17304 亩，粮 3166 石	屯田地 27711 亩，粮 3517 石

---

① 《明世宗实录》卷四十三，页 1109："巡抚都御史刘麟言天津三卫新增地亩多舄卤硗确不足以辨子粒请皆罢免户部言屯田旧额仅千余顷弘治中虽增五倍而所减子粒视旧亦三之二势不得尽蠲请下抚按及兵备副使验实奏处从之。"

明代卫所管理下的天津，完成了城池的修筑从而初具城市规模，改善了漕粮、盐业、仓储的条件，促进了经济发展。屯田开垦保障农业与生产恢复的同时，为城市的繁荣奠定基础。因卫所治理与重要的地理条件，天津的行政等级与管理范围不断提高。雍正三年（1725年），天津卫被改为天津州，又升级为直隶州，负责管理武清、青县、静海3处。六年后，再次升级为天津府，管辖范围扩大到了1州6县。① 康熙时期，河西务的税收衙门"抄关""长芦巡盐御史"衙门、"长芦盐运使司"，均被移至城内，清朝还在天津派总兵，建立水师，可见天津成为守卫国都最重要的城市。[19] 清顺治九年（1652年），天津三卫合并为"天津卫"，不久全国卫所制度虽被正式废除，但天津依旧对京畿地区的政治、经济起着重要作用。

清雍正三年（1725年），天津卫改为天津州，天津的管理机制由卫所管辖转变为地方政府管辖。管辖区域仍是天津城厢以及原隶属于天津三卫的屯堡，因屯堡分布较为分散，不利于中央的集中统一管理，于是由"天津州"升为"直隶州"，下辖武清、静海、青县三县，对屯堡与村庄进行了重新划分。雍正九年（1731年），又升为"天津府"，下辖天津、静海、青县、南皮、盐山、庆云、沧州。

---

① 1州6县指沧州、天津、青县、静海、南皮、盐山、庆云。

三、静海作为屯田城市的典型特征

1. 以屯为名的聚落名称

静海屯田对村镇最大的影响体现在各村镇的产生时间与地名的延续上。静海县村镇多沿运河、子牙河、黑龙港河分布。自然村（镇）有362处。据史料记载，境内多数村镇建于明洪武、永乐年间。其成因主要是明朝洪武以及永乐年间实行的"移民屯田，开垦荒地"政策（表10-2）。

表 10-2　静海县现存村庄历史年代统计表[20]

年代	宋	元	明洪武、永乐	永乐后至明末	清	民国	1949年后	不详
数量	3	10	250	13	49	2	1	34

由于元末明初战乱频繁，农民丧失了大量土地，为尽快恢复经济，稳定社会，明朝实行"移民屯田，开垦荒地"的政策。屯田由军屯、民屯、商屯三种类型构成，静海主要表现为前两者。据记载，静海县军屯为天津三卫的屯田耕种处，屯田余粮是各自卫所的"官军俸粮"。弘治二年（1489年），天津海防驯服万世德在静海率军屯垦，万历二十六年（1598年），督察员右都御史在静海一带屯田7000余顷（约700000亩）。其命名特点主要为姓加"官屯"，如梁官屯。《梁官屯村志》载，"明朝永乐年间……在今梁官屯村西南向的'庄窠项子'置'百户所'，驻扎士兵112人，由梁姓的百户去统管这里的军事事务"。从此，这里便形成了村落，并以梁百户长的姓氏取名梁官屯。

民屯即朝廷通过招募或迁徙的方式，组织百姓或罪犯参与屯田。[①] 静海民屯主要为山西移民，受生活与灌溉生活用水影响，大多村庄择水而居，因此民屯村庄多以主迁户的姓名加"屯"命名。[20] 如唐世义率移民到此开垦官田而形成的唐世义屯（现唐官屯）。

---

① 《明史·食货志》："其制移民就宽乡，或招募或罪徙者为民屯。"

2. 沿河分布的空间特征

天津三卫屯田零散分布在运河沿线的兴济、静海、青县、沧州、南皮（图10-8）。[①]
据推测，零散分布的原因主要是受制于自然条件，天津作为退海地，多为盐碱地，

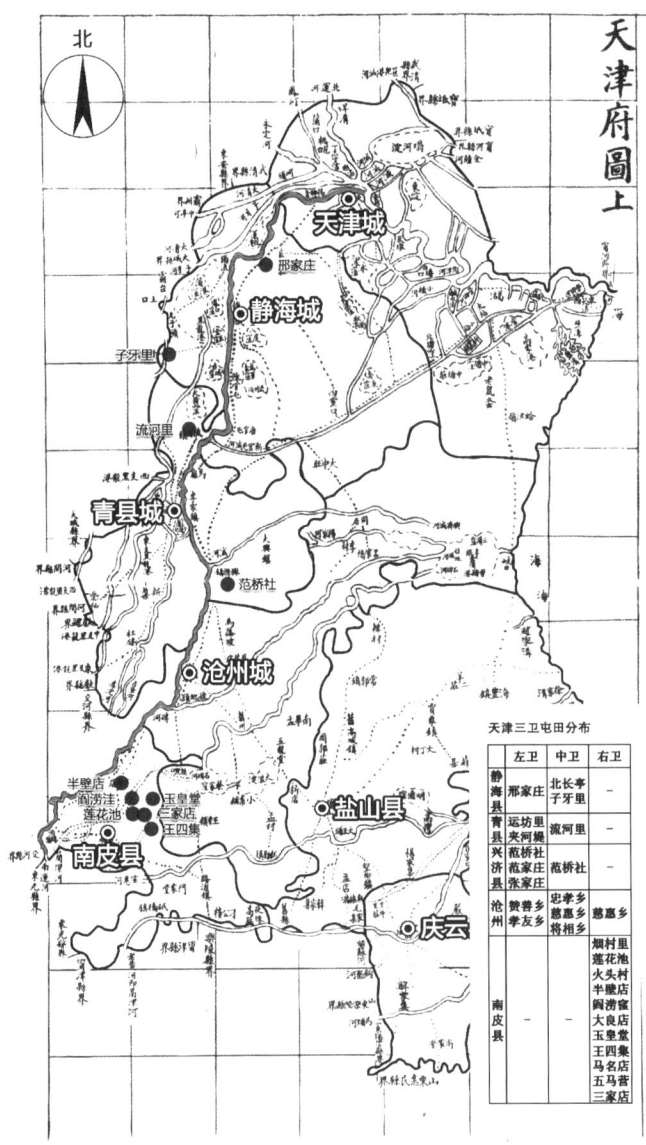

图 10-8 天津三卫屯田分布示意[21]

---

① 《新校天津卫志》卷二《赋役》页6："屯堡三所原辖调卫分，分派民间空闲地土立屯，与民相参居住三百余里。中所屯堡坐落在兴济县范桥社，沧州忠孝、慈惠、将相三乡，静海县北长亭、子牙里，青县流河里。左所屯堡坐落兴济县范桥社、范家庄、张家庄，沧州赞善、孝友二乡，青县运坊里、夹河堤，静海县邢家庄。右所屯堡坐落在南皮县烟村里、莲花池、火头村、半壁店、阎涝窟、大良店、玉皇堂、王四集、马名店、五马营、三家店，沧州慈惠乡。"

土壤贫瘠，因而选择相对肥沃的民间闲置土地进行耕种，而运河沿岸因携带泥沙至地势相对平坦的静海，水流变缓，泥沙沉积，从而形成相对肥沃的土地。此外，运河可以为生活与生产提供充足的灌溉与生活水源，因此综合自然条件影响下，屯田分布呈现出运河沿岸线性分布的总体特征，但未形成大规模的集中耕种屯田区域（图10-9）。

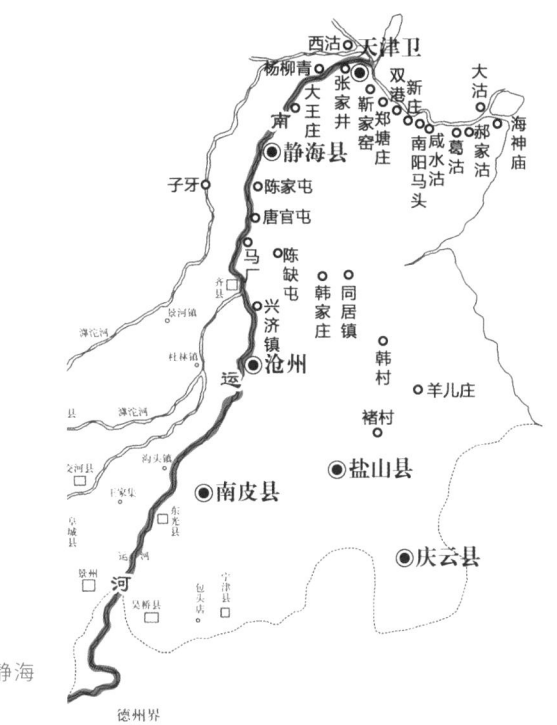

图 10-9　明代天津三卫在静海屯堡分布示意[22]

屯田带来了大量军户以及非军户人口，因此在运河沿岸逐渐形成聚落，再发展成为村镇，由于人口聚集，商品经济得到发展。清代静海县境内的村落集中分布在运河沿线，其中一部分临近静海县城，另一部主要分布在静海北部，靠近天津南侧（图10-10）。

静海作为运河沿线城市，其城市建置同其他运河城市一样，具有礼制思想和运河城市特色。清代重建扩建静海城，并最终定型，受礼制思想影响，城池呈方形，全城开东、西、南、北四个城门，南为聚奎，北为拱辰，西为观澜，东为汇泉。因静海县西临南运河，护城河水引自运河。城内公共建筑中，县署位于城西北，仓廒位于县署东。由于运河沿岸商贸繁荣，据史料载，静海县城内由清末25家店铺增至民国41家，涉及食品、百货、当铺等（图10-11）。

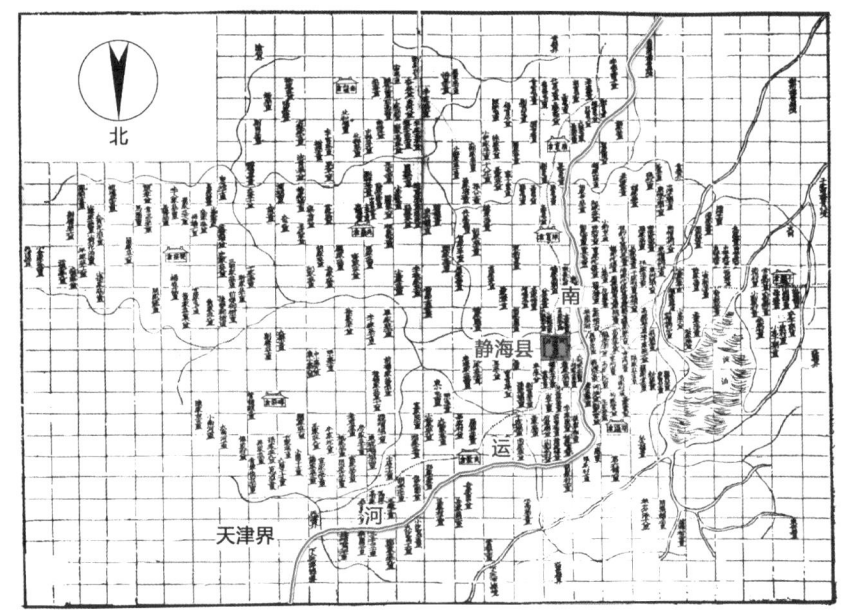

图 10-10　清代静海县村镇分布沿运最为密集[23]

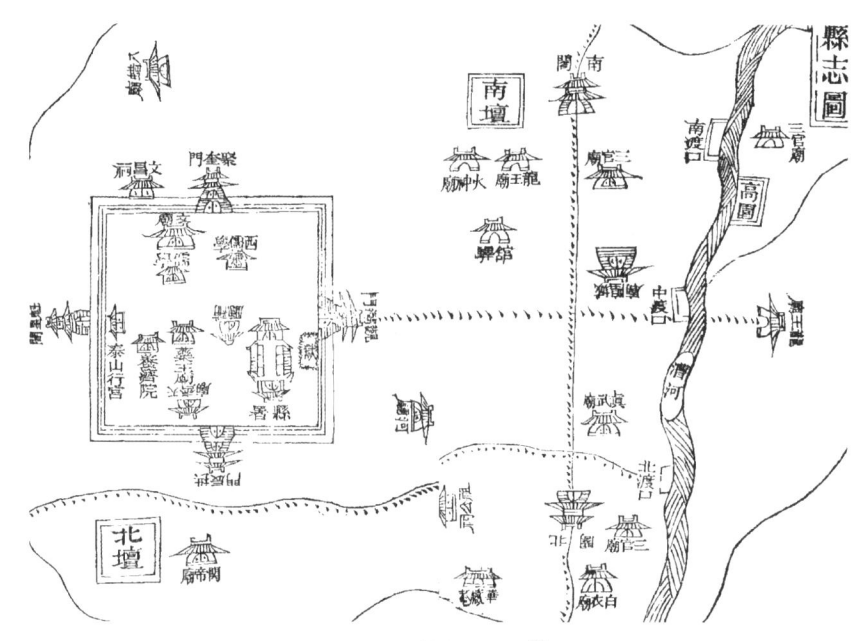

图 10-11　静海县治图[24]

结语

综上，静海作为运河沿线典型的屯田城市，它的兴起与众多运河城市一样，最初因运河通渠，成为重要的漕粮中转枢纽城市而兴。但不同的是，静海具有靠近京南门户天津的地理优势，并基于明代卫所屯田制度，获得了大量人口屯田耕种，从而推动城市与经济的发展。在屯田制度影响下，村镇名称呈现出屯田性质，分布也呈现出农业对于运河的依赖性。

参考文献

[1] 张鸿雁.论中国封建城市经济发展的总体特点[J].中国史研究，1997（03）：3-12.
[2] 张献忠，李宗辑.国家—市场视域下的城市发展：以开埠前天津为中心[J].史学集刊，2021（04）：41-53.
[3] 政协静海县委员会文史工作委员会.静海文史资料 第5辑[M].政协静海委员会文史工作委员会，2000：195.
[4] 华北地方·第一九八号河北省畿辅舆地全图1-3[M].台北：成文出版社，1969.
[5] 陆玉麒.区域双核结构理论[M].北京：商务印书馆，2016.
[6] 天津市旅游局，天津科学技术出版社.天津指南[M].天津：天津科学技术出版社，1983.
[7] 曾公亮，丁度.武经总要前集 上[M].长沙：湖南科学技术出版社，2017.
[8] 郭沫若.中国史稿地图集[M].北京：中国地图出版社，1990.
[9] 顾诚.明帝国的疆土管理体制[J].历史研究，1989（03）：135-150.
[10] 郭红，于翠艳.明代都司卫所制度与军管型政区[J].军事历史研究，2004（04）：78-87.
[11] 彭勇.明代班军制度研究：以京操班军为中心[M].北京：中央民族大学出版社，2006.
[12] 薛柱斗.新校天津卫志：全[M].台北：成文出版社，1968.
[13] 津门.津门保甲图说[M].清道光二十六年.
[14] 曲金良.中国海洋文化史长编·典藏版 上、中、下[M].青岛：中国海洋大学出版社，2017.
[15] 张树明.天津土地开发历史图说[M].天津：天津人民出版社，1998.
[16] 郭凤岐.天津的城市发展[M].天津：天津古籍出版社，2004.
[17] 佚名.明世宗实录[M]."中央研究院"历史语言所，校.台北："中央研究院"历史语言所，1962：1109.
[18] 张学颜，等.会计录 卷38[M].刻本.1581（明万历九年）.
[19] 天津市文史研究馆.天津文史丛刊[Z].天津市文史研究馆，1983.
[20] 中国人民政治协商会议天津市静海县委员会文史工作委员会.静海文史资料 第2辑[Z].政协静海县委员会文史工作委员会，1989：132，135，160.
[21] 沈家本，荣铨，等.重修天津府志[M].刻本.1899（清光绪二十五年）.
[22] 天津市规划和国土资源局.天津城市历史地图集[M].天津：天津古籍出版社，2004.
[23] 方观承.畿辅义仓图[M].台北：成文出版社，1969.
[24] 郑士蕙.静海县志[M].刻本.1873（清同治十二年）.

第十一章
从运河通衢到铁路兴城
——青县

在津浦铁路的影响下，南运河沿线城市在漕运制度废除后，仍得以持续发展，青县便是一例。作为因运河而兴的城市，根据地形与水文情况，青县被认为是除天津县外水陆交通最为发达的地区。[1] 其境内河网密布，南运河自南向北顺流而上，与北排河、原兴济河、子牙新河、马厂减河交汇，共同构成了纵横相交的水路交通系统。[2] 因利于快速调用军队、传递军情，青县还是历代戍守要地，唐代时属芦台军驻地，宋有乾宁军驻守，金有"清州防御史"，元为"乾宁安抚司"，明置"彭成卫"，清同治十年（1871年），又有盛军驻扎直隶青县马厂以拱卫京城。[3] 与京杭大运河相平行的津浦铁路，在漕运制度废弃后，作为贯通青县南北的第二条南北交通大动脉，带动了青县集市的兴起，也影响了城市形态及其功能分布的发展，具有一定的研究价值。

一、运河通衢,水运兴城

1. 沿运聚集的城市

据查《重修天津府志》,受运河影响,天津府 70% 的州县治所在城市均分布在运河沿岸(图 11-1)。青县作为大运河沿线城市,其村镇分布与运河水网密度成正相关,表现为聚落集中分布于运河及与运河交织的其他河流沿线,在数量上呈现西多东少的分布规律(图 11-2)。聚落沿运集中分布主要是因为运河可以提供生产、生活用水,满足人的基本生存需求,并且运河沟通了南北交通,水运便利,交通通达度较好,能够带动经济发展,因此能够吸引大量的人口聚集。而聚落呈现出运河东西两侧分布不均,同样是受到河网影响,运河以西地表径流丰富,分布着黑龙港河及其支流、漳水等,与运河相互交织与流通形成了丰富密集的水网。然而,运河以东均为不同时期为了分泄运河、免除水患而进行的河工建设,分别为明代的兴济河、光绪十七年(1891 年)的马厂减河与 1966 年的北排河,由于东侧径流较少,受其影响,聚落在数量与密度上明显不及运河西侧。

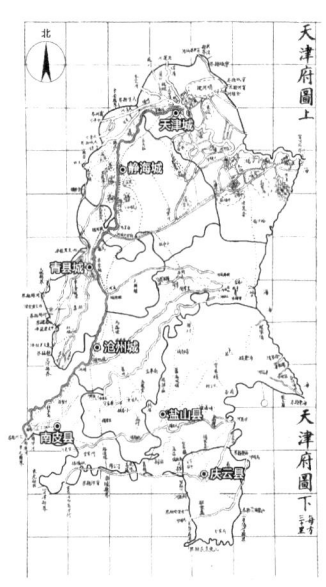

图 11-1 天津府城市分布图[4]

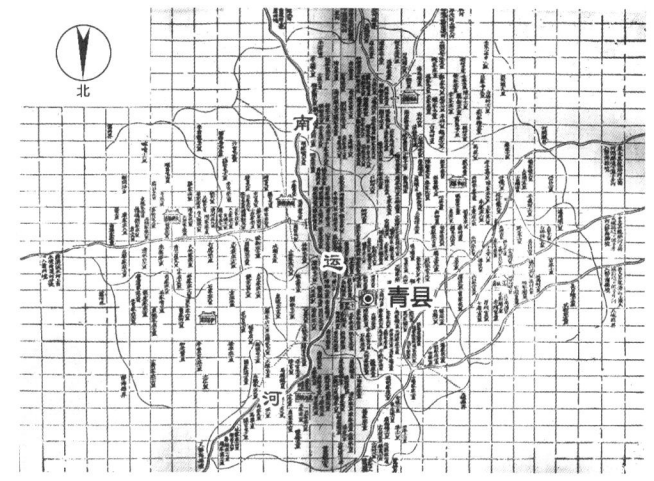

图 11-2 乾隆十八年（1753年）青县村庄分布图[5]

2. 城市功能的多元

（1）运河服务于军事功能。河流作为天然屏障，在军事上具有良好的防御与交通功能。青县因运河的开通，沟通了青县境内原本分散的河流，并形成了发达的水网系统，因此自唐以来便是军队戍守要地。清同治十年（1871年），"盛字军"屯驻青县北部的马厂兵营，并于 1875 年开挖马厂减河，保证引流防汛、减少运河水患的同时，利用运河淡水灌溉水田，降低盐碱地盐分，改善当地贫瘠的土地，扩大屯田面积军粮，不仅解决军需补给，而且在一定程度上实现以水设防。

（2）运河衍生的驿传功能。驿传系统是在驿站基础上建立的信息与货物的传递方式。[6] 明代驿传系统包括驿站、递运所、急递铺三种类型。① 据记载，驿传系统早在春秋战国便开始萌芽，《周礼·地官·遗人》中记录了驿传系统对于间隔不同距离，设置不同食宿功能的要求。唐代对驿传设施的要求相对灵活，不再严格要求固定距离设驿站，而是根据地形、水文、运输难度等因素，设置适宜的间距。[7] 此后选址要求不断完善，到了明清更趋于成熟，并呈现出四种显著规律：临近运河，或重要的水陆交通节点分布，便于运输；临近城门，保证城内安全；临近风景名胜，有助于宣传营造城市的繁华盛景，让来往者流连忘返；邻近商业区分布，利于带动当地经济发展。[8]

由于明清全国政治中心北移，青县的战略地位因地处畿辅、水陆交通便利而

---

① 驿站主要负责官方人员的迎送以及军事相关信息的传递等；递运所的职能是对官方物品进行运输，如贡品、物资；急递铺负责对政府公文进行传递。

愈发重要。据《水驿捷要歌》记载，明代自南京至北京运河沿线共设 46 个驿站，其中青县境内于永乐二年（1404 年）与永乐十五年（1417 年）先后设流河驿、乾宁驿 2 处水驿，另有铺 8 处。① 其流向自南向北途经沧州砖河驿进入青县地界，并依次经过乾宁驿与流河驿，驶出青县后到达静海县奉新驿（图 11-3）。乾宁驿与流河驿分别始设于洪武二十一年（1388 年）与明永乐二年（1404 年）。两者相距 70 里（参考光绪时期计量制度②，约 40km，下同），同属水驿，且为驿站之中等级最高的极冲。在空间分布上，各驿铺多临近河流分布，乾宁驿至流河驿之间，大约平均每隔 15 里（约 9km）设一递铺，分布均匀且规律，这样的布局有利于公文在各驿铺间迅速接续传递。

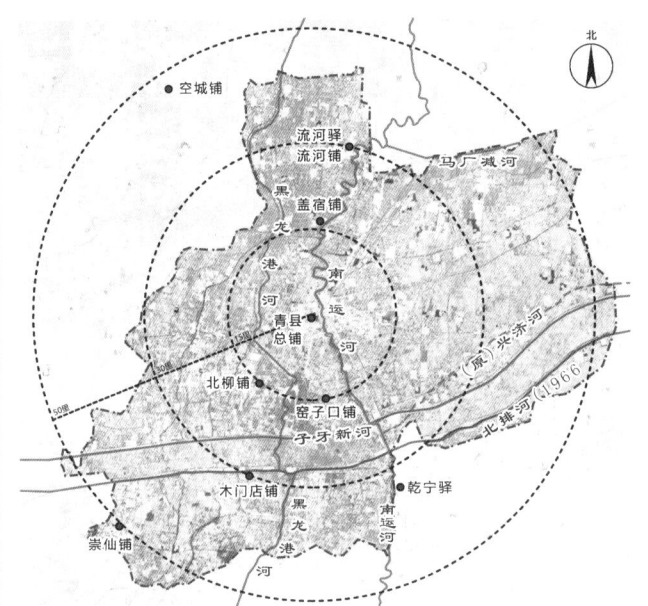

图 11-3 青县境内水系与驿铺位置关系图

随着在京畿地区战略地位的提升，青县基于便利的水路交通发展起来的驿传系统，推动了相关设施的完善、人口的聚集、经济的发展。据统计，至清代，青县人口呈现出增长趋势。③ 如表所示，曾经驿铺所在的村镇人口占比较为突出，如

---

① 总铺、空城铺、窑子口铺、盖宿铺、流河铺、北柳铺、木门店铺、崇仙铺。
② 光绪三十四年（1908 年）清政府重新颁布计量制度，据清刘锦藻撰《清朝续文献通考》卷 191 "乐考" 中记载："五尺为一步，二步为一丈，十丈为一引，十八引为一里。" 据光绪末年所立里制规定可知，一里为营造尺一千八百尺，营造尺一尺为 0.32 米，因此 1 里 =18 引 =180 丈 =360 步 =1800 尺 =576 米。
③ 民国《青县志》卷六《丁户》载："光绪二十一年总数较嘉庆七年增加四万五千余口，是明为休养生息之结果。"

乾宁驿所在的兴济镇、木门店铺所在的南街镇、总铺所在的在城镇，3 镇人口数分别占青县总人口数的 14%、13%、10%，且清代考虑到乾宁驿与流河驿的重要性，分别在兴济镇、独流镇运河渡口，设巡检司负责治安防御与人口管理，推动了相关设施如码头、客店、驿馆的完善，如在城镇客店 10 座，兴济镇客店 9 座，也为城镇带来了大量的人流、物流。作为国家财政收入的重要来源，盐务受到统治者重视，位于青县东南方的盐山县，东临渤海湾，是明代鱼盐储运总站，盐山县所有北上物资必经乾宁驿与流河驿，因而带动青县商品经济的繁荣。

表 11-1　光绪初年青县 12 镇人口与经济情况统计表[9]

	驿铺	户数	户数占比	口数	口数占比	客店数量（座）	集市
杜林镇（现属沧县杜林回族乡）	—	5395	20%	28537	21%	5	二、七集
兴济镇	乾宁驿	3849	14%	19702	14%	9	一、六集
南街镇	木门店铺	3121	11%	17225	13%	3	木门店三、八集
新集镇	—	3068	11%	16671	12%	2	四、九集
在城镇	总铺	2443	9%	13697	10%	10	二、五、七、十集
李家镇	—	2151	8%	10068	7%	—	—
马厂镇	—	1924	7%	10301	8%	—	—
北街镇	—	1476	5%	872	1%	—	—
黄洼镇	—	1423	5%	7500	5%	—	—
大兴镇	—	1353	5%	7756	6%	—	—
流河镇	流河驿	728	3%	422	0%	1	三、八集
南庄镇	—	712	3%	3821	3%	—	—

二、运河惠及,铁路兴城

作为京畿重地,河北境内铁路纵横,南北交通便利(图 11-4)。1912 年,津浦铁路建成通车,不仅连接了南北铁路交通,把天津与近代政治文化副中心的南京相连,沟通了东西长江流域的水运交通。[10] 铁路开通以前,青县主要依靠陆运和水运,随着 1910 年青县车站投入使用与津浦铁路通车,青县水陆交通四通八达,水陆货运一片繁忙。

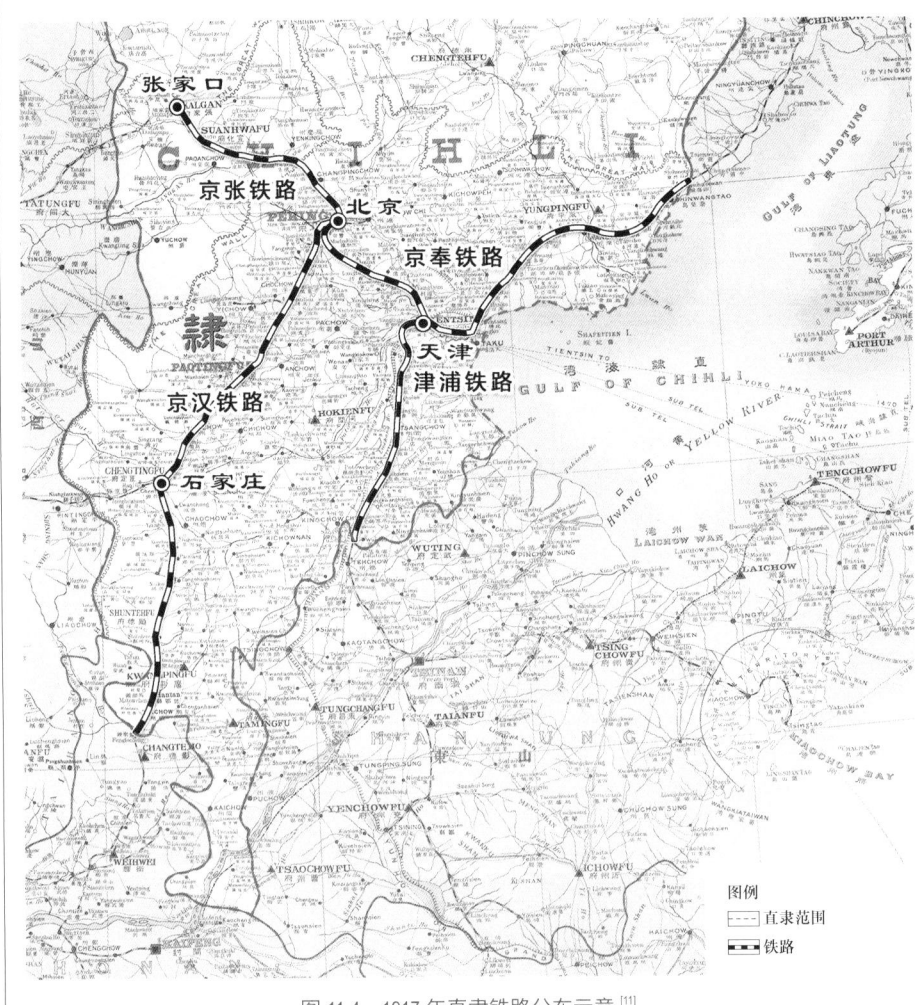

图 11-4　1917 年直隶铁路分布示意 [11]

1. 运河与铁路的内在互济

不同于因铁路兴起受到冲击而发生经济重心转移的城市，青县的持续发展得益于水运与铁路两种交通方式的内在联系与自然过渡。一方面，体现在分布与选址上的延续。津浦铁路的铁路线，走势整体呈南北向，分布在运河以东，与运河河道走向几乎平行。而在青县全境铁路沿线上，自北向南又依次分布着马厂站、青县站、李窑站3个火车站，呈现出与古代驿铺分布上的延续性（图11-5）。另一方面，铁路给水所是联系运河、铁路古今两大交通系统的重要物质载体。由于最早采用蒸汽火车，铁路沿线需要设立给水所和水塔作为津浦铁路的辅助设施，为火车补水储煤，青县铁路水塔（现已无存）与铁路给水所和津浦铁路同时建成，并投入使用（图11-6、图11-7）。给水所作为新旧交通方式相互依存的重要见证，

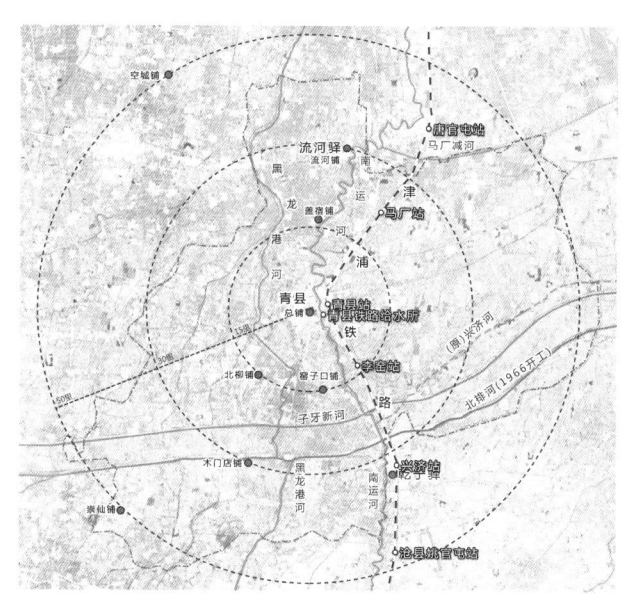

图11-5　1970年青县境内铁路相关设施分布图

图11-6　青县铁路给水所现状照片

表面上看，铁路作为新的交通方式替代了传统运河航运，实际上运河并未完全丧失其功能性，而是作为铁路重要的水源补给，以另一种存在形式，继续为青县的交通运输做出贡献。正是在这样的历史背景下，运河与铁路交通在空间上平行分布、功能上内在互济，青县由于交通的延续，城市得以接续发展。

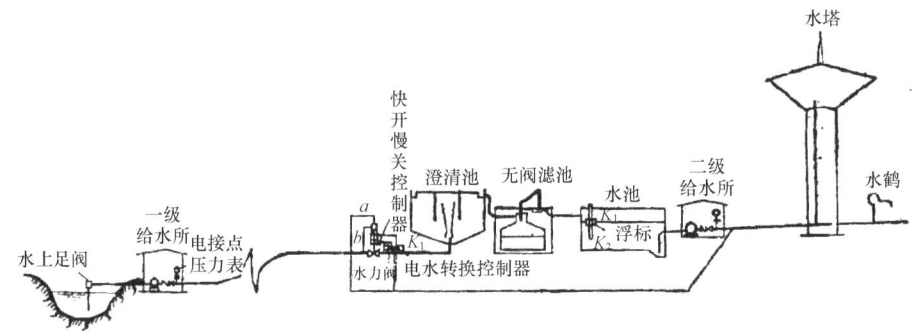

图 11-7　铁路给水所工作原理流程图[12]

2. 铁路对城市发展的影响

（1）商业繁荣。1908 年修建的与运河几乎平行分布的津浦铁路，南北贯穿青县全境，成为代替运河为青县带来发展机遇的第二条经济大动脉。通过对比康熙、嘉庆、光绪、民国时期的《青县志》可知，清代可查的集市总数一直保持 7 处，仅嘉庆时期出现具体地点变化，即将砖河镇、崇仙镇变为山呼庄、木门店，光绪时期无变化，仍旧延续。但随着铁路的开通，民国时期青县沿铁路及沿运各镇繁荣起来，集市数量增加到 28 个，其中 70% 为新增集市。新增集市中 9 个临近津浦铁路，7 个临近分布在与南运河交织的其他河流沿岸（表 11-2、图 11-8）。以被誉为"青邑集市之首"的兴济镇为例，作为民国时期卫河上下游仅有"秋间上市粮食车辆动达数千"的集市，青县于民国二年（1913 年）在兴济镇成立兴济商会，并于民国三十五年（1946 年）将其升级为青县商会总会，其余商会为分会。据 1906 年商部《商会章程附则》中对商会选址的要求，商会选址需设在轮船铁路途经、人员物流聚集之处，以及民国三年（1914 年）公布的《商会法》第三条中要求在"商务繁盛之区域，得设立商会"，由此兴济镇在青县的经济地位可见一斑，这与该区域内悠久而便利的水运及驿传系统、近代南北通达的津浦铁路密不可分。

表 11-2　四个历史时期青县志中集市数量对比

时期	集市数	集市名称
康熙	7	本城、兴济镇、杜林镇、新集镇、流河镇、砖河镇、崇仙镇
嘉庆	7	县城集、兴济镇、杜林镇、新集镇、流河镇、山呼庄、木门店
光绪	7	县城集、兴济镇、杜林镇、新集镇、流河镇、山呼庄、木门店
民国	28	城内、东关西街、东关北街、东关中街、东关南街、文昌阁、大盘古村、酱庄、兴济镇、西花园、小牛庄、北桃杏村、打虎庄、杜林镇、山呼庄、钱海庄、陶王庄、蒋王程村、新集镇、木门店、赵蒿坡村、崇仙镇、赵官营、流河镇、马厂镇、黄窪镇、王镇店、十八户村

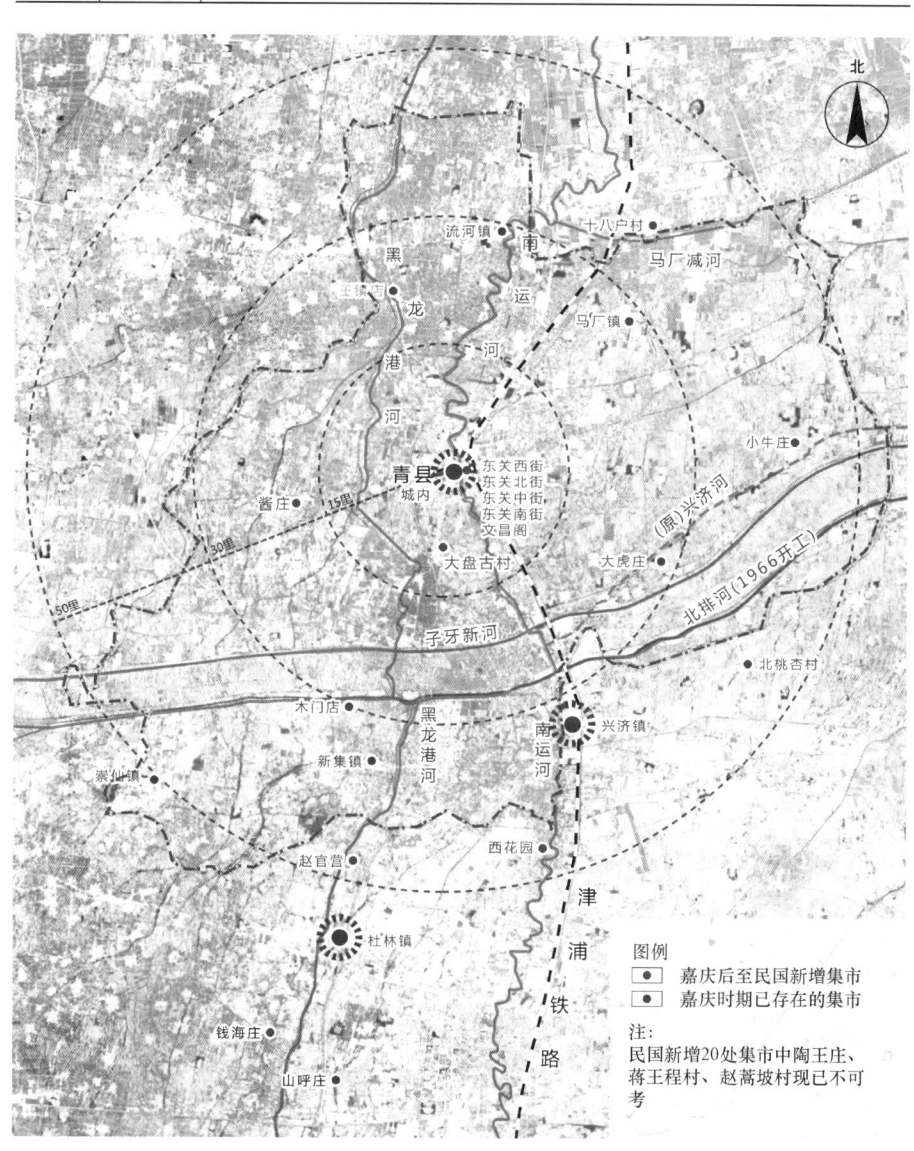

图 11-8　民国时期青县集市分布示意

（2）城市扩张。因青县县城地处运河西侧且有水旱码头，城市与运河联系紧密，故在县城与运河之间，即县城以东关厢地区，逐渐在"十字街"（实际是丁字街）形成了工商业聚集区，其中包含铁匠炉、车铺、酱醋酒等手工业作坊以及多间商家铺户[13]，对于县城东侧关厢地区最早的描绘可见于民国时期1931年的青县志，其特征表现为县城与运河沿岸建筑较为密集，越往东分布越稀疏。《青县文史资料》所记的"河西除条河中街、南街、北街和西街城里外，别无居民。高宅子以下，不是坑塘就是田野、坟场……河西铁道以东都是旷野"亦可证明这一分布特征。民国时期虽然十字街作为过渡区域串联起了县城、运河、铁路三个重要因素，但受到抗日战争与解放战争特殊时期影响，青县城市发展遭受重创。

1949年以前，运河以东除了沿河分布的李家镇，往东均是田野，去往火车站仅有一条土道，1949年以后，青县城市建设逐步恢复。根据1972年的影像图可以明显发现，聚落向东扩张的趋势已延伸至津浦铁路西侧，同时关厢以南和以北的运河沿岸也出现了聚落痕迹。至2008年，青县城市规模较之从前更为扩大，东侧已扩展到铁路以东的区域（图11-9）。

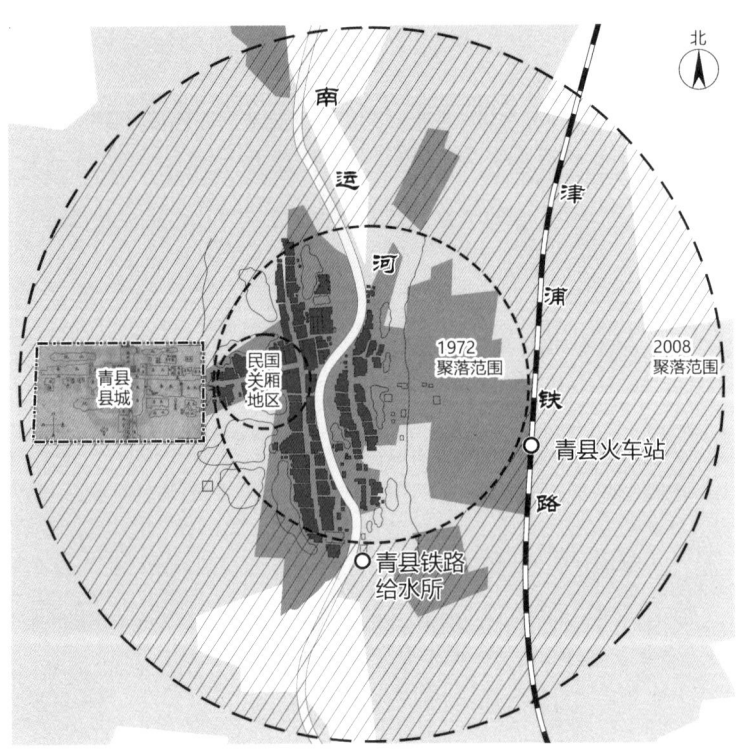

图11-9　三个历史时期青县城市规模扩张图

结论

以水运为代表的交通研究历来是运河学的焦点。申遗成功后，关于运河研究开始聚焦对作为世界遗产京杭大运河"活态"遗产属性及其突出的普遍价值（OUV）的内涵阐释与延展，大运河沿线城市就是其中重要的研究内容。为突出大运河"活态"遗产属性，完善大运河沿线城市研究体系，本章以运河兴衰与中国近代交通方式更迭为切入点，从交通变迁、城市演进两方面，突出强调大运河对其沿线城市发展的持续性与连续性。

一方面，交通功能的持续化演进，是大运河作为"活态"遗产至今仍能发挥积极作用的根本原因。从古代大运河青县段运河水网的系统化构建，到近代的铁路交通网络，沿运分布的城市与村镇、依托运河构建的青县军事系统与驿传系统、靠近驿铺选址的火车站建设，以及依靠大运河水源补给的铁路相关遗产，均体现出古今交通的发展对于大运河的依赖性与延续性。另一方面，与城市发展的连续性交互，是大运河作为"活态"遗产内在的运动变化属性。近代铁路出现后，依托大运河推动的交通近代化演进，城市得到新的发展机遇，乡镇贸易集市的数量骤增，城市持续向东扩展延至铁路一侧。综上，从交通变迁视角研究运河城市变迁，不但为深入阐释京杭大运河突出的普遍价值提供支撑，而且也极大丰富了大运河沿运城市的系统化研究，具有一定的学术价值。

参考文献

[1] 杜晨. 清代天津府聚落地理研究 [D]. 天津：天津天津师范大学，2018.
[2] 沧州市交通志编纂委员会. 沧州市交通志 [M]. 北京：中国社会出版社 1993.
[3] 青县地方志编纂委员会. 青县志 [M]. 北京：九州出版社，1999.
[4] 沈家本，荣铨，等. 重修天津府志 [M]. 刻本.
[5] 方观承. 畿辅义仓图 [M]. 台北：成文出版社，1969.
[6] 刘文鹏. 清代驿传体系的近代转型 [J]. 清史研究，2003（04）：58-66.
[7] 李林甫. 唐六典 [M]. 陈仲夫，点校. 北京：中华书局，1992.
[8] 王越. 明代大运河沿线驿站选址初探 [J]. 小城镇建设，2007（03）：85-90.
[9] 王庆成. 晚清华北村镇人口 [J]. 历史研究，2002（06）：3-22，189.
[10] 薛冰. 南京城市史 [M]. 南京：东南大学出版社，2015.
[11] 上海远东地理学会. 最新中国商业政治地理大图 [M]. 上海：字林西报，1917.
[12] 铁道部机务局. 给水所运行 [M]. 北京：中国铁道出版社，1994.
[13] 中国人民政治协商会议青县委员会文史资料研究委员会. 青县文史资料 第2辑 [M]. 北京：书目文献出版社，1989.

第十二章

源于春秋的古县——南皮县

南皮县历史悠久，最早的县城古皮城建于春秋时期，东魏时期迁于现址。明清时期南皮城空间形态主要受自然环境条件及传统营城思想影响。大运河从南皮境域流过，是南皮县的西边界。为管理地方运河河段，南皮县沿运河驻兵并设有运河码头等。

一、南皮县历史变迁

南皮县起源于春秋,设县于秦,东汉时勃海郡治移于南皮。至北朝东魏几百年间,朝代不断更迭,郡界及名称有所改动,郡治却一直设于南皮未变。东魏以后南皮不再作为首府,古皮城也因战乱而毁,迁县城于现址。

1. 春秋得名,汉为郡治

南皮是沧州境内载入史籍最早的城邑。南皮之名起于春秋,是燕齐交界之地。据《太平寰宇记》记载,春秋时期北方少数民族山戎攻打燕国,燕国向齐国求救,齐桓公为救燕行军至此,为给军马鞣制皮革修盔甲,筑城制皮革,称为皮城[①],又"以章武有北皮亭,此故曰南皮"(图 12-1)。[1-2]

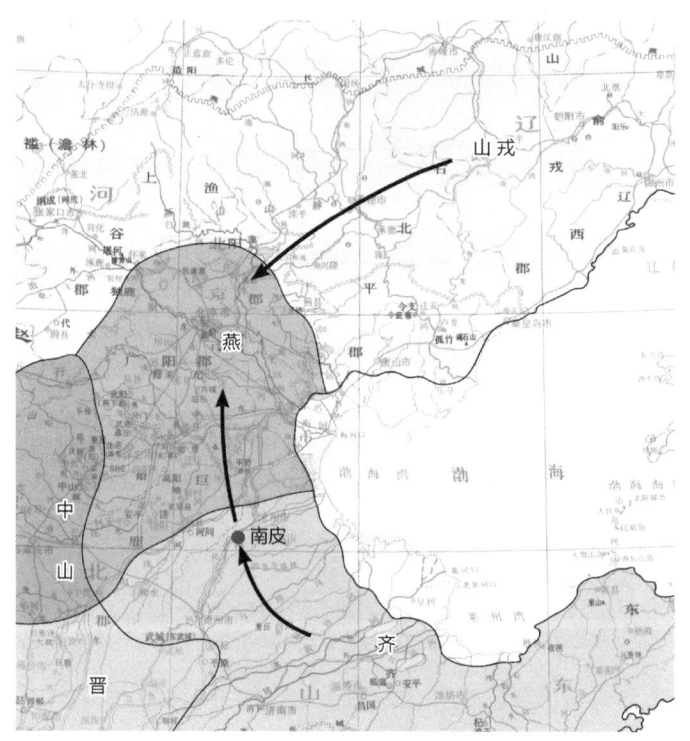

图 12-1 齐桓公救燕北伐山戎形势图[3]

---

① 皮城,在今县城东北约 6 公里,张三拨村西。

南皮设县于秦朝，属巨鹿郡，是全国首批设置的县城之一。秦时古县名经历千年朝代的更迭，大多变化不定。而"南皮"，这个源于春秋的名称仍保留至今，从未变更。南皮地处九河下梢，位于黄河冲积平原上。在黄河的浇灌之下，域内物产丰富，繁荣发达。东汉刘秀建武六年（30年），渤海郡治由浮阳（沧县旧州）移于南皮，南皮县城同时为郡治。自此，在相当长的时期内，南皮都是勃（渤）海郡的郡治所在。三国时（220—265年），南皮属魏国，勃（渤）海郡郡治仍设于南皮。直至北魏太安四年（458年），渤海郡郡治自南皮迁到东光。此后，南皮降为县治。

2. 新城与旧城

　　南皮县城有两处：一为旧城，名"古皮城"，又名"旧北城"；一为现在的南皮县城。古皮城是南皮迁址以前的城址，在今南皮县城东北约6公里（张三拨村西），现遗存有古皮城遗址（图12-2）。古皮城遗址形状近正方形，城墙东西长465米，南北宽426米，墙厚约20米，为土筑城墙。古皮城四面城墙各开一城门。城内有东西纵贯土路一条。现古皮城仅存城墙遗址，北、西两面城墙相对保存较好，东、南两面城墙已残存不多。从城墙城门位置的缺口可判断城门宽27～28米。

图12-2　古皮城北城墙遗址

　　古皮城军事地位十分重要，除春秋时期齐桓公北伐山戎于此建城外，东汉末年的南皮之战也发生于此。东汉末年"官渡之战"后，袁绍的儿子袁谭从黎阳（今河南浚县东）退守南皮古城最终被曹军俘杀。南皮之战的胜利奠定了曹操对华北平原的控制。此外，古皮城还是著名的文化古城。曹操灭袁之后，曹操的儿子曹丕携一干文人名士，乘船沿当时的大清河到南皮，清谈赏乐、吟诗作歌。曹丕等建安才子在南皮古城的文学活动，深深地影响了南皮的文化发展。其后，众多文人骚客纷至沓来，赋诗著文，凭吊怀古，使得"南皮朝宴""南皮之游"以及"寒冰井""燕友台"等胜迹景观都屡屡出现在历代诗作中。

东魏时（534—550年），因屡遭战乱，古皮城城毁人散，南皮县城向南迁于现址①，原城即废。新的南皮城仍临胡苏河而建，但范围相比古皮城扩大不少，"高二丈一尺，阔二丈，周围八百九丈二尺五寸"。与正方的古皮城不同，南皮城为南北狭长的腰鼓状，四面城墙各开一门，并以方位而命名，东曰"观海"，南曰"控齐"，西曰"临嘈"，北曰"朝京"。门上有城楼，各门通往城外都有跨桥。建城之初，城墙仍为土筑。直至明崇祯九年（1636年），南皮县城增建瓮城，重修城门，改为砖砌。此后，南皮县城城墙格局没有太大变化，均是在原城墙基础上进行修缮。

古皮城位于胡苏河与其支流太史河之间，作为因军事而建的春秋古城，其两河环绕的地势满足其军事防御、水源汲水和水运交通的需要。此时县城人口稀少，规模较小。东魏时古皮城因战乱而毁，古皮城的规模也受限于两岸的河流。在地形地势与人口规模增长的影响下，新南皮城向南迁于胡苏河与马颊河之间，地势开阔，北侧与西侧临近水源，东侧和南侧平坦空旷，便于建立寺庙等（图12-3）。

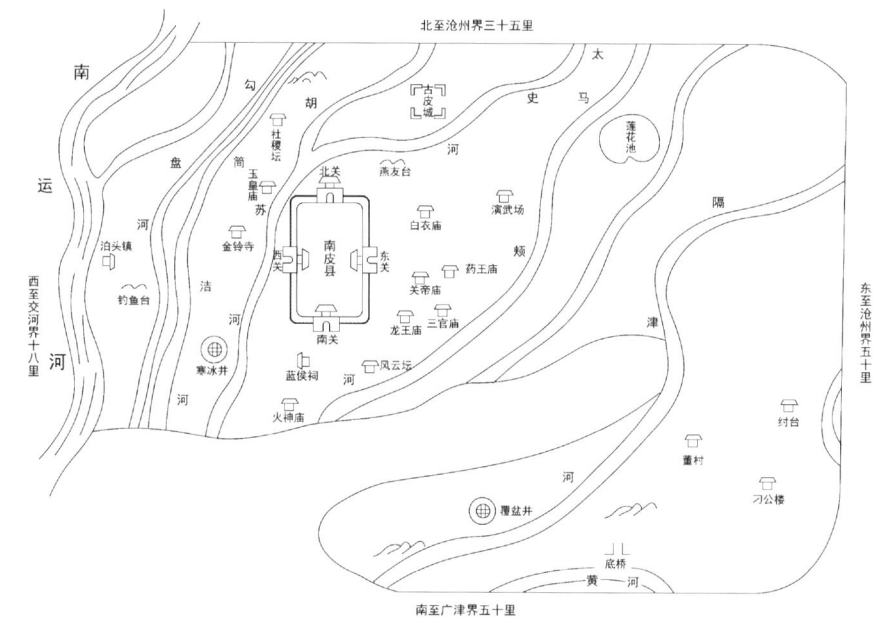

图12-3　新城与旧城地形图[4]

---

① 清康熙《南皮县志》记述"不知何自而徙今治"。

二、城市空间形态

1. 腰鼓状城墙

南皮县地处九河下梢,附近河流水系众多(图 12-4)。城西胡苏河,据传为九河之一,由东光入境,经南皮县城西于古皮城入大浪淀。城北太史河,是胡苏河在县城北部的支流之一,东北流向,经南皮县城北于古皮城南燕友台北入大浪淀。[5] 城内四角均分布有湖泊。受南皮城内外河流湖泊的位置影响,南皮城因地就势,形成南北狭长,中间宽、南北两端略窄的腰鼓形状(图 12-5)。

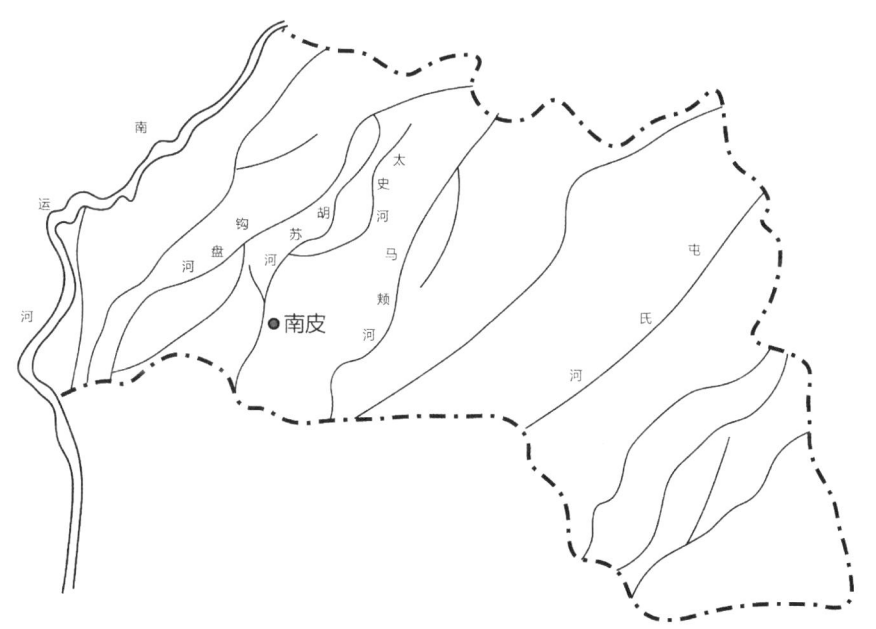

图 12-4　南皮县古河道图[5]

2. 十字形大街

南皮县城内道路呈明显的"大街小巷"的布局特点。尽管城池形状不规则,且城内水池较多,主干道仍遵循传统的十字形格局,连接四个城门,是全城的枢纽，路面宽广，但呈东北—西南走向。县城衙署位于主干道交叉口的西北角，预备仓位于主干道交叉口的西南角，临近西城门，由此也彰显了西城门的重要地位，西城门是南皮县城的主要出入口，也是去往大运河的主要道路（图12-6）。

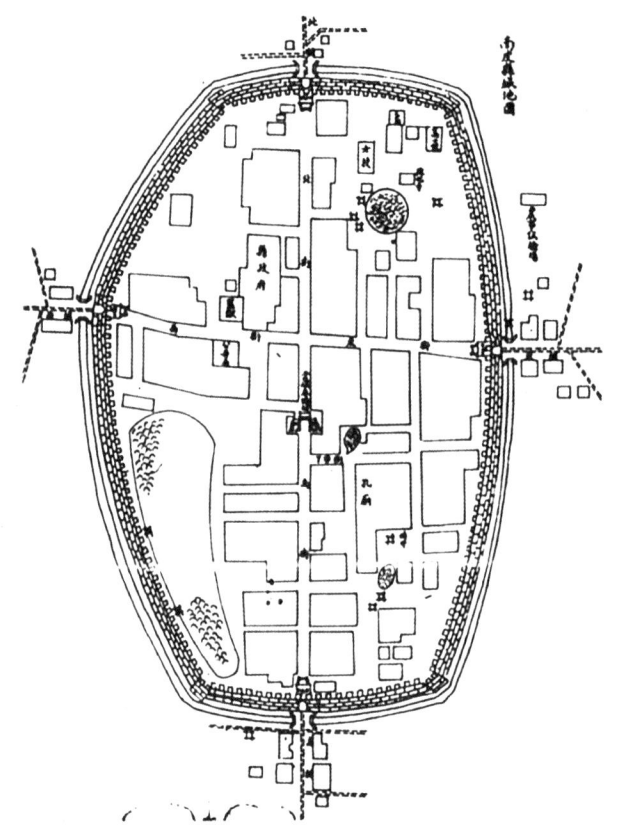

图12-5　明清南皮县城池图[6]

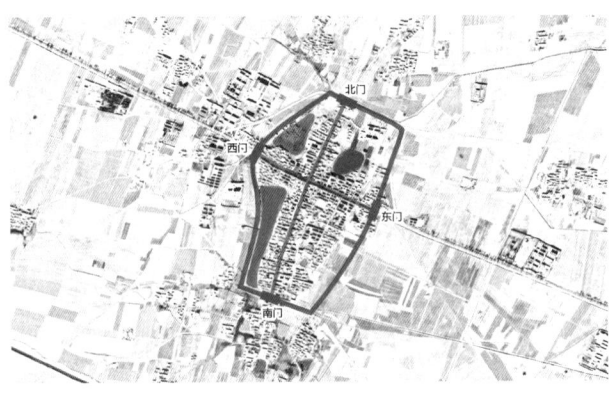

图12-6　南皮县街巷布局图

小巷是南皮县城的二级道路，路面较窄，因城内水系较多，形成多个丁字路口，道路走向多与主干道形成平行或垂直的关系。城内水系附近道路多环绕水池形成弯曲路。

3. 城内多寺庙

南皮城内寺庙众多，主要集中在城内东北角，分布有城隍庙、八蜡庙、土地祠和兴化寺，其余主要分布在衙署附近，有土地祠、大仙堂、马神庙、关帝庙等（图12-7）。其中兴化寺是南皮县城最负盛名的建筑，并有传说：先有兴化寺，后有南皮城。兴化寺始建于明初。南皮县志记载：南皮有寺曰兴化寺，国初肇立僧会司。旧址在邑之东门通衢，市寺统绕，修斋诵经弗便。兴化寺香火繁盛，声名鹊起，因而明嘉靖时又修建大悲阁，并成为兴化寺的主体建筑。兴化寺大悲阁高于城墙，是明清南皮城内最高的建筑，也是南皮城的标志性建筑。兴化寺"慈阁梵音"是南皮八景之一，赞曰："高阁凌空旭日辉，凭栏已觉世环非。"均已不存。[7]

文庙在南皮城内东南角，因原来垣辅系砖砌花格式，故群众称之为"花墙子"，始建年代不详。据南皮县志记载，元朝至元三年（1266年），监县忽辛同县尹司谦政建，明朝曾经过八次重修；清朝顺治十二年（1655年）、道光二十九年（1849年）又重修两次。文庙建筑规模较大，其中大成殿五间，东西两旁各五间，大成门三间，崇圣祠三间，乡贤祠三间，此外尚有极星门、泮池、文昌阁、魁星楼等建筑。大成殿正面上方悬八位清代帝王御书匾额。[8]

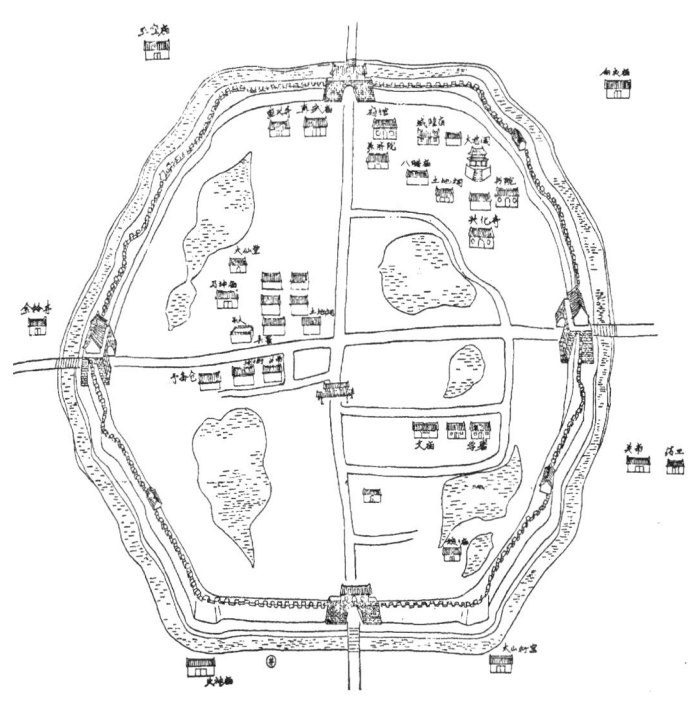

图12-7 南皮县寺庙位置图[1]

三、运河河畔的城镇

南皮县城起源于春秋,东魏时因战乱迁于现城址处,建城较早,因而县城建置与空间形态受大运河影响较小。但作为大运河沧州段沿线主要县城之一,南皮县承担着保卫运河通航的职责,因而在南皮县境内运河重要城镇设置关隘。同时在运河往来商品贸易的影响下,南皮县几处运河码头附近城镇商贸繁华(图12-8)。

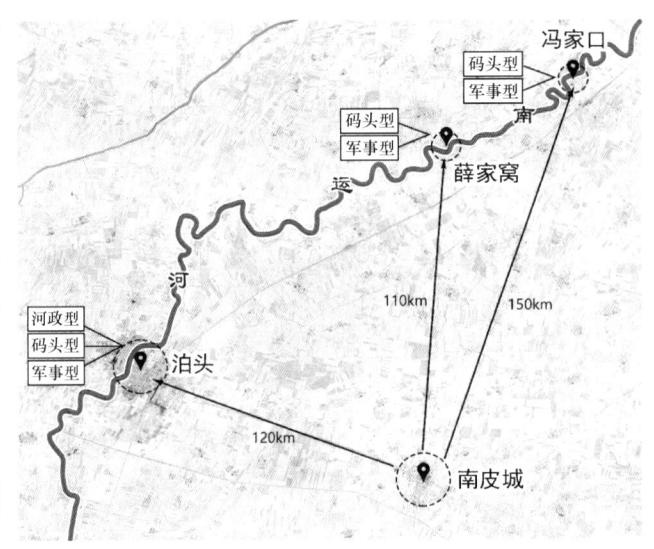

图 12-8 南皮运河沿线重要城镇位置图

1. 码头型城镇——泊头、薛家窝、冯家口

运河是公家漕运、私行商旅、南北物资和文化交流的一条航运动脉,为历代统治者所重视。明清时运河往来商贸繁荣,在南皮境内的主要码头有泊头、薛家窝、冯家口三处。虽然名为码头,却无码头建筑设施等,运河上往来的船舶沿岸而靠,搭以木板,靠人力装卸货物。[9]

泊头兴起于运河漕运,明洪武二十二年(1389年)设新桥水驿,明洪武二十五年(1392年)更名为泊头驿,并在运河岸设立了码头。因其位于水陆之冲的优越交通条件,明清时期成为南皮境内最大的漕运码头。泊头之"泊"亦有停泊之意。民国《南皮县志》云："东西两岸殷实，商号不下千余家，输舶辐辏，阛阓盈实，为津南一大商埠。"

薛家窝和冯家口曾是南皮县重要的运河码头，商贸繁华。沿运河分布有粮店、大车店、银号、中药铺、杂货铺、茶馆等。码头的泊船连成长队。卖各种吃食的生意人纷至沓来，吆喝声此起彼伏。但这两处码头较小，且南皮无自己的船舶，客货运输多配载于过往船只，因为其运量无法考据。

2. 河政型城镇——泊头

由南皮县城西门道路向东直行可到达泊头镇。泊头是位于运河河畔的城镇，城镇以运河为轴心，沿运河方向向南北延伸，运河从镇中央穿过。运河是南皮和交河两县的分界线，因而泊头也以运河为界，河东部分归于南皮，河西部分则归于交河。泊头镇是因运河而兴的城镇，明清时期虽然为镇，却因其优越的地理条件，远离运河的南皮县为便于管理运河，将南皮管河主簿设置在泊头，可见其河政地位异常重要。[10]

3. 军事型城镇——泊头、薛家窝、冯家口

南皮以沿运河各镇为关隘，为保障运河漕运，驻军于泊头、冯家口、薛家窝等重要城镇。明代永乐二年（1404年），天津右卫军下屯南皮，设演武场和军器什物库。清雍正至咸丰时期，南皮县团练乡勇，置器械马匹。县设汛防，称南皮汛。汛设把总1名，统马兵7名，守兵20名。薛家窝汛，设把总1名，统马兵4名，守兵22名。冯家口汛，设把总1名，统马兵4名，守兵21名。各村设练长，并设保甲负责治安保卫，视地方安危，时设时辍。[6]

结语

南皮县是起源于春秋的古县，自东汉至北魏时期一直是渤海郡郡治所在。东魏时因战乱，县城自古皮城迁于现址。与古皮城相比，南皮城依旧东临胡苏河而建，城墙皆四面各开一门。但南皮城规模更大，地势更为开阔，满足人口增长与城市发展的需要。在城内外河流湖泊位置的影响下，南皮城城墙为南北狭长的腰

鼓状，城内主干道仍遵循传统的十字形格局，连接四个城门，但呈东北—西南走向。城内寺庙众多，主要集中在城内东北角及衙署附近。

南皮城建城较早，城市与大运河的距离较远，空间形态受大运河影响较小。为管理地方运河河段，南皮将管河主簿设置于泊头，泊头因其优越的地理环境，也与冯家口、薛家窝一同成为南皮境内重要的码头城镇，大运河促进了码头城镇的商贸繁荣。为保卫漕运安全，泊头、冯家口、薛家窝均设汛防。

参考文献

[1] 河北省南皮县地名办公室. 南皮县地名资料汇编[Z].
[2] 乐史. 太平寰宇记[M]. 北京：商务印书馆，1936.
[3] 谭其骧. 中国历史地图集[M]. 北京：地图出版社，1982.
[4] 政协南皮县委员会. 南皮文物胜迹卷 南皮文物胜迹卷[M]. 北京：中国文史出版社，2015.
[5] 王玉良. 南皮县水利志[M]. 石家庄：河北科学技术出版社，1992.
[6] 刘树鑫. 中国地方志集成 河北府县志辑 民国南皮县志[M]. 南京：江苏古籍出版社，1996.
[7] 政协南皮县委员会. 南皮文物胜迹卷 南皮文物胜迹卷[M]. 北京：中国文史出版社，2015.
[8] 政协文史资料办公室. 南皮县文史资料[M]. 北京：中国文史出版社，1998.
[9] 黎恂.《运铜纪程》校注[M]. 成都：西南交通大学出版社，2017.
[10] 郑民德. 明清运河文化与区域社会变迁：以河北泊头为视角的历史考察[J]. 河北工业大学学报（社会科学版），2014，6（4）：9.

第十三章
水系发达的军事要冲
——交河县

交河县，历史悠久，因水系发达而得名，并凭借军事要地而形成十镇十九屯的军防城市体系。此外，不同于一般运河城市先选址后规划的营建思想，交河县县城在空间布局上体现出与城市交通、功能分区一体化设计的演绎逻辑，具有一定的学术研究价值。

一、历史沿革

1. 建置前：几经变换，县治方立

《汉书·地理志·禹贡》中记载了交河县在夏朝隶属于冀州、春秋时属晋国、战国时属赵国、秦朝归属于上谷郡的信息。汉代时，这里曾先后被命名为乐成、成平、景成、建成。此后历经后汉、魏晋南北朝、隋唐等各个时期，其间交河县的名称和归属几经变换，但大多时候仍以乐成、成平、景成、乐寿等名交替使用。直到宋代，此处出现名为"交河"的镇子，名称沿用至今，已逾800年。到了金大定七年（1167年），此处设交河县县治，城市属性进一步凸显（表13-1）。[1]

表 13-1 金之前交河县建制沿革一览表

朝代	归属		
夏	冀州		
商	幽州		
周	幽州		
	兖州		
春秋	晋国		
战国	赵国		
秦	上谷郡		
西汉	幽州	涿郡	中水
		渤海	成平
			景成
			建成
	冀州	河间国	乐成
			弓高
东汉	冀州	河间国	乐成
			弓高
			成平
			中水
三国	魏国	河间郡	乐成
			中水
			成平

续表

朝代	归属		
晋	冀州	河间国	乐成
			中水
			成平
南朝宋	冀州	广川郡	中水
		河间郡	乐成
			成平
北魏	瀛洲	章武郡	成平
		河间郡	乐成
			中水
隋	兖州	河间郡	乐寿
			景成
		平原郡	弓高
唐	河北道	沧州	景成
		景州	弓高
		深州饶阳郡	乐寿
		瀛洲	景成
			泽阳
后五代	—	深州	乐寿
		沧州	景成
宋	河北东路	河间郡	乐寿
			景成
			交河镇
金	河北东路	河间府献州	乐寿
			交河

2. 建置后：生于河间，迁于河畔

交河县治旧址位于今四营乡西交河村，西交河村是原石家圈①所在地。[2] 宋代在石家圈设交河镇，金设县治，遂改置为交河县，并于明代初年选址筑城。自此，交河县的旧址便被称为西交河村（图13-1）。据查，西交河村位于清河与泽河之间，而如今的交河县城池坐落在泽河之上，便于设置护城河及供给城镇生活用水，选址更为便利、科学。

---

① 石家圈，相传是因为西晋时石崇于此行舟而得名。

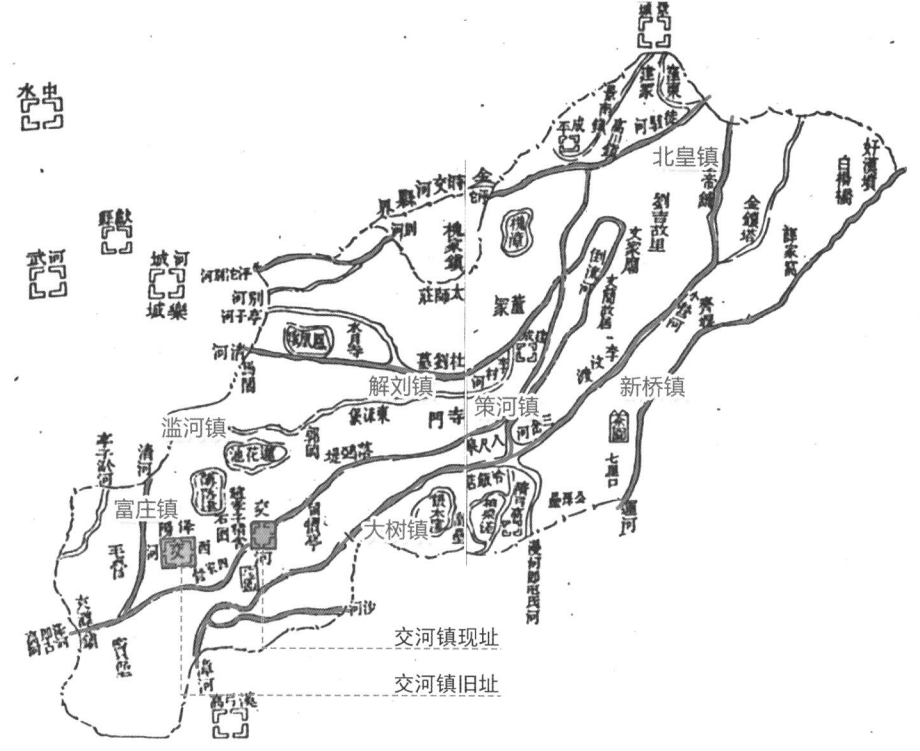

图 13-1 交河县位置变迁示意[1]

交河县城的土城墙建于明洪武十五年（1382 年），后反复经历完善兴建、土匪搅扰、翻修整理的过程。直到光绪十年（1884 年），后城楼倒塌。民国时期，破败情形更加严重。根据交河县城旧基可知，其城垣四面各长三百八十步，城墙底部宽二丈有余，顶部宽一丈多，城墙内有车道、外有城壕，城壕之外又有护城旧堤绕城一圈，可见当年有比较完善的城镇建设。

但"清康熙时县令墙公，丈躲猥陋，率无可观，嗣后庚绩无人，迄今二百余载。其疆域之沿革，市廛之变迁，物产之虚盈，人物之衰盛，以及幽光潜德淹没而不彰者，曷可胜道"，交河县历史虽有源头，中间却有 200 多年的记载断代，相关变迁记述寥寥，从金后交河县建制沿革中可见一斑（表 13-2）。

表 13-2 金后交河县建制沿革一览表

时间	事件
宋	建交河镇，交河镇境域故址在今四营乡西交河
金大定七年（1167 年）	撤镇立县
明洪武四年（1371 年）	移今址，始为交河县城驻地

续表

时间	事件
清宣统三年（1911年）	分属交河县第一、三、六乡
民国十七年（1928年）	属交河县第一区
1949年	隶属交河县城关区
1950年5月	改属第一区
1956年	区下设乡，建双庙乡、城关乡、五里庄乡、千民屯乡
1958年1月	合并为双庙、城关2个乡
1958年12月	双庙、城关2乡合并成双庙公社
1961年	改称城关公社
1983年	并入泊头市
1984年6月	改为交河镇

二、地理形胜：河流交汇，水系发达

1. 凭河兴起

据交河县志记载，"交河"其名，皆因"在县治北，滹沱高河二水交流，故曰交河"[1]。其实，流经交河县的河流不止这两条，还有卫河、泽河、沙河、清河、高河、滹沱河水系，以及亭子河、漫河、小营河、三岔河等，凡此种种，不胜枚举。其中，有三条河对交河县意义非凡，分别是卫河（南运河在交河的称呼）、滹沱河与漳河（图 13-2）。

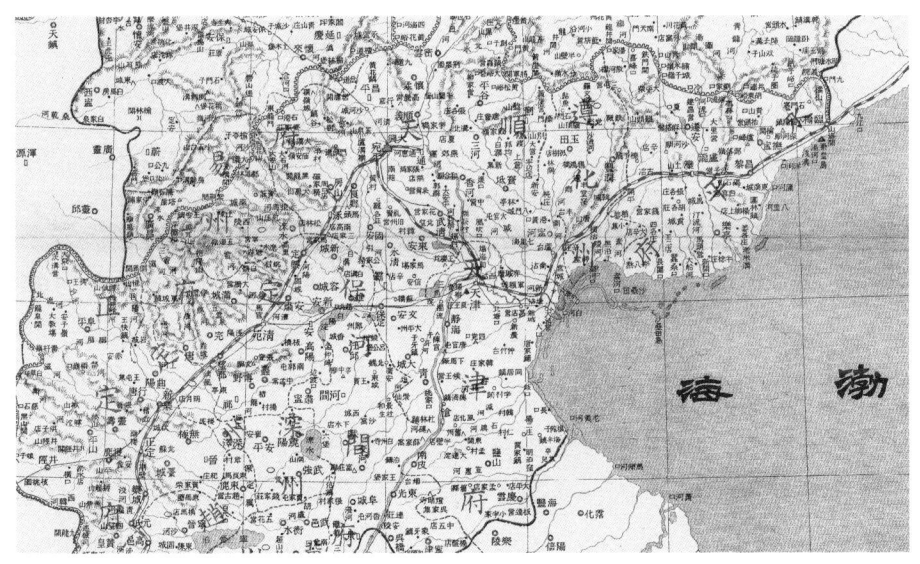

图 13-2 滹沱河、漳河空间分布示意①

从记载来看，当年滹沱河在距离献县西南十八里的完固口处，沿北岸分为两股，一股称作沙河，由臧桥流入河间，另一条经由单桥、淮镇、高官镇，流入交河县；漳河，则是泽河流经交河县时的称呼。根据《清河方舆纪要》的记载，清

---

① 摘自清光绪三十一年（1905 年）刊本，大清帝国全图。

河是洚河的支流，相传五代的赵王镕，通过这条河道运输粮草以助晋军，因此清河又称为"运粮河"，也正是因为有清河这类承担粮食运输功能的河道，交河才得以发展。由于"循今古水经枯渎迁移，按图诸多不合"，交河县境内许多河流历经干涸、改道等变迁，早已不复当年情状，加之此处水网错综复杂，名称多变，河道也经历了多次改道，许多河的变迁难以考证。但清凉江（别称漳水，即当年的洚河）仍流经境内，并因交河县地势南高北低，一路向东北奔流，与南运河交汇，最后汇入南排水河入海。[1]

另据记载，"卫河，一名御河。在县东五十里，自东光流入县界，经泊镇入青县界，漕运经此。按卫河源出河南卫县之苏门山小水也……东北至故城复入山东德州界，又东北经景州之东、吴桥之西，过东光北行六十里至杨家圈，入交河县之七里口，循西岸行至泊头镇，与南皮以河为界……再东北入海"[1]。因卫河向东北汇入南运河，当时交河的南运河也被称为"卫河"[3]。当年，大运河流经交河县域，商人在此聚集，货船在此停靠；运河使货物交通更加便捷，也使沿河居民的生活更加丰富（图 13-3）。交河县因为运河而兴起，也见证了运河的沧桑变幻。

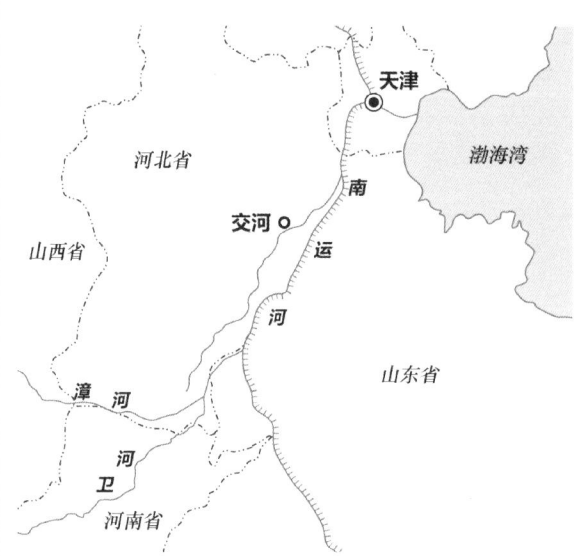

图 13-3　卫河空间分布示意[4]

2. 因河衰落

交河县的河流多为西南、东北流向，河流众多，而境内居民多沿河而居，村落布局即呈此特征。然水多成涝，生民流离，亡命四乡；水少又旱，背井离乡，时有发生。加之蝗雹之难也多侵民，天灾频繁却造就了交河县人打铁游走四乡、种树产梨换取钱粮的生活能力。[5]"按交邑河渠,多半湮废。除卫河通行外,余尽枯河",交河先是水患多发、河道改变,后是河流枯涸,无以为继。这样的水文条件不再适于百姓安稳生活的需求,因此以滹沱河、漳河为依托发展起来的交河镇逐渐没落。

当滹沱河、漳河渐衰时,卫河作为统治阶级使用的航运通道,连年兴修加固,航运繁重兴盛。因此不远处原本隶属于交河县、因作为大运河泊船之地而得名的泊头镇,越发繁荣兴盛起来。泊头镇位于县城东面五十里处,是新桥驿移址于此所建立的镇子,镇子作为运河的码头渡口,西岸商贾云集,日渐繁荣,最终取交河而代之。交河县城与泊头镇之间统治关系的交替,生动地演绎了沿河城市的兴衰交替史(图13-4)。

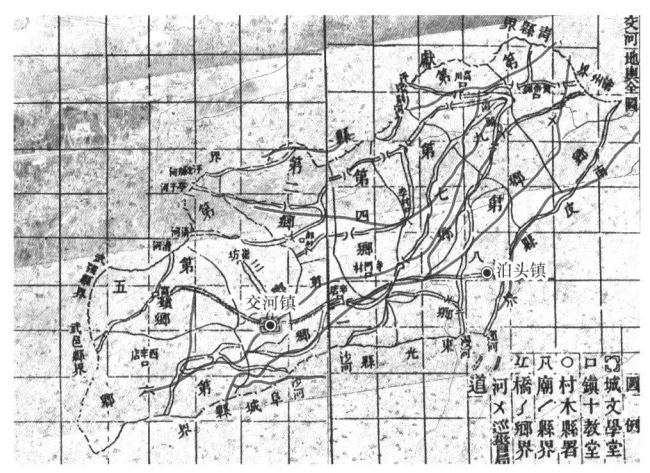

图13-4 泊头—交河发展示意[1]

三、军事要地：战争不断，军屯集中

交河县自战国时期便位于燕、赵、齐三国交界之处，彼时边境多变，常有战争；东汉末年，袁绍、曹操于此交战；唐代的安史之乱，宋代的澶渊之盟，明朝的靖难之役……历朝历代都有战火波及于此，战争不断。

自交河县在此建立县治以来，疆域内虽然没有天险相护，却能够占据渤海上游作为河间府的门户，皆因其水系发达、地势平坦、交通便利，是一处水陆要冲。从全邑视角来看，交河县西有富庄驿，东有新桥驿，以便军营快马传令。当时此处多有军情警报，沧州是其依附，景州、阜城是其咽喉，河道发达纵横交错，城内多设军屯戍卫（图13-5）。

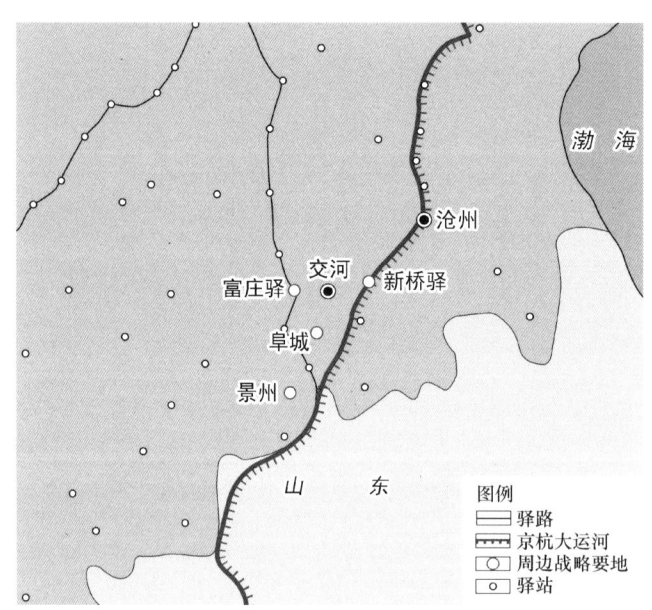

图13-5 交河军事战略位置示意[6]

1. 宋金时期，交河兵防

在兵防设置上，按照金代历史地理志，当时献州交河县下辖，且皆设于金初至大定年间（1161—1189年），每个镇子都派兵把守。这个时期，西夏、金、宋在此地战乱割据，动荡不断。交河县在大定七年（1167年）设立时，南宋政权已经经历了建炎南渡,失去了北方领土,而宋设交河十镇的缘由则为防止"民心不定,多有叛乱",并为方便管理,设军镇后再设交河县。与此同时,兵防各镇则聚集了大量的商人百姓,繁盛一时。后来这些镇子在战火中遭到破坏,有半数都已经湮灭废弃(图 13-6)。

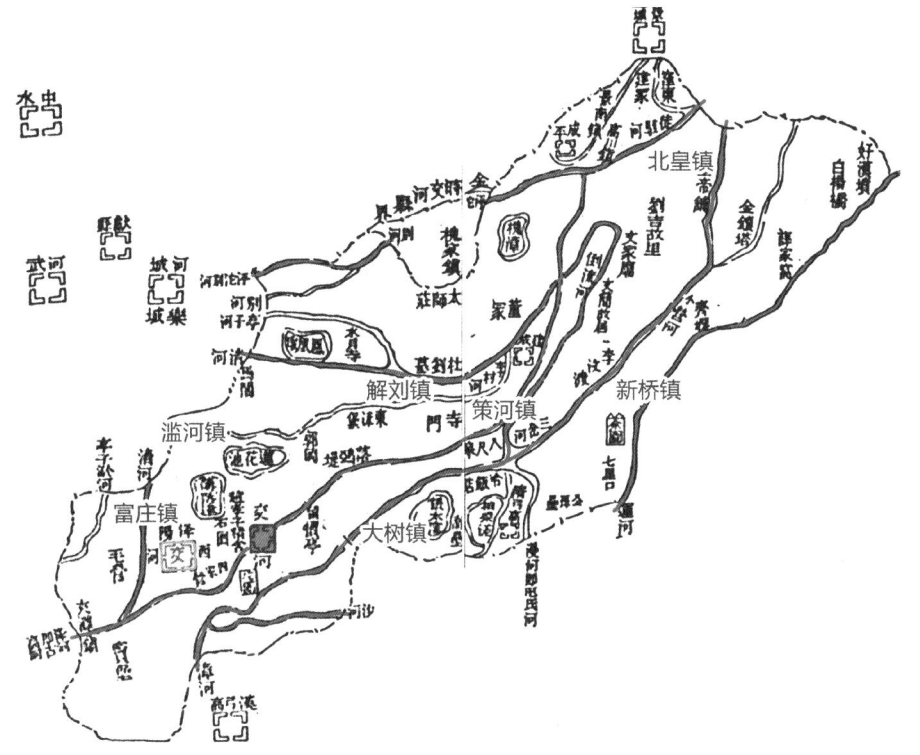

图 13-6 交河军屯、驿站分布示意[2]

2. 明清时期,设驿驻军

交河县境内在明曾设 2 处驿站,即县西的富庄驿和县东的新桥驿。富庄驿在县西 25 里处,明建文四年(1402 年)设;新桥驿在县东 50 里处,明洪武二十五年(1392 年)设,俗称为泊头驿。[7]

此外,明沿古制,在交河县境内将兵防分散地布置在 10 座军镇内,并下设 19 座军屯戍守。而县城内并没有大规模的军队,只是设置把总 1 名于县城内协防。同时,外委 1 名驻富庄驿,兵力设置马兵 11 名,守兵 42 名;高川乡设把总 1 名,后驻扎于泊头镇,同样有兵马 11 名,守兵 42 名。此外,交河还设有若干巡警局,并将县治区域分为五区分守,设五处驻在所及若干教练所(表 13-3)。

表 13-3　交河十九军屯一览表

军屯	所处县域方位
韩屯	西北
刘屯	西北
白屯	北
王屯	西北
徐屯	北
李屯	西北
常屯	西北
陈屯	西南
赵屯	西北
黄屯	西
前李屯	北
司屯	西
董屯	西北
窦庄屯	西南
倪官屯	西
梁屯	西南
姜屯	西南
孟屯	西
鲁屯	西南

为增强县城军事防御能力，县城外西南角并列布置着校军场与演武场，且在19座军屯中，离县城十里之内的便有5座。此外，不同于交河十镇在县治内均匀广泛分布，军屯都设置在县城的西、西北一侧，另有五处在县城的西南方，这意味着县城东侧的大片土地都没有兵屯，而西侧、西北相对狭小的部分成为了交河主要的屯兵之处。

四、城市的格局与形态

1. 县城形制

交河县县域大致沿老漳河走向，呈东北—西南向延伸的形态，而不同于一般沿河城市在城池形态上相对自由且沿河走势扩张。交河县城是经过选址和规划后建造的，城池形状呈规整的矩形平面。其县城城门四开，均设置在该侧城墙的中间，并由四条主干道以十字形相连接；四条主干道分别以东大街、西大街、南大街、北大街命名，将整个县城分成四个区域，又有平直的支路将垂直相交的两条主干道相连，作为每个分区内的交通道路。城墙外引河水在周遭设置护城河，四个城门中，东、西、北侧城门外有官道连通乡里[①]。

2. 城市格局

交河县县城的城市布局与其交通体系及功能分区联系密切。西城门对外道路直通富庄驿，对内通往仓库与衙署，道路便捷顺畅；北城门外道路向西北连接崔家坊，那里既是航运的一站，也是一处赶集和举办庙会的热闹地方，市井活动丰富；东城门外道路连接辛店，并由辛店连接泊镇；南城门外设置了校军场、演武场，不适于百姓往来穿行，周边没有村镇。因此，居民使用东、西、北城门较多，城外庙宇也多在城门附近沿官道排布；南侧多为市政建设，便于行政传令等事务的执行。

交河县城内由主干道分为四个区域。北侧两区多为与居民生活相关的建筑，且西北角集中分布着供人祭拜的庙宇，如武庙、药王庙、龙王庙、观音庙、城隍庙等。其中，龙王庙和北城门外的龙母庙，则展现了运河沿岸城市突出的宗教信仰。城内东北角是居民的学习劳作建设，如工艺厂、书院，这些建筑多沿着靠近

---

① 东城门外接辛店，西城门外接富庄驿，北城门外接崔家坊。

城墙的一侧建造。

县城的南侧多为政府建筑，如西南角的常平仓、新常平仓、养济院，东南角的衙署、儒学，以及与治学相关的孔子庙、孟子庙、砚池（图 13-7）。

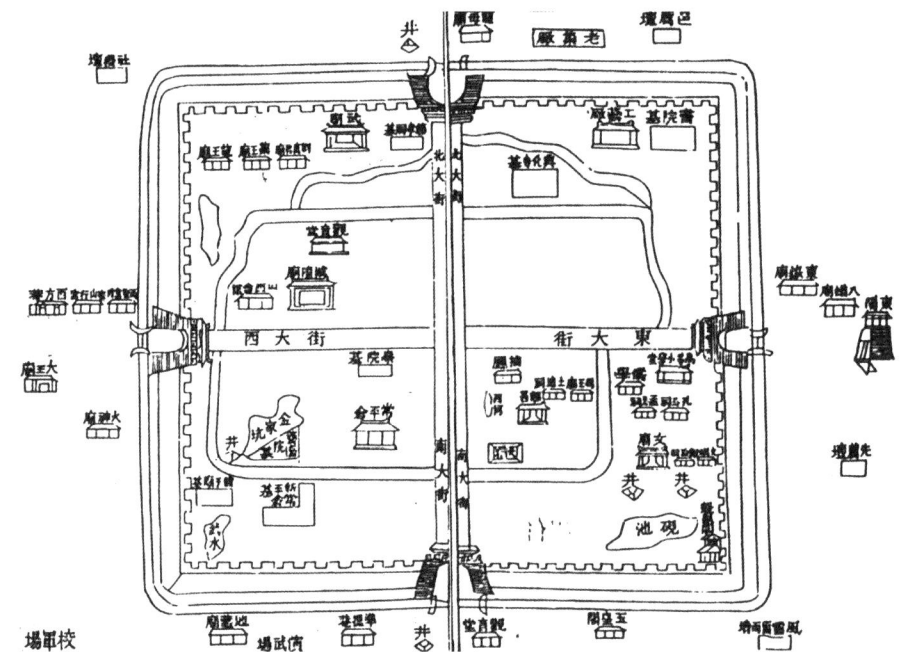

图 13-7　交河县城平面图[1]

五、与运河相关的城市遗址遗存

1. 建、构筑物遗产

（1）南运河河道。南运河自隋唐永济渠起一直是大运河的组成部分之一，最早是东汉开凿的平虏渠，现在属于海河流域的漳卫南运河系。该河道流经泊头市，全段中大部分河段都保存了较好的历史风貌。

（2）泊头清真寺。在京畿地区，大运河沿线城市多分布回族集聚区，并以清真寺为核心分布开来。泊头清真寺位于泊头市清真街南端，运河岸西侧300米。该寺始建于明永乐二年（1404年），明末扩建后历代均有修缮；寺庙坐西朝东，是一座汉族与回族建筑风格相结合的古建筑群（图13-8）。[8]

图 13-8　泊头清真寺

（3）齐堰窑址。齐堰窑址位于泊头市窑厂村南运河东岸大堤下方。根据当地残留的城砖来看，窑址始建年代应在明代，主要职能是烧制城砖，并经由运河送往京城（图13-9）。

图 13-9　齐堰窑址

2. 非物质文化遗产

（1）泊头铸造工艺。泊头市的前身交河县，是举国闻名的铸造之乡，历史上曾有"哪里有铸造，哪里就有交河人"的说法。交河人将精湛的铸造技艺不断传承发展，并传播到全国。许多优秀的技艺人员甚至蜚声海外。关于泊头铸造技艺，最早的记载在一千多年之前，有出土文物五代十国的铁佛为证。[9]

（2）三井"十里香"传统酿造工艺。三井酒厂位于泊头市解放路与裕华路之间，它的传统工艺、明代酒坛和八十余年前的发酵池，共同见证了"十里香"酒的光辉岁月，也传承着自明代商贾云集、酒坊林立至今的珍贵技艺。[10]

结语

交河县辖域内水系发达、河网密布。它的发展历程，生动地刻画了一个由自然村落演变而成的县城：先因战乱成为驻军之地，由朝廷选址建立县治所、设立驿站军屯，形成交河县的雏形；后因战事渐息、运河兴起而引发的经济发展，城市重心转移，完成城市职能与市民生活转变的过程，是城市规划与百姓择址而居共同作用下的产物。

参考文献

[1] 苗毓芳,苏彩河.交河县志[M].刻本.
[2] 复旦大学历史地理研究所《中国历史地名辞典》编委会,复旦大学历史地理研究所.中国历史地名辞典[M].江西:江西教育出版社,1986.
[3] 阮葵生.历代笔记小说大观:茶余客话[M].李保民,点校.上海:上海古籍出版社,2012.
[4] 天津规划局和国土资源局.天津城市历史地图集[M].天津:天津古籍出版社,2004.
[5] 范凤驰,郑兴广,郑凤章.泊头历史遗迹[M].北京:东方出版社,2010.
[6] 正泰.明代驿站考[M].上海:上海世纪出版股份有限公司,上海古籍出版社,2006.
[7] 傅林祥.中华大典·交通运输典·驿传制度分典[M].上海:上海交通大学出版社,2017.
[8] 王鹤鸣,王澄,梁红.中国寺庙通论[M].上海:上海古籍出版社,2016.
[9] 《沧州风物志》编写组.沧州风物志[M].河北:河北人民出版社,1989.
[10] 马维彬.河北省非物质文化遗产项目代表性传承人图志:第3辑[M].河北:河北美术出版社,2016.

第十四章
运河激活的古老城市
——东光县

东光县的兴衰，与京杭大运河有着直接且紧密的联系。明清时期，作为码头城市，东光县既是当地重要的码头，也是运河沿岸的一处工业重地，并逐渐衍生了气息浓厚的水文化、河文化与城市文化，留下了宝贵的物质与非物质遗产。

一、东光的地理优势与历史变迁

1. 地理区位——河流汇集，漕运要道

凭借丰沛的水利资源与区位优势，东光县成为大运河漕运要道上的重要节点城市。

一方面，东光县境内地势低平，县内水系汇集、错综泛滥，不但运河贯其中者，并"由吴桥界入北，流经县城西码头，至南皮交河两界出。又东为宣惠河，亦由吴桥界入北，流迤东至南皮界出。其西境则有漫河，由景州界入。又西有屯氏河，由阜城界入，皆曲折北流至刘守义桥之北而合焉，其下入于交河界。此全邑之形式也"[1]。此外还有王莽河、胡苏河、马颊河、沙河等河流。这样的水文条件表明，东光县不仅是运河流经之处，更有利用错综的河道环境修堤筑渠、疏浚河道的天然优势。

另一方面，因地处南运河下游、渤海上游，东光县形成了以南交为依附、以吴阜为襟喉的区域优势①，"其地虽无天险，而平原广隰，转漕所通，近接沧瀛，遥接齐鲁，实为腹地"[1]。正如清史学家吴浔源在《撰修东光志成谨题四律》所言，"青山衣脱水归槽，白社寒生早索绹。千里风樯通渤海，一城霜气入弓高。胡苏亭远怀神禹，燕友台荒逝魏曹。莫道偏区非紧望，古来侯伯此争豪"[1]。作为京畿门户，东光县是江南、山东、河南漕粮入京的必由之路，每年上万艘漕船从此经过，而商船、民船更是不计其数（图14-1）。

2. 县治沿革——历史悠久，功能变迁

东光县早在汉代已有县治，后各朝代也常有更迭。据记载，东光县在东汉时，曾一县分属三地，即青山属安平国，弓高县属河间国，而胡苏亭属渤海郡。此后几百年间，东光县的县治所也随着朝代更替发生变动。直至魏晋以后，辖域基本稳定下来。直到五代以后，东光县成为州府治所在之地，称为"倚郭"[3]。②到

---

① 南交即南皮与交河，吴阜即吴桥与阜城。
② 吴天祐五年（908年），景州移治之后，东光历经五代、宋、金时期都是倚郭。

了元代，由于景州州治变更，东光也不再是倚郭。明初洪武七年（1374年），东光县并入阜城县，洪武十三年（1380年）恢复县治，复归属于景州。清代景州降为散州后，东光归属于河间府（表14-1）。

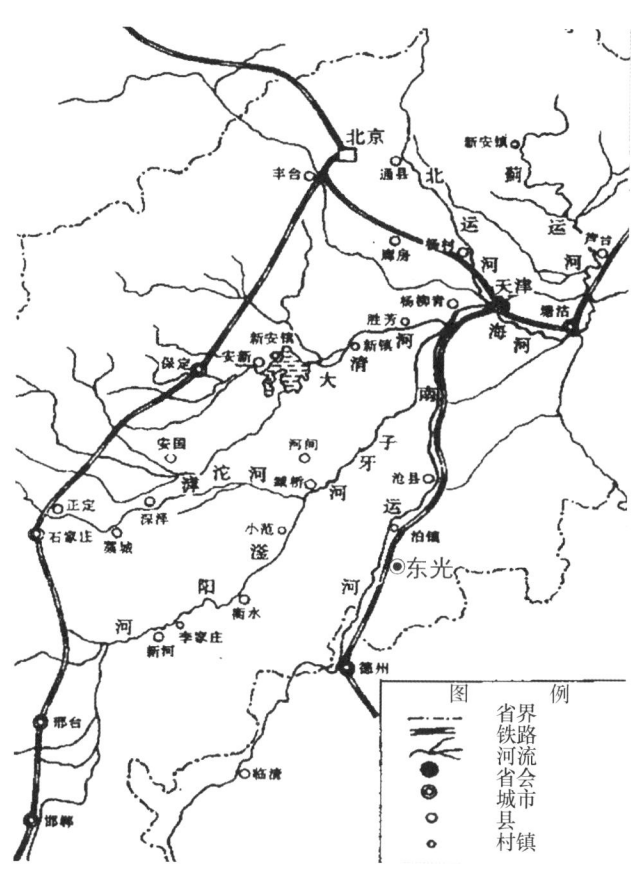

图 14-1 东光与航运线位置关系示意[2]

表 14-1 不同时期东光县归属情况一览

东汉时期	五代时期	元代时期
归属冀州渤海郡东光县与河间国弓高县[4]	属晋国景州[4]	属中书省河间路下景州[4]

注：表中东光县均为现代东光县县城位置。

二、沿运河发展的城市格局

1. 沿河而生的"东光三镇"

相较两汉、西晋,乃至北魏时期,隋代至明清期间,东光县城向西迁移了二十里。东光县在清朝属于河间府,县治分为东南、东北、西南、西北四乡,并以东光镇、南霞口镇和连镇镇这三个商业码头最为出名。三镇均位于运河沿岸,航运发达,行商便利,后逐渐发展成当地著名市镇(图14-2)。

图14-2 《古运回望图》东光段[5]

夏口镇现名南霞口镇,古称"霞光渡口",在明代就属重要漕运、商业码头。《读史方舆纪要》称"卫河有大小龙湾,萦回而下,经县北二十里,其地名下口,居民鳞集,行旅辐辏,俨然城市,谓之下口镇"[6]。在那时的河间府内,有两镇商业之盛远超周边,一处是泊头镇,另一处就是夏口镇。

东光镇又叫马头镇,是明清时期县内重要的商业码头。东光镇位于县城附近的南运河沿岸,从县城西门到运河边,相距不过四里多,这段路程是交通要冲,承载着钱粮运输和行商贸易的重要职能,是全县重要的经济、交通中心。同时,东光镇作为县治所在,这里的陆上交通最发达,呈放射状通往四面八方,有着重要的辐射作用,可以将运抵的货物经此转运到四周乡里进行贩卖。《东光县志》中提到，"县治西二里有曰东光镇，交卫河，为南北舟楫往来交通之处，居民视治壤颇庶，而河西视河东相倍，其园林之盛，土地之饶，他镇集莫与"[1]，可见其在整个县内都有着非常重要的地位。[7]

连镇镇地势较低，易有积水，故有连洼、连窝之称。连镇镇位于景州、东光、吴桥三县的交界地带，镇上有水驿，商旅云集，生意兴隆，又因为是河工重地，直追泊头，其中最为兴盛的是布业。据记载，明清时期当地的商人和百姓多半从事布匹买卖、贩运的生意，将布匹通过水路销往山东、天津、北京等地（图14-3）。[8]

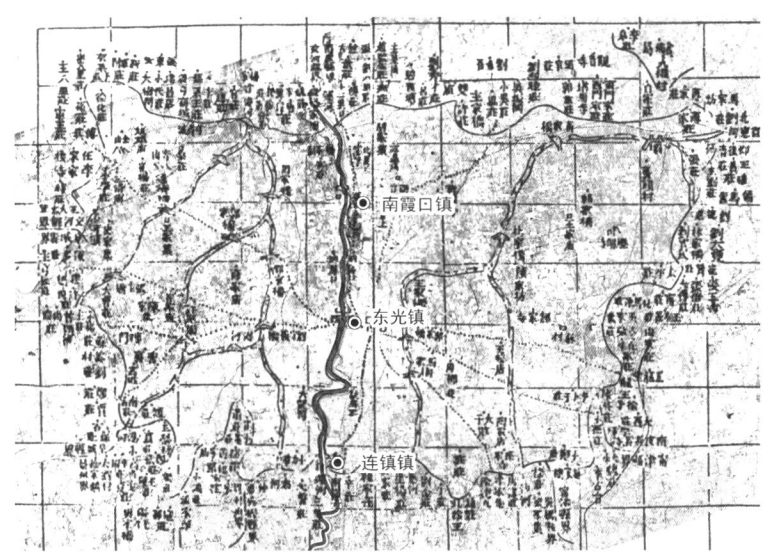

图14-3　东光三镇古今区位示意[5]

2. 县城的建设与布局

据《东光县志》的记载，东光县城在明清时期先后经过四次翻修，初为土城，明代增修砖城，四周城墙长六里，高三丈六尺，设四个城门，每个城门均有两重，城墙上间重楼八座，四角建重楼四座，腰铺八座。东城门石额上书"东阳"，西城门为"西光"，南城门为"丽正"，北城门为"拱辰"，后遭战乱损毁，仅存四个城门及其上重楼。

乾隆九年（1744年）以工代赈，在城墙旧基上重修土城墙。道光、咸丰年间又倾圮。于同治二年（1863年）九月初十开工修理，其间因邑令官职调动停滞。同治四年（1865）八月十八复工，依照旧有城门四门各减一重。

县城为四方形，中有四条主路呈十字形连通四个城门，另有道路在城内沿城墙绕城一周，连通四条主干道。城中文庙、文昌祠、训导署、学院等承担治学职能的建筑位于西北方，书院、县署、仓库等与行政有关的设施均位于城市东北侧。城中东南角仓储，东门边设战守营，西门边建有城隍庙等与民俗活动相关的祠庙（图 14-4）。

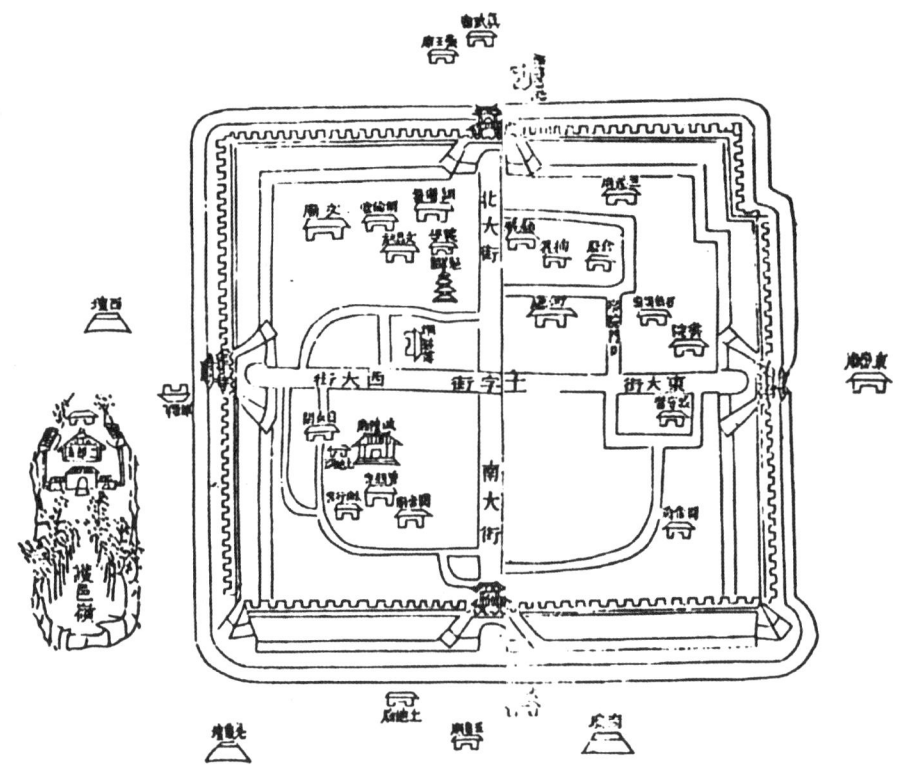

图 14-4　东光县城池图[1]

三、运河影响下的乡土风貌

大运河在带动东光县境内沿运城市发展的同时,因运河的走向阻挡了原有河流的流向,且负责漕运的运河水无法用于农业灌溉,导致洪涝和干旱灾害加剧,对沿线百姓生产生活带来一定的干扰。这种利弊兼具的影响特点,赋予大运河沿线城市特有的乡土风貌。

1. 帝王行宫选址点,水神祠庙繁盛地

(1) 帝王南巡的落脚处。大运河南北贯通,航运发达,不仅是百姓商旅的承载者,更是帝王南下的首选。因此在运河沿岸,自北向南一路分布着行宫,以便皇帝歇脚。在东光县北二十五里处,卫河的东西两岸筑土为山,建设行宫。据县志记载,乾隆三十一年(1766年)巡幸江南、乾隆五十五年(1790年)巡幸山东时,都在此落足,直到"道光二十六年奉裁"[1](图14-5)。

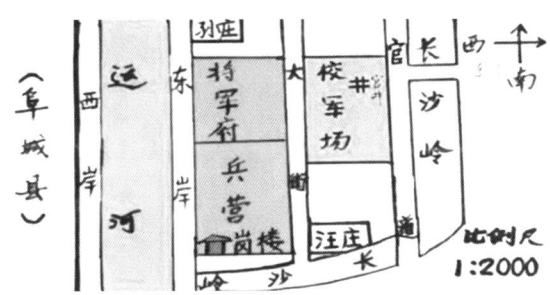

图 14-5 东光县乾隆行宫示意[9]

(2) 水神崇拜与庙会。东光县河流纵横,水系密集,运河文化直观、鲜明地影响着百姓的生活。如东光县庙宇中,便有许多供奉着水神,甚至原本作为其他功能的神灵庙宇,如真武庙、关帝庙、奶奶庙,在此地也兼有保佑安澜的功能。当地还有四座较大的水神大王庙,分别在刘庄、大龙湾、洪庙、陈庄,庙宇壮丽,香客辐辏,"瞻便行旅,是又推广河神之灵"[1]。

除寺观庙宇外,集市与庙会也与运河使用息息相关。航运带来的商业发展造就了沿岸城镇的发达,也使其具备了开办大型集市与庙会的能力。其中距离县城

25 里的王家集不仅繁荣发达，更修建了养病堂供养老年病患。

运河岸边，东光县城的普照寺也是有名的庙会地点。普照寺现名铁佛寺，素有"沧州狮子景州塔，东光县的铁菩萨"[10]之称，建于北宋开宝五年（972 年），至今已有一千多年的历史。清朝时期，会在每年的十月初六举办庙会，而连镇的真武庙一年举办两次庙会，分别在每年三月初三和九月初九。

东光县城西门外有一处护邑岭，现在多被人叫作"二郎岗"。其名字的由来虽有两种不同的传说，但都与水密切相关。二郎岗上有一座永清观，在当地同样是祈求河水安澜、风调雨顺之处。它是明嘉靖十三年（1534 年）李政捐资兴建，每年农历正月十六是二郎岗庙会，俗称"走百遍""去百病"。届时，十里八乡的民间花会竞相登岗，观者摩肩接踵，盛况空前，因此，二郎岗也有了"北国奇秀"的美誉（图 14-6）。

图 14-6　东光二郎岗现状

2. 防灾抗灾建设

（1）水灾及其防控建设。由于明清时期对水患的治理主要围绕着保障运河漕运这一重点，所以虽常年治水，却仍然不绝其害，同时由"治水"也引发出一些负面的连锁反应。康熙年间东光县志记载，一旦河道发生淤滩便会组织疏浚，且每年栽植柳树巩固堤坝，但由于常年筑堤取土，破坏了岸边百姓生活所倚仗的耕地，而征税却没有改变，遂导致百姓生活每况愈下。甚至当漕运不再兴盛后，因缺乏对河道的维护管理，水患更加严重，百姓生活也更加困顿，以致由天灾演化成为人祸。光绪年间，就曾因为运河的赵家堤决口，致两百多处村庄被淹，村民为争护本乡农田而以命相争,并"沧州、东光之民因水决堤,争斗相杀成大狱"[1]。这次之后,为保证该区域的水系安全,便在于家洼修建了供泄洪用的滚水坝,并设汛房、驻汛夫,以观水势,及时避险。

及至光绪年间,东光县运河两岸的河防部署共有旧浅九处,堤四十处,而同样是水患多发的交河只有运河五浅。此外,运河河防又以码头镇的河神庙前牌坊为界,分为南、北汛堤两部分。南汛堤有堤十九处,浅一处。于连镇镇设把总一名,战守河兵十二名。堡十四处,东西岸各七处,共有汛夫四百四十八人,分布于各堡下属的村庄内。北汛堤有堤十六处。设在称主簿一名,战守河兵十二人;堡的设置与南汛堤相同。

在东光县境内的众多堤坝中,连镇谢家坝极具代表性。因境内河道多有弯曲,虽能消减水势,然而每逢雨季,险象丛生。当地谢姓乡绅为保境安民,倡议捐资修筑堤坝,因而该堤坝被称为"谢家坝"。谢家坝为夯土坝,坝体使用灰土加糯米浆逐层夯筑的筑造方法,异常坚实,与南运河共同构成了浓厚的地方历史文化特色,象征着该地方人民团结、勤劳的精神品质,已作为世界遗产大运河遗产构成要素之一(图14-7~图14-9)。

(2)仓储设施。因土地贫瘠、旱涝灾害多发,为保灾年民生,防止暴乱,东光县各地历来也有建设仓储的工事。然早年各地仓储数额多寡不等,且天长日久多有陈腐,仓库也都破败荒芜,后在乾隆十六年(1751年),经规划共修建义仓九处,县治西、南、北三路各有两处,东路设三处,以备所需。

图14-7 连镇谢家坝版筑分层现状图

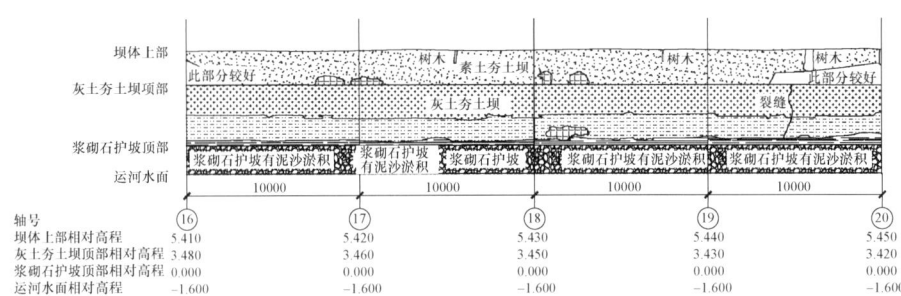

图 14-8 谢家坝立面加固措施 [11]

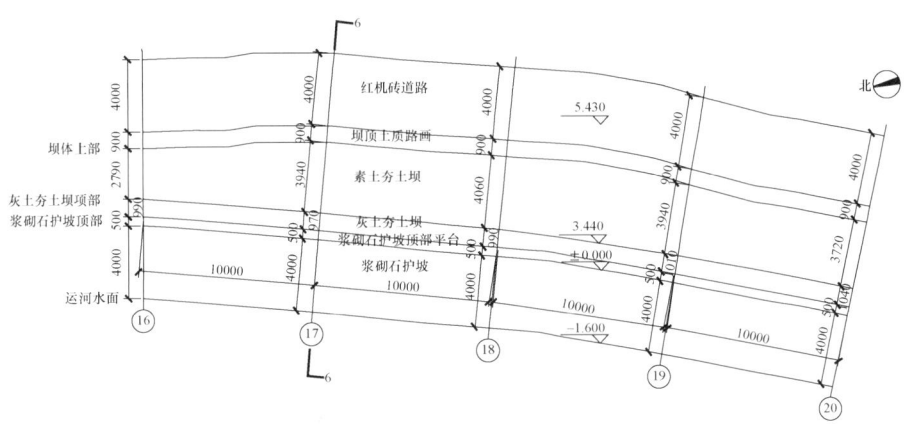

图 14-9 谢家坝夯土坝加固措施（一）[11]

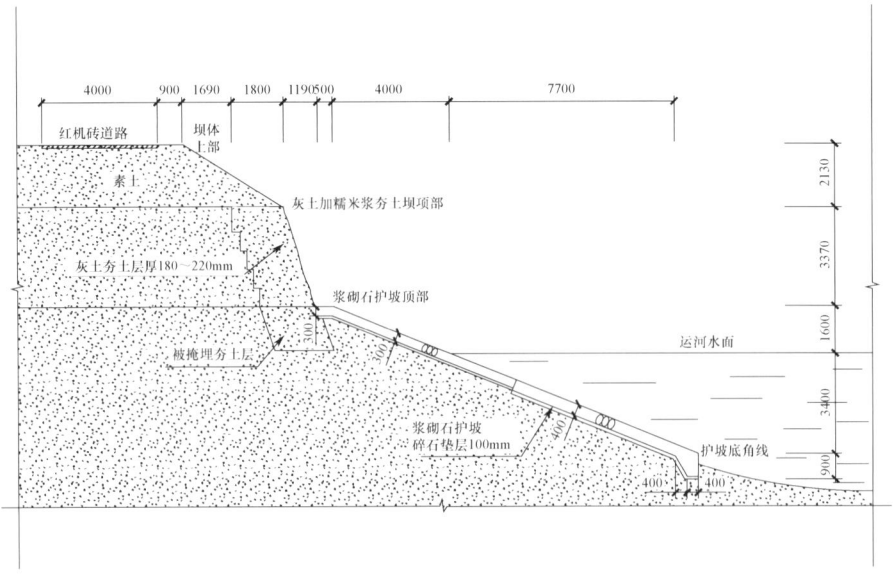

图 14-10 谢家坝夯土坝加固措施（二）[11]

除义仓外，东光还设有预备仓。预备仓旧时在县治内东南方，有三间官厅、二十四间粮仓，后分别又在雍正四年（1726年）、雍正十年（1732年）、乾隆十三年（1748年）、道光十五年（1835年）、光绪六年（1880年）时迁址或新建，到光绪年间，已有南房三间、西房三间、北房三间、北上房五间、东房六间、仓夫住房三间的规模。

3. 东光码头沉船遗址

在大运河沧州段，河道有200多处转弯。这些弯道可以有效减小河道高度落差，保证行船更平稳，同时消解水势，减少堤坝受力。但同时，河道的外弯处压力倍于内弯处，多会在压力下形成堤岸崩塌。若在丰水期，船行此处，把控不好，压力和冲击力会将船压翻冲翻。这种河道地形，一般是事故多发点，沉船的比例也更高，东光码头沉船遗址就是典型实例。

该遗址是1998年6月初发现的宋代沉船遗址。遗址一被发现，便由沧州市文物管理处和东光县的文物保护所进行了抢救性发掘。除了百余件出土文物外，当地相关部门还对船体采取了就地掩埋的保护措施。东光码头沉船遗址是沧州段运河内27处沉船点之一，是当年大运河发挥航运功能的历史见证。[12]

结语

东光县位于大运河河北段下梢，不仅是航运货物北上销往京津的通道，更与齐鲁连通，保持着贸易往来。明清时期，东光县利用沿运优势，形成了南北向带状贯穿整个县域的东光三镇，并以三镇为纽带，影响着周边百姓的生活。同时，面对运河流经所带来的洪涝灾害和旱涝不定的自然气候，东光县百姓凭借智慧与勇气，创造了技艺高超的防洪工事，形成了丰富的与水相关的民俗生活，促使东光县成为京畿地区典型的一处沿运县城。

参考文献

[1] 吴浮源. 东光县志[M]. 刻本.
[2] 齐易. 河北省航运史[M]. 北京：人民交通出版社，1988.
[3] 华林甫，赖青寿，薛亚玲. 隋书地理志汇释[M]. 安徽：安徽教育出版社，2019.
[4] 谭其骧. 中国历史地图集[M]. 北京：中国地图出版社，1982.

[5] 谷建华.图说大运河：古运回望 [M].北京：中国书店出版社，2010.
[6] 顾祖禹.读史方舆纪要 [M].北京：商务印书馆，1937.
[7] 郑民德.明清河北运河城市变迁研究：以东光县为例 [J].运河学研究，2019（01）：143-155.
[8] 赵云旺.衡水民俗风物 [M].石家庄：河北人民出版社，2016：24.
[9] 安吃.大美河北：东光的运河行宫［EB/OL］.https：//m.sohu.com/a/342810362_698835/?pvid=000115_3w_a.2019.09.23.
[10] 晓曦，书坊.古镇史探 [M].呼和浩特：远方出版社，2002.
[11] 田林.大运河遗产保护理论与方法 [M].北京：文化艺术出版社，2021：110-112.
[12] 沧州市运河区年鉴编纂委员会.沧州市运河区年鉴2017 [M].石家庄：河北人民出版社，2018：82.

第十五章
航向四方的杂技之乡
——吴桥县

有运河流经的地区，不仅有便利的交通、繁荣的经济，更孕育着丰富的艺术与文化资源。吴桥县便是运河文化带上著名的杂技之乡。古时吴桥杂技艺人，沿运河航向南北谋生，将展现人体极限的杂技表演带到各地。近代，许多吴桥艺人走出国门，向世界传播独具民族风格的中国杂技。运河作为吴桥杂技发展的基石，输送着一代代杂技艺人，也见证了吴桥人对于生存与生命的探索。

一、运河旁的杂技之乡

1. 杂技在中国的缘起

（1）生存劳动的艺术化。杂技产生的一个重要原因是生存和劳动的需要。早在原始社会，原始人出于捕食与防御等生存需要，不断学习技巧、巧借工具，习得渔猎、攀缘、搏斗、驯兽等生存技能。随着生产力与生产工具的进步，杂技艺人更是就地取材，活用身边的生产生活工具，如盘子、板凳、绳索等，经过不断演绎增加故事性、趣味性，并不断精炼力量、速度、技巧和准确度，最终提炼出了兼具智慧与力量的杂技艺术。[1]

（2）尚武思想的游戏化。春秋战国时期，政治上王室衰微，诸侯崛起，兼并战争频繁，出于富国强兵的现实需要，各国需要大量兵力与军事人才，催生了大批练武学艺之人。受尚武重勇文化的长期影响，西汉初年，作为古冀州一带的河北流行着一种称为"角抵"的民间游戏，亦称"蚩尤戏"，游戏形式是人们戴着牛角面具对抗，尚武思想的游戏化促进了杂技从功能性向审美娱乐转变。[2]

（3）自上而下的民间化。唐宋时期，由于经济文化繁荣，杂技亦得到了空前发展，杂技艺术的活动重点由宫廷转为民间。元代，中原文化发展受到制约，杂技也遭到限制，杂技艺人转而投身于各戏班，促成了杂技与元杂剧的融合。明清时期，杂技基本定型，表演内容、使用道具、演出形式更贴近人民生活。

总的来说，中国杂技的发展经历了由生活劳动功能性需要到艺术化、游戏化的转变，并最终走向民间化，最终形成了以认识和追求人类自身的美为特征的中国杂技。

2. 杂技在吴桥兴起的自然因素

吴桥地区土质较差，亿年前这一带为海洋，后因板块运动，形成了如今的冲积平原，因此土地盐碱化较重，不宜耕种。同时，历史上吴桥水旱灾害频发，对农业生产破坏性较大（表15-1）。明永乐二年（1404年），黄河改道为吴桥带来了大片荒地，吸引了许多山东移民。[3]因自然灾害导致的耕地条件差，以及人多地少的土地矛盾，直接导致当地农民对土地的依赖性下降，无法依靠小农经济自给自足的人们转而寻求其他的谋生手段。因杂技学习成本低、学艺周期短、表演道具简单、受生理条件限制少，适合普通农民学习[4]，吴桥成为杂技艺人的主要输出地。

表15-1 明清时期吴桥水旱灾害统计表①

3. 杂技在吴桥兴起的人文因素

吴桥能够成为杂技之乡，历史及社会环境也是重要的原因之一。吴桥位于杂技诞生之地——冀州东部。1957年在吴桥小马厂村发现了一处南北朝遗址，墓葬壁画中记录了当时的杂技动作（图15-1）。

封建社会，艺人始终处于被压迫地位，身怀绝技的杂技艺人既是传统思想"重本抑末"的限制对象，又是封建统治的安全隐患[6]，因此杂技艺人常常被视为乱民遭到镇压，明清尤甚。于是许多吴桥艺人选择"半农半艺"的生活方式，隐于乡村，务农的同时坚持杂技练习，到了农闲或重要传统节日时，艺人们或到附近乡镇集市赶庙会或沿着运河在码头附近演出以"走码头"谋生。[7]因此受生存所迫而发展起来的吴桥杂技，呈现出古朴和乡土的表演特色，杂技动作中可以看到对于武术的借鉴，透露着对于勇武阳刚精神的追求。

---

① 根据《吴桥县志》清光绪元年刊本，卷十杂记灾祥载：洪武二十八年（1395年）德州大水坏城垣，吴桥正当下流。明永乐十年（1412年）十一月吴桥决堤伤麦。成化十八年（1482年）八月卫、漳、滹沱并溢，自清平入天津。万历三十九年（1611年）大水谷贵甚。万历四十一年（1613年）大水。崇祯十三年（1640年）旱。崇祯十四年（1641年）大旱，飞蝗蔽天，死徙流亡略尽。康熙二十八年（1689年）旱。康熙四十二年（1703年）五月大雨水，陆地行舟。康熙四十七年（1708年）旱饥。康熙六十年（1721年）大旱。雍正十一年（1733年）大雨如注一昼，民屋垣多倒塌，平地可身行百余里。乾隆八年（1742年）大旱炎风。乾隆二十六年（1760年）德州河决入钩盘，沿堤危甚沟店铺，堤决灌城东北数十村。乾隆三十九年（1773年）旱。道光元年（1821年）正月钩盘河决，水及城下。

图 15-1 南北朝时期的杂技壁画[5]

此外，家族传承也是重要的影响因素。明清时期按照规定，艺人子弟无法参加科考只能学艺，因此吴桥艺人的本领与技艺也大多是祖辈相传[5]，杂技技艺的传承与杂技艺人的集中，促进了吴桥成为杂技之乡（图 15-2、图 15-3）。

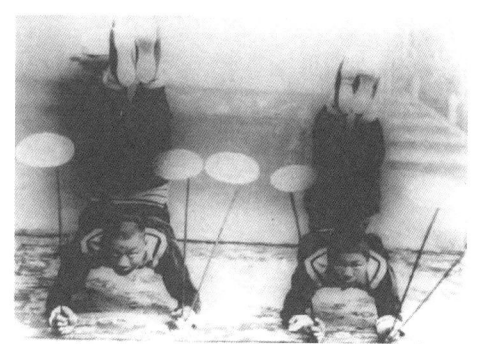

图 15-2　20 世纪初吴桥杂技艺人练功[5]

图 15-3　20 世纪初吴桥杂技在俄罗斯演出[5]

二、流动的技艺

运河与杂技的关系,在当地杂技歌谣中得到充分展现。[①] 歌中"条河"即京杭大运河。由于运河流经的地区,多为商品经济繁荣、人口众多的城市,因此吴桥艺人多沿运河水运去往全国谋生。其中吴桥杂技最为集中的三大聚集地分别是北京的"天桥"、天津的"三不管"、南京的"夫子庙"。

中国除了河北的吴桥,还有许多以杂技闻名的城市,如山东聊城、江苏盐城、河南濮阳、湖北天门、天津武清、河北肃宁等。但"没有吴桥不成班"这一说法受到公认,证明了吴桥杂技在中国杂技中的重要地位。在沿着运河南来北往的表演生涯中,杂技同运河一道,向南北传播。漕运的发展,不仅为杂技艺人提供了便利的交通条件,还因带动了沿运城市、乡村、码头的繁荣,为杂技表演奠定了良好的经济基础。2006年,运河文化带背景影响下的吴桥杂技与聊城杂技,一同被公布为第一批国家级非物质文化遗产。

---

① 杂技歌谣:小小铜锣圆悠悠,学套把戏江湖走。南京收了南京去,北京收了北京游。南北二京都不收,条河两岸度春秋。

三、吴桥城市建设特征

1. 总体布局

吴桥县最初位于古黄河北岸,后因土城年久失修而坍圮。明成化二年(1466年),重建土城。崇祯十一年(1638年),改建砖城。乾隆三十三年(1768年),重建砖城。吴桥县同其他沿运城市一样,继承礼制的同时,也具有运河城市特色。吴桥县城市呈方形,周长4里,东南城郭上有文昌阁与奎星楼,十字街将城内分成四个部分。

受运河影响,因漕粮运输、储存的需要,城东南分布着常平仓。由于运河沿线城市经济繁荣吸引着地域性商帮至此开展商业活动,其中最有名的晋商,在城东北建有一山西会馆。与水神信仰相关的庙,如真武庙、水神庙分布在城外。此外由于当地尚武思想浓厚,城内西南分布有武馆(图15-4、图15-5)。

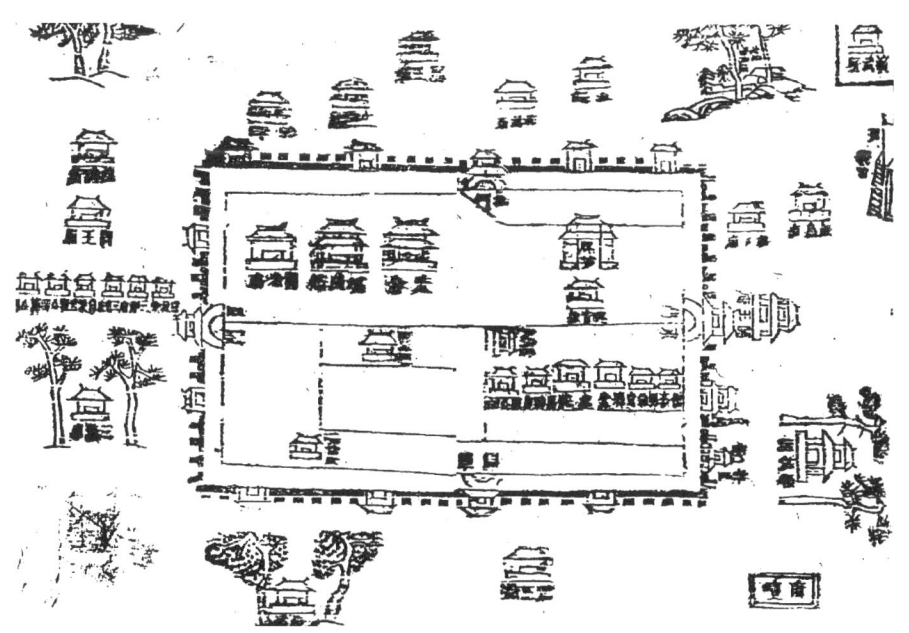

图15-4 清康熙十九年(1680年)吴桥县志图[8]

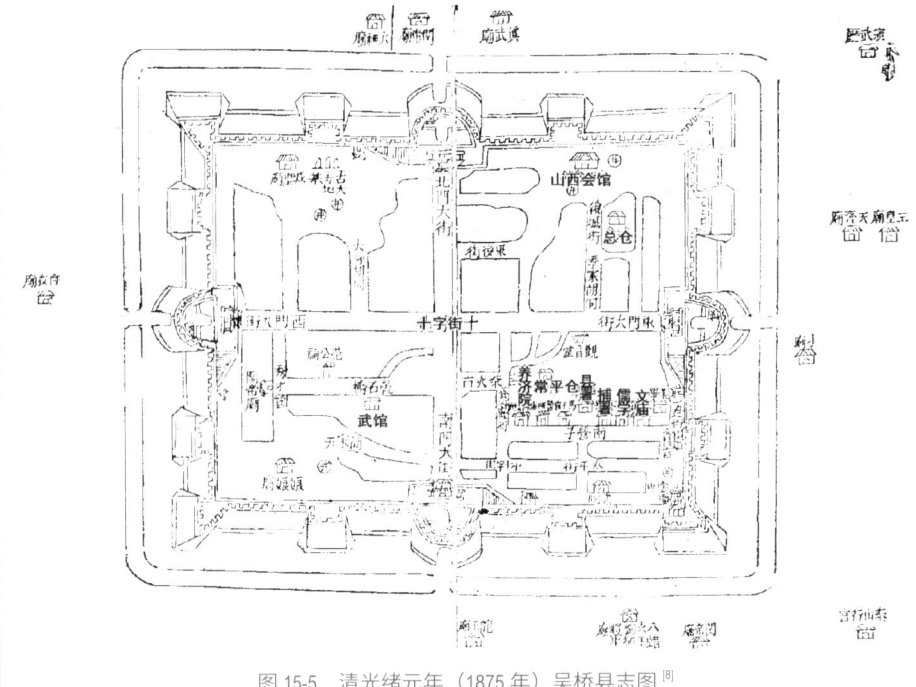

图 15-5 清光绪元年（1875年）吴桥县志图[8]

2. 与杂技相关的建筑与场所

（1）山西会馆。明清运河繁荣带动沿运城市经济发展，运河促进了连镇（明清属吴桥县，现属东光县）、桑园镇等商贸中心的兴起，同时也吸引了大量的商人来此经商。河北东邻山西，是晋商往来东北与华东的必经之路，因此河北各个水路交通要道都设有山西会馆，戏台作为求神与娱乐的演出场所，是会馆中必不可少的建筑。[9]明清河北便分布有11处山西会馆，分别位于吴桥、张家口、保定、蠡县、大城、任丘、故城、永清、太谷、迁西，其中吴桥、大城、故城、永清这4座城市毗邻南运河。

清康熙五十九年（1720年），晋商在吴桥修建了山西会馆，保持着中国传统的合院式布局，会馆分前后两院。由于晋商崇拜关公，因此吴桥山西会馆前院正殿设关帝庙，门楼上设戏楼，坐南朝北，二者中间为可容纳千人议事、看戏的庭院空间；后院则为正厅与东西配房。

在吴桥杂技之乡的背景下，吴桥县山西会馆除了有传统戏曲演出外，还成为了戏曲剧种荟萃之地，包括河北梆子、京剧、评剧三大剧种，促进了杂技与戏曲的融合，推动杂技进一步发展。[10]

（2）黄镇庙会。吴桥县同其他运河沿岸城市一样，庙宇林立，除了常见的药王庙、三官庙、关帝庙等，还有与水神信仰有关的真武庙、水神庙。庙宇每年定期举办庙会，庙会作为大众信仰的聚集性活动，在人际交流中逐渐融入了娱乐和商业活动。[11]因此，庙会除了做法事的原始功能外，衍生出了如杂技、戏剧等娱乐性的表演功能。艺人通过庙会谋取生计，同时他们也为庙会增添了趣味性与吸引力。

其中最著名的是黄镇九月庙会，它曾是世界上唯一的杂技行业庙会。黄镇现属山东省宁津县。过去此处有香火旺盛的娘娘庙，因南有官道，西有石桥，且西临运河，水陆交通便利，临近吴桥县，因此全国各地的杂技艺人、道具商贩汇聚于此，黄镇逐渐形成了杂技表演者们交流的场所。庙会持续一个月左右，庙会中除了能够观赏到各式各样的杂技表演，还可交易杂技道具。道具与技巧的公开，促进了吴桥杂技与各地杂技的交流与传播。后黄镇九月庙会因抗日战争而销声匿迹。[12-13]

结论

杂技是运河沿线城市中吴桥县的特色标签。基于历史研究了解吴桥杂技产生的自然与人文原因，进而探究杂技与运河的互动关系，从吴桥的城市建置与集会中找到杂技的身影，通过国家级非物质文化遗产角度研究运河城市，不但有利于挖掘杂技艺术在城市发展中的内在价值，而且有利于丰富大运河的文化内涵。

参考文献

[1] 李希凡.艺苑篇：上[M].北京：中国青年出版社，1991.
[2] 于平.中国杂技艺术的发生、演进、类分与美化[J].艺术百家，2011，27（02）：10-13，36.
[3] 北京未来新世纪教育科学发展中心.图说中国非物质文化遗产 天桥风云[M].乌鲁木齐：新疆青少年出版社，2008.
[4] 王立芳.政治空间压缩与杂技传统的建构：基于杂技艺人"化外之民"形成与发展历程的考察[J].民族艺术，2016（05）：101-108.
[5] 常素霞.吴桥杂技[M].北京：科学出版社，2010.
[6] 王立芳.民间艺人视野中的向上流动：以吴桥杂技艺人为例[J].四川戏，2009：76-78.
[7] 王立芳.艺人再造[D].厦门：厦门大学，2009.
[8] 上海书店出版社.中国地方志集成 河北府县志辑44 康熙吴桥县志 光绪吴桥县志 乾隆衡水县志[M].上海：上海书店出版社，2006.

[9] 刘文峰. 山陕商人与梆子戏考论[M]. 北京：北京时代华文书局，2016.

[10] 沧州戏曲志编辑部. 沧州戏曲春秋[M]. 北京：中国戏剧出版社，1991.

[11] 张正明，张舒. 山西地方史探略 果天数乎 抑人事乎[M]. 太原：山西经济出版社，2017.

[12] 吴桥县政协文史资料委员会. 吴桥县文史资料[Z]. 吴桥县政协，1991.

[13] 付晓莉，单君萍. 黄镇庙会在中国杂技历史上的地位[J]. 沧州师范专科学校学报，2009，25（02）：7-8.

第十六章
防患固城——景县

景县又称景州，隶属衡水市，位于河北东南部，坐落在京杭大运河西岸，是连接京津与山东的重要交通枢纽（图16-1）。据记载，景县最早由古黄河（汉志河①）和漳河冲积而成[1]，后于秦时设郡县，东汉时期称为脩县，隋朝改脩为蓚，金代蓚县改为景州。京杭大运河开凿后，景州成为漕运码头和地方商业中心，漕运发展为该地区带来了丰富的运河文化。[2]

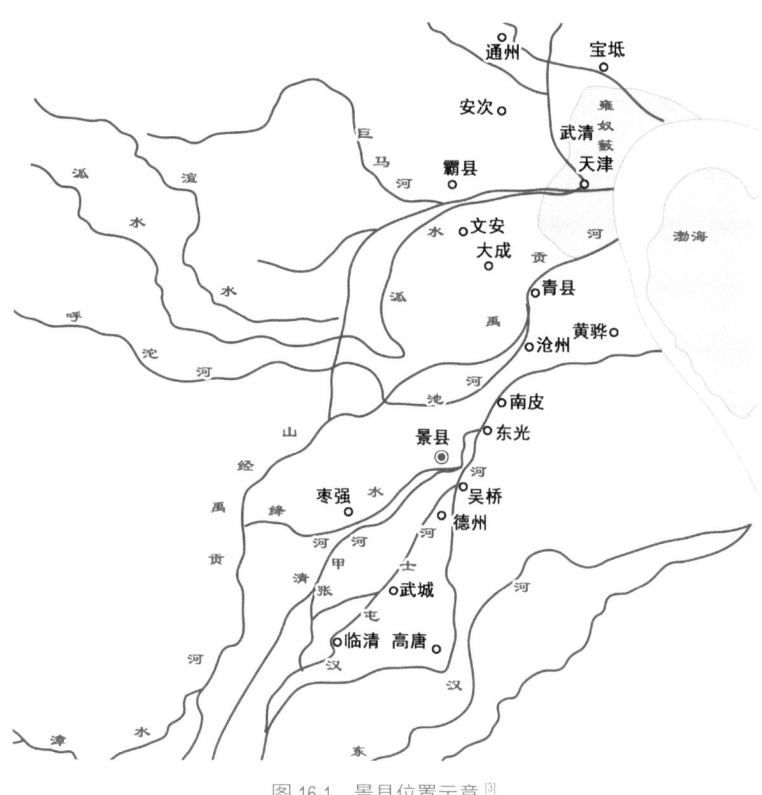

图16-1　景县位置示意[3]

---

① 《汉书·地理志》，"汉志河"与"山经河"和"禹贡河"河道分开，然后经今浚县（古称黎阳）达至山东、濮阳北、内黄东、大名东、馆陶东、临清南、高唐东、平原西、德州东、景县东、沧州东南，在今天津南的黄骅附近入海。

一、南运河段"多弯少闸"的应对策略

1. 南运河河道特点

穿过景县境内的运河即为南运河,其流经区域西北高、东南低,地貌较为复杂。为保证运河顺利通航,在修建运河时,南运河段尽可能地修建成连续弯道,旨在将原有的自然地形与后期人工建设弯道相结合,达到以弯抵闸的目的,即"三弯抵一闸"[4]的治水效果(图 16-2、图 16-3)。这种建设最终起到两方面的作用:一是不使水流过快,以免上游缺水,贻误漕运;二是不使河水左冲右撞、激荡震动,从而减少泥沙沉积。

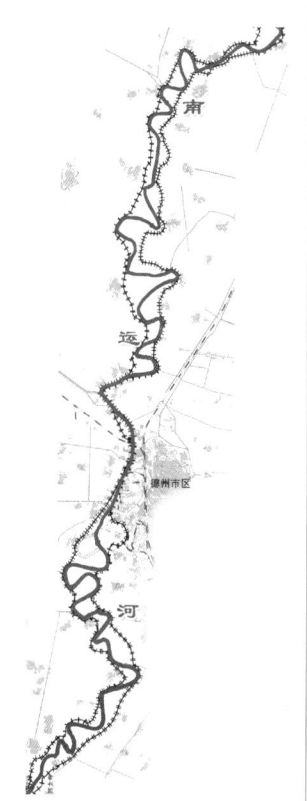

图 16-2 南运河弯道示意①

---

① 此图片引自大运河遗产山东段保护规划 2012.6.13(山东文物科技保护中心)。

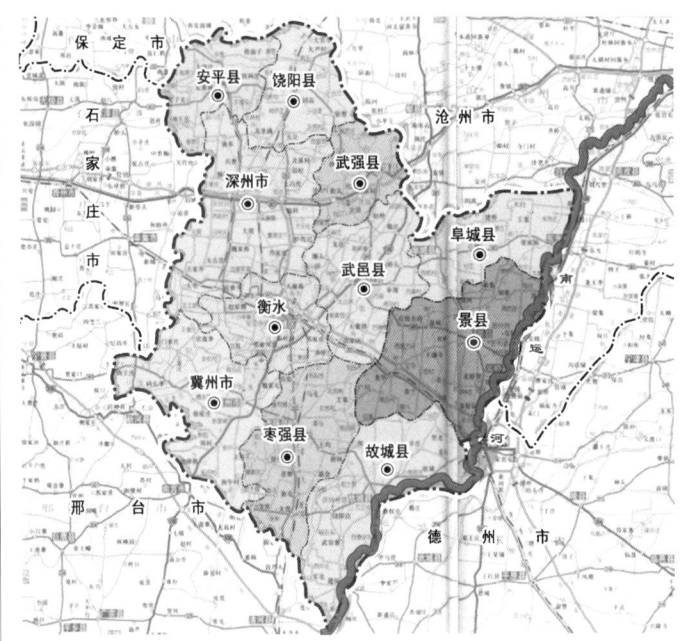

图16-3　衡水境内南运河弯道示意[5]

但南运河在景县境内多弯道且水势较为凶猛,"惟逢运河上流在距县境一百余里内西岸决口,或遇雨水过大之年,水势便从故城入境汹涌而下"。如果运河左右岸防护措施不到位就极易引起水患,故当时景县便有河道多、洼碱地多、坑塘多、灾害多的"四多"之说,并有"一年到头白瞎忙,盐碱土薄不长粮,河水淹来沥水涝,冬缺衣来春无粮"[5]的俗语,特别是"有沙河一段,嗣因漳水泛滥淤积为沙,致成不毛"[2]。可见,借助河道弯道技术,虽人为地增长了运河长度,也有效地克服了水位落差问题,但洪水来临后,直冲拐弯处,原来的土堤根本无法阻挡,常出现决口情况,水患频有发生。因此,为防止运河决口,历代各朝积极修筑堤坝,防止水患造成的灾害。效果最显著的是连镇谢家坝和景县的华家口夯土险工。两者均因河道较为弯曲而建设,坝体灰土加糯米每层夯筑,下部为石头垫层,基础为泥土中打入木桩,建造完成后有效地避免了决堤的危险,因其特殊的工艺成为世界遗产大运河的遗产构成之一。[6]

2. 景县段预防水患的华家口夯土险工

华家口夯土险工,又称作华家口夯土坝,位于安陵镇。它是一座建造在清朝末年的"糯米大坝",帮助景县免受水患100多年。[7]

南运河在景县安陵镇华家口村段内总长度约三公里,在村内形成了一个巨大的 U 形拐弯，这是进景县之后的第一大弯。每当洪水来临后，直冲拐弯处，原来的土堤根本无法阻挡，常常出现决口的情况。为防止洪水泛滥，保护周边的村落居民，清宣统三年（1911 年）由朝廷修建华家口大坝。险工全长 255 米，整体为南北走向的梯形，顶宽 13 米，整段高 5.8 米至 6.7 米不等，平均收分 20%，堤内坡采用黄土、白灰加糯米浆夯筑成坝墙，坝墙每段宽为 1.8 米，厚 18 厘米，分步夯筑，底部采用坝基抗滑木桩施工工艺，外坡与顶部为素土夯实而成，曲线形符合流体力学原理，受力面合理，最大限度地缓解了河水的冲刷。[8] 华家口夯土险工是古代人民治理水患的智慧结晶，为我国研究古代水利工程提供了重要的资料（图 16-4）。

图 16-4　华家口夯土险工现场照片

二、大运河沿岸预防水患的城市建设特点

景县境内建设多种水利工程,以确保城市安全。在这些工程的保障之下,城市才得以发展。同时城市在规划和建设的过程中,也出现许多沿运城市预防水患的设计特点。

1. 城市体现古代传统建设思想

我国城市建造大抵依照旧制,景县也不例外(图16-5)。如城池图所示,景县城池轮廓呈方形,四面城墙均设门,南北城门设瓮城,城内四周环以道路。南门较北门东移,使得城内原中央十字街道路骨架发生移位,形成网格状道路体系,且道路通直。城内主要建筑均分布在核心道路两侧,县衙署居于城市核心位置,且其影壁、大门、礼堂都位于一条中轴线上,礼制特征显著(图16-6)。

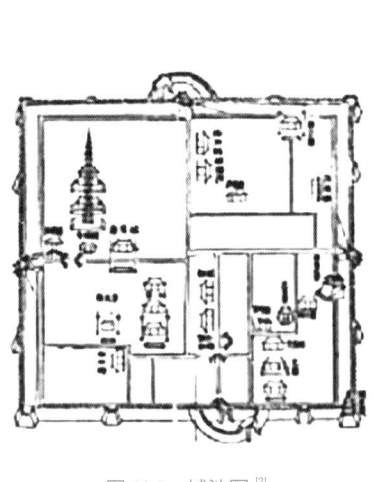
图 16-5　城池图[2]

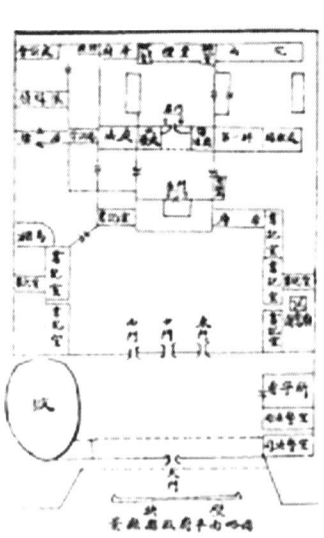
图 16-6　县治图[2]

2. 沿运城市预防水患的设计特点

"凡立国都,非于大山之下,必于广川之上。高毋近旱而水足用,下毋近水而

沟防省。因天材，就地利。故城郭不必中规矩，道路不必中准绳。"古时中国城市建设大抵参考此原则，其中"水足用"指供水方便，"沟防省"指尽可能减少防洪排涝的花费，防洪要求是城市建设的必不可少的条件。[9]

（1）建城选址择高地。景县在选址上遵循择高地、近水源的原则。景县紧临运河西岸，景县境内地势呈西南高、东北低，地势高些，可以减少洪水之患；城中较为重要的建筑，多建在地势相对较高的地方，如在城池图可以看出，县治设在城市的西南处，这就是居高避水方法的应用。

（2）城市城墙坚固防洪。地处运河沿岸，很难躲过洪水等水患的不利条件。为预防水患，在景县城市的建设上着重加强了城池系统的建设，包括县城外围修筑城墙，城墙坚固抗冲，以保证城市内部的安全。景县志记载："各省府州县每至年终例将城池状况呈报一次，如有坍塌必将设法修补。"[10] 可以看出，历代均重视城墙的修筑加固，以抵御洪水的冲击浸泡。

（3）城内水池调蓄洪水。景县县城在城内角处设有水池，起到调蓄作用。干旱时蓄水，雨多时排水。在城外洪水较多时，城内的水池起到存水的作用。在城外大水围城，城内雨水无法排出时，水池的存水能力对避免内涝具有关键的作用（图 16-7）。

图 16-7　景县县城特点示意

三、城市建设保障城市发展

有了险工等水利工程和沿运城市建设的保障,景县才有了不断发展的潜力。景县地处运河西岸,交通便利,漕运鼎盛时期作为连接京津和河北地区的枢纽,景县经济得以迅速发展,并辐射周边多个因运河而兴起的市镇发展。

1. 沿运带来商业的繁荣

作为南北方水运枢纽,大运河每年有大量的商船、物资往来中国南北方。繁荣的水运刺激了天津、景州、临清等城市繁荣,同时也促进了城市与农村之间的物品交流,促进城市商业功能的提升,逐步构建出一批运河城市群。

据记载,明清时期景县出现人口繁多、商业繁荣的景象。作为明代沿河南北商品集中地,"青县、沧州、故城、兴济、东光、交河、景州、献县等处皆漕挽,河间、肃宁、阜城、任丘等处皆陆运,间亦以舟运之,其为市者以其所有易其所无也,日中为市,人皆依期而集,在州县者一月期日五六集,在乡镇者一月期日二三集,府城一日一集"[10]。景县的贸易往来主要依靠的是水运,商品交易涉及范围广,波及河南、山东、山西、安徽、江西诸省,并在运河水运的影响下,景县商业发展较内陆城市发展迅速。

此外,明清时期景县集市和庙会繁荣,也从侧面证明了运河带动的城市商业发展。集市是平民百姓定期进行商品交易的地方。庙会举办的频率虽没有集市高,但它是每年中为敬神而设置的,具有很高的商业价值。每当庙会举办,就会吸引周边地区的百姓来此进行商品交易,从而进一步促进商业的繁荣(表16-1)。

表16-1 1949年衡水市主要县级城市基本概况表[11]

县名	辖区	行政村	人口
衡水县	5	348	138764
景县	11	818	367539
武邑县	7	529	206137
武强县	4	214	114980
深县	12	432	352620

2. 便利交通带动周边市镇繁荣

　　景县凭借大运河的漕运优势，城市得到迅速发展，同时影响周边市镇的发展，这些经济发达的市镇主要集中在运河的沿岸。其中，安陵镇和留智庙镇的白草洼村就是景县境内因运河而兴的市镇代表。

　　白草洼村位于南运河西岸，是一个与运河发展紧密相连的古村落（图 16-8）。[①]白草洼村处在运河弯道处，在运河开通后成为了商贸集散地。从明代开始，这里便设有两个渡口，商业运输集散繁忙，两岸百姓靠水路来往。运河漕运繁盛时期，每年四月初四，白草洼村会举办一个庙会，许多赶会的人在这一天聚集在白草洼村，最后白草洼村逐渐演变为渡口市场。[12] 因是在原村落基础上发展起来的城镇，白草洼村在空间上与运河河道有一定距离。

图 16-8　白草洼村影像图

　　安陵镇原名白社桥。因位于运河两岸，地处沧德之间，故在运河上建有桥，并设有渡口，交通方便，所以安陵镇历史上行人商客很多，商业发展迅速（图 16-9）。据记载，安陵镇停靠南北船只较多，德州、天津都在此设有官仓转漕，因此作为漕运码头和货物集散地，安陵镇货运十分繁忙，城池规模比景县境内一般的城镇要大，商业发展程度较高。

---

① 据记载，1300 多年前，就有人群来此居住，耕种开荒，渐渐地不断有移民定居此处，渐渐形成村落，并因为村落所处地区地势低洼，常年雨水过后会存有积水，杂草丛生，所以取名"白草洼"。

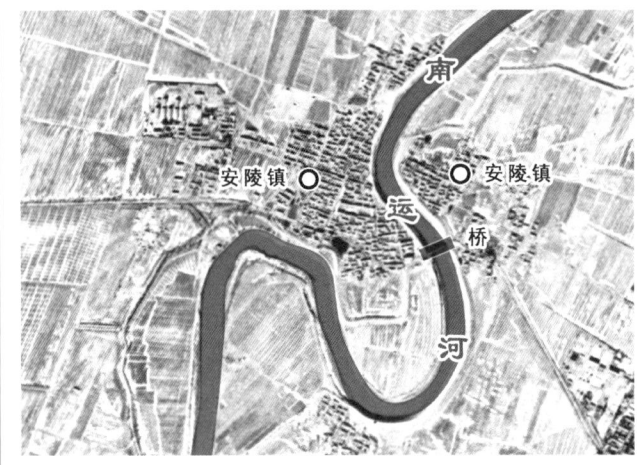

图 16-9 安陵镇影像图

结语

综上，作为京畿地区大运河沿线城市之一，景州为保证境内南运河的河道通畅，修建了许多水利工程，这对漕运船只的通行起到重要作用。在经济和商业上，景州利用其优越的地理条件，吸引了南北的物资人流到此交易，促进了集市、庙会的产生，这类繁华的商业景象出现在沿河地区，促进城市商业的发展，展现出沿运城市应对运河带来的机会挑战所衍生的营建智慧。

参考文献

[1] 景县志编纂委员会.景县志 1986—2003[M].北京：新华出版社，2008.
[2] 张汝漪.景县志[M].铅印本.
[3] 陈桥驿.中国运河开发史[M].北京：中华书局，2008.
[4] 姜师立.中国大运河遗产[M].北京：中国建材工业出版社，2019.
[5] 星球地图出版社.河北省地图集[M].北京：星球地图出版社，2009.
[6] 王建革.传统社会末期华北的生态与社会[M].上海：生活•读书•新知三联书店，2009.
[7] 河北省地方志编纂委员会办公室.河北年鉴2015年[M].石家庄：河北年鉴社，2015.
[8] 邓文华.景县史苑[M].石家庄：河北人民出版社，2018.
[9] 郑连第.古代城市水利[M].北京：水利电力出版社，1985.
[10] 中华文化通志编委会.中华文化通志70第七典科学技术 水利与交通志[M].上海：上海人民出版社，2010.
[11] 樊深.河间府志[M].刻本.
[12] 河北省衡水市地方志编纂委员会.衡水市志 上[M].北京：方志出版社，2002.

后 记

本书是依托国家自然科学基金"系列遗产"理念下京津冀地区大运河沿运聚落空间形态特征及整体保护研究成果之一。京津冀地区作为历史上运河承运区与漕运终点，沿线聚落及其空间形态呈现出与其他区段截然不同的特征。

　　研究以京畿地区 16 个（州）县级城市为对象，基于历史研究，探寻大运河沿运 16 个州县级城市聚落历史成因、时空变迁、空间形态类型特征、空间形态演变规律及动因，通过现场调查，切实了解沿运聚落的城市现状、文物保存情况，在此基础上对 16 个城市的形成、演变形成系统化的特征梳理。各章节按照城市等级规模进行排序，研究从各城市的历史区位展开，以城市特色，尤其是运河对城市建设影响形成的营城策略作为研究主题和切入点，对京畿地区 16 个（州）县级城市逐一进行介绍，深入分析沿运城市如何依托运河文化带、交通带、经济带，实现城市发展。

　　此书关注作为世界遗产大运河"系列遗产"的沿运城市受大运河发展影响所展现的营建智慧与价值内涵，旨在为今后建立"以沿河空间节点为带动点，以水城共融的历史空间格局为依托，以大运河与沿运聚落以及聚落之间的时空关联为纽带"的京津冀地区大运河沿运聚落空间形态整体保护体系，探讨京津冀地区运河与沿运聚落空间的可持续发展与完整性保护。

图片目录

图0-1	京畿地区沿运（州）县级城市分布示意	3
图0-2	四省运河水利泉源河道全图（局部：直隶省）	3
图0-3	《京杭大运河地图1702年》（局部：通县—景县）	4
图0-4	《1884年全漕运道图》（局部：京师—德州）	4
图0-5	清代京杭运河全图（局部：京师—河西务）	4
图0-6	清代京杭运河全图（局部：河西务—静海县）	4
图0-7	清代京杭运河全图（局部：静海县—南皮县）	5
图0-8	清代京杭运河全图（局部：南皮县—德州）	5
图0-9	京畿地区沿运（州）县级城市间距示意	6
图0-10	公署、仓、驿站等功能性建筑及礼制建筑分布情况	10
图1-1	明代"仓"层级图	16
图1-2	金代漕运及潞县、潞水示意	18
图1-3	地处两大冲积扇之间、靠近潮白河的通州历史地理区位示意	20
图1-4	通州城与北京城区位关系示意	21
图1-5	通仓历史照片（一）	21
图1-6	通仓历史照片（二）	22
图1-7	南新仓照片	22
图1-8	明仓廒平面图	22
图1-9	明仓廒剖面图	23
图1-10	明仓廒立面图	23
图1-11	通仓分布及占地范围示意	24
图1-12	京仓分布及占地范围示意	25
图1-13	北京城内及通州地区皇木厂分布示意	27
图1-14	存于通州文庙的皇木	28
图1-15	通州地区砖厂分布示意	28
图1-16	临清贡砖	28
图1-17	张家湾皇木厂村出土的花斑石	29
图1-18	通州城形态演变与通仓位置示意	31
图1-19	清光绪年间通州城池图	31

图1-20	通州码头及城内水系分布示意	32
图1-21	潞河督运图（局部）	33
图2-1	明清漕运管理体系结构图	37
图2-2	沧州河道管理机构图	38
图2-3	明代漕运支运法示意	39
图2-4	长芦盐区位置图	41
图2-5	明代沧州地区盐业资源分布图	41
图2-6	盐运管理机构图	42
图2-7	由东西向转为南北向的长芦盐道变迁图	44
图2-8	清乾隆沧州州城图	45
图2-9	沧州城街巷格局图	46
图2-10	沧州衙署格局图	47
图2-11	明清沧州衙署遗址	47
图2-12	沧州行政建筑分布图	47
图2-13	沧州仓储建筑分布图	48
图2-14	沧州寺庙建筑分布图	49
图2-15	沧州文庙照片	49
图2-16	沧州清真寺照片	49
图3-1	平虏渠、泉州渠在曹魏时期黄河北侧运河的位置示意	55
图3-2	武清县河流变迁示意	55
图3-3	九河下梢	56
图3-4	北魏县治迁移示意	57
图3-5	明代县治迁移示意	57
图3-6	武清县境内城镇分布示意	58
图3-7	河西务区位图	59
图3-8	十四仓分布图	60
图3-9	城关镇县城平面示意	61
图3-10	城内水池分布示意	62
图3-11	城关县城特点示意	63

图4-1	张家湾历史区位示意	66
图4-2	张家湾与通州的空间关系示意	66
图4-3	辽萧太后河与张家湾地区	67
图4-4	金代闸河、里河与张家湾地区	68
图4-5	通惠河通漕图	69
图4-6	元代通惠河与张家湾地区	69
图4-7	明代北运河段与张家湾地区	70
图4-8	张家湾古运河上三码头位置示意	71
图4-9	清代北运河与张家湾地区	72
图4-10	张家湾地区五朝更替城市发展脉络图	73
图4-11	张家湾城池示意	75
图4-12	张家湾形成的上关、下关	75
图4-13	张家湾城、周边码头与市集示意	76
图4-14	张家湾周边仓厂与码头群分布图	77
图4-15	张家湾清真寺	77
图4-16	山西会馆石匾	78
图4-17	萧太后石板桥（一）	78
图4-18	萧太后石板桥（二）	79
图4-19	南门城墙及萧太后河	79
图4-20	南门城墙及萧太后河	79
图5-1	漷县与延芳淀历史空间关系示意	82
图5-2	漷县历史区位示意	82
图5-3	宋之前古延芳淀演变示意	83
图5-4	辽延芳淀与漷县空间关系示意	84
图5-5	金延芳淀与漷县空间关系示意	85
图5-6	元延芳淀与漷县空间关系示意	86
图5-7	明北运河与漷县空间关系示意	87
图5-8	辽至元代漷县治所变迁示意	88
图5-9	运河沿线钞关分布	89

图5-10	漷县钞关位置变迁	90
图5-11	杨堤村村落道路与运河关系示意	91
图5-12	马堤村村落道路与运河关系示意	91
图5-13	马头村村落道路与运河关系示意	92
图5-14	漷县城池示意（一）	93
图5-15	漷县城池示意（二）	93
图5-16	漷县东门桥遗址（一）	94
图5-17	漷县东门桥遗址（二）	94
图5-18	漷县城内格局与寺庙分布示意	95
图6-1	香河县历史区位图	97
图6-2	香河与运河图	97
图6-3	辽金代漕运及香河县区位示意	99
图6-4	萧太后河在香河县境内示意	100
图6-5	萧太后河故道	101
图6-6	王家摆渡口现状照片	102
图6-7	金门闸遗址现状照片	102
图6-8	香河县与周边水系图	103
图6-9	香河城池图	104
图6-10	香河城池格局示意	104
图6-11	香河城池示意	105
图7-1	宝坻区位图	108
图7-2	明代产盐区分布	109
图7-3	运粮河路线示意	111
图7-4	宝坻县城图	113
图7-5	九桥十八庙示意	114
图7-6	石幢	115
图7-7	石幢历史照片	116
图7-8	大觉寺	116
图7-9	广济寺	117

图7-10	广济寺现状照片	117
图8-1	西周时期燕国位置示意	121
图8-2	前汉时期方城境域图	122
图8-3	三国、魏晋南北朝时期方城境域图	122
图8-4	隋唐时期固安县境域图	123
图8-5	明畿辅图	123
图8-6	顺天府全图中显示以方城为中心的道路系统示意	124
图8-7	隋唐交通示意	125
图8-8	清代交通示意	125
图8-9	固安县林区范围示意	127
图8-10	流经固安县的大清河支流——白沟河	128
图8-11	烧锅位置分布示意	129
图8-12	当铺位置分布示意	130
图8-13	清咸丰固安县城图	132
图8-14	十里铺位置示意	132
图8-15	永定河堤照片	133
图9-1	永济渠与永清县关系示意	137
图9-2	永清县历史区位示意	138
图9-3	永清县历史区位示意	139
图9-4	里澜城位置图	140
图9-5	城内主要建筑、水井分布示意	142
图9-6	城内农田、海子分布示意	143
图9-7	城门、县衙、路网示意	143
图9-8	宋辽时期局势图	144
图9-9	永清地下古战道示意	146
图9-10	北宋"水长城"示意	147
图10-1	天津设卫前的静海	151
图10-2	宋代9个军寨	152
图10-3	元代作为河运海运转运枢纽与军事重镇的海津镇	153

图10-4	明代疆土管理体制	154
图10-5	清代天津城内行政机构分布图	156
图10-6	元代仓廒分布	157
图10-7	明代仓廒分布	157
图10-8	天津三卫屯田分布示意	160
图10-9	明代天津三卫在静海屯堡分布示意	161
图10-10	清代静海县村镇分布沿运最为密集	162
图10-11	静海县治图	162
图11-1	天津府城市分布图	166
图11-2	乾隆十八年（1753年）青县村庄分布图	167
图11-3	青县境内水系与驿铺位置关系图	168
图11-4	1917年直隶铁路分布示意	170
图11-5	1970年青县境内铁路相关设施分布图	171
图11-6	青县铁路给水所现状照片	171
图11-7	铁路给水所工作原理流程图	172
图11-8	民国时期青县集市分布示意	173
图11-9	三个历史时期青县城市规模扩张图	174
图12-1	齐桓公救燕北伐山戎形势图	178
图12-2	古皮城北城墙遗址	179
图12-3	新城与旧城地形图	180
图12-4	南皮县古河道图	181
图12-5	明清南皮县城池图	182
图12-6	南皮县街巷布局图	182
图12-7	南皮县寺庙位置图	183
图12-8	南皮运河沿线重要城镇位置图	184
图13-1	交河县位置变迁示意	191
图13-2	滹沱河、漳河空间分布示意	193
图13-3	卫河空间分布示意	194
图13-4	泊头—交河发展示意	195

图13-5	交河军事战略位置示意	196
图13-6	交河军屯、驿站分布示意	197
图13-7	交河县城平面图	200
图13-8	泊头清真寺	201
图13-9	齐堰窑址	202
图14-1	东光与航运线位置关系示意	207
图14-2	《古运回望图》东光段	208
图14-3	东光三镇古今区位示意	209
图14-4	东光县城池图	210
图14-5	东光县乾隆行宫示意	211
图14-6	东光二郎岗现状	212
图14-7	连镇谢家坝版筑分层现状图	213
图14-8	谢家坝立面加固措施	214
图14-9	谢家坝夯土坝加固措施（一）	214
图14-10	谢家坝夯土坝加固措施（二）	214
图15-1	南北朝时期的杂技壁画	221
图15-2	20世纪初吴桥杂技艺人练功	221
图15-3	20世纪初吴桥杂技在俄罗斯演出	221
图15-4	清康熙十九年（1680年）吴桥县志图	223
图15-5	清光绪元年（1875年）吴桥县志图	224
图16-1	景县位置示意	228
图16-2	南运河弯道示意	229
图16-3	衡水境内南运河弯道示意	230
图16-4	华家口夯土险工现场照片	231
图16-5	城池图	232
图16-6	县治图	232
图16-7	景县县城特点示意	233
图16-8	白草洼村影像图	235
图16-9	安陵镇影像图	236

附录
京畿地区运河相关资料

1. 明《摹皇都积胜图卷》

2. 明河防一览图

3. 清顺治高明治水图

4. 清乾隆《漕运图卷》

5. 清乾隆《乾隆南巡图卷》

6. 清乾隆潞河督运图

7. 清嘉庆漕河祷冰图

8. 清运河形胜图

9. 清代京杭运河全图

10. 清运河源流图

11. 清通惠漕运图

12. 清《河工器具图说》

13. 清代大运河全图

14. 行宫御道操场全图

15. 《津门保甲图说》

16. 九省运河泉源水利情形图

17. 民国冀南区卫运河全图

18. 民国运河图

19. 世界遗产中国大运河图

20. 明嘉靖通州志

21. 明万历通州志

22. 清乾隆直隶通州志

23. 清乾隆通州志

24. 清光绪通州志

25. 民国通县志要

26. 明万历沧州志

27. 清乾隆沧州志

28. 清乾隆武清县志

29. 明万历香河县志

30. 民国香河县志

31. 明嘉靖固安县志

32. 清康熙固安县志

33. 清咸丰固安县志

34. 民国固安县志

35. 清康熙永清县志

36. 清嘉庆永清县志

37. 清道光永清县志

38. 清畿辅舆地全图

39. 清畿辅义仓图

40. 清康熙静海县志

41. 清同治静海县志

42. 民国静海县志

43. 清康熙青县志

44. 清光绪青县志

45. 清重修天津府志

46. 清光绪畿辅通志

47. 清青县村庄陆路舆图

48. 民国青县志

49. 民国顺直地形图·大城县——青县

50. 清康熙南皮县志

51. 清光绪南皮县志

52. 民国南皮县志

53. 《南皮县地名资料汇编》

54. 《南皮千年文化古县系列丛书·文物胜迹卷》

55. 明万历交河县志

56. 清道光交河县志

57. 民国交河县志

58. 清康熙东光县志

59. 清光绪东光县志
60. 清康熙吴桥县志
61. 清光绪吴桥县志
62. 明万历景州志
63. 清乾隆景州志